테마별로 정리한

정원 유지관리
실내식물 기르기

테마별로 정리한
정원 유지관리 실내식물 기르기

초판인쇄일 | 2016년 3월 11일
초판발행일 | 2016년 3월 18일

지 은 이 | 권영휴·김영아·정연옥·정미숙
펴 낸 이 | 고명흠
펴 낸 곳 | 푸른행복

출판등록 | 2010년 1월 22일 제312-2010-000007호
주　　소 | 경기도 고양시 덕양구 통일로 140(동산동)
　　　　　 삼송테크노밸리 B동 329호
전　　화 | (02) 3216-8401 / FAX (02) 3216-8404
E - MAIL | munyei21@hanmail.net
홈페이지 | www.munyei.com

ISBN 979-11-5637-037-6 (13520)

※ 이 책의 내용을 저작권자의 허락 없이 복제, 복사, 인용, 무단전재하는 행위는 법으로
　 금지되어 있습니다.
※ 잘못된 책은 바꾸어 드립니다.
※ 이 도서의 국립중앙도서관 출판예정도서목록(CIP)은 서지정보유통지원시스템 홈페이지
　 (http://seoji.nl.go.kr)와 국가자료공동목록시스템(http://www.nl.go.kr/kolisnet)에서
　 이용하실 수 있습니다. (CIP제어번호: CIP2016004316)

정원 유지관리
실내식물 기르기

머리말

우리가 살고 있는 주거공간은 인간의 삶에 중요한 역할을 한다. 특히 주거공간 중 정원은 삶의 휴식과 오락, 운동, 사회적 교류 등 다양한 경험과 활동의 기회를 제공한다.

정원이 본연의 역할을 다할 수 있게 하려면 정원을 구성하고 있는 식물의 특성과 유지·관리에 대한 지식이 필요하다. 우리가 이용하는 정원은 실내와 실외로 구분할 수 있는데, 실내와 실외 공간을 조성하는 방법, 재배 식물의 종류, 관리하는 방법도 다르다. 그러나 이처럼 다양한 특성을 보이고 있는 정원을 누구나 쉽게 이해하고 관리할 수 있는 정보와 책자가 부족하기에 심사숙고한 끝에 이 책을 기획하게 되었다.

이 책은 실내외 정원과 식물에 대해 꼭 필요한 그림과 현장 사진을 제공함으로써 초보자도 쉽게 이해할 수 있게 구성한 것이 특징이다.

총 4개의 장으로 구성하였으며, 첫 번째 장은 실외 정원의 유지 관리에 꼭 필요한 내용, 정원 수목식재, 전정 관리, 수목 시비 관리, 겨울철 정원수 관리, 병해충 친환경 방제, 비전염성 병충해 관리, 잔디 관리에 이르기까지 상세하게 설명하였다. 두 번째 장에서는 실내 식물의 재배 번식과 관리 방법으로 구성하였으며, 실내 식물을 제대로 가꾸기 위해 꼭 알아야 할 조건, 실내 환경을 쾌적하게 만드는 화분 식물, 건강을 증진시키는 꽃과 식물, 음식에 이용할 수 있는 꽃, 식물 이야기 등으로 구분하여 설명하였다. 세 번째 장에서는 야생에서 자라는 야생화 가운데 가꾸기 쉽고 관리하기 쉬운 22종을 선정하여 학명 및 과명, 생육특성, 재배 및 관리법, 번식 방법 등에 대해 상세히 설명하였다. 네 번째 장은 실내 정원 꾸미기에 대해 Hanging Garden, 허브 정원, 수경재배, 미니 연못 정원, 난 이끼볼, 테라리엄, 기왓장을 이용한 원예종 및 야생화 정원, 풍란을 이용한 석부작, 선인장 정원 등을 직접 만들어 관리하는 방법 등을 다양한 사진과 함께 상세히 설명하였다.

이 책은 정원 전문가와 학생들 그리고 관심 있는 일반인들도 쉽게 이해하고 학습할 수 있는 기초적인 자료이다.

정원과 식물을 전공하는 교수와 실내 정원을 시공·설계하는 다양한 분야의 전문가들이 그동안의 경험과 지혜를 모아 정리한 내용을 출판할 수 있게 도움을 주신 푸른행복출판사 여러분께 깊은 감사를 드린다.

대표저자

차례

머리말 • 4

제1장 정원 관리

본 장을 읽기에 앞서 ········· 12

01 정원 수목 식재

(1) 개요 ············· 14
(2) 수목의 식재 준비 ······· 15
(3) 굴취 ············· 18
(4) 운반 방법 ·········· 20
(5) 수목 식재 방법 ······· 20
(6) 수목 줄기감기 ········ 22
(7) 식재 후 지주목 세우기 ··· 23
(8) 기타 수목 관리 ······· 29
(9) 수목 규격 ·········· 30

02 전정 관리

(1) 전정 개요 ·········· 32
(2) 전정의 목적 ········· 32
(3) 나무의 수형 ········· 33
(4) 수목 가지의 종류 ······ 38
(5) 수목 가지의 구조 ······ 39
(6) 수목 전정 도구 ······· 40
(7) 수목 생리와 전정 ······ 42
(8) 수목 전정 시기 ······· 42
(9) 수목 전정 방법 ······· 45
(10) 수목 전정 사례 ······· 60

03 정원 수목 시비 관리

(1) 개요 ············· 66
(2) 토양 관리 ·········· 66
(3) 식물의 영양소와 생리 기능 ·· 73
(4) 비료의 종류 ········· 78
(5) 비료 주는 방법 ······· 86
(6) 시비 시기 ·········· 93
(7) 시비량 ············ 93

04 겨울철 수목 관리

   (1) 개요 ·················· 95

   (2) 관수 월동작업 시기 ········· 95

   (3) 월동 방법 ················ 95

05 병해충 친환경 방제

   (1) 생물적 방제 ·············· 98

   (2) 내충성 이용 방제 ·········· 103

   (3) 생태적 방제 ·············· 104

   (4) 친환경 농약 방제 ·········· 104

06 수목의 비전염성 병관리

   (1) 개요 ·················· 111

   (2) 수목 피해 진단 방법 ········ 111

07 정원 잔디관리

   (1) 개요 ·················· 115

   (2) 잔디의 종류 ·············· 115

   (3) 잔디의 종류별 특성 ········ 116

   (4) 잔디 식재 ················ 120

   (5) 잔디 관수관리 ············ 122

   (6) 잔디 깎기 ················ 123

   (7) 잔디 시비 관리 ············ 125

   (8) 잔디 제초관리 ············ 126

제2장 실내식물 재배관리

본 장을 읽기에 앞서 ············ 130

01 실내식물을 잘 키우기 위한 꼭 알아야 할 조건

   (1) 꽃을 잘 키우려면? ········ 134

   (2) 꽃을 잘 키우기 위한 환경 ···· 136

      햇빛 ···················· 136

      온도 ···················· 137

      수분 ···················· 139

      토양 ···················· 139

      비료 ···················· 143

02 실내를 쾌적하게 만드는 화분식물과 꽃

   (1) 전자파 제거에 효과적인 식물 ··· 147

      게발선인장[크리스마스선인장] ··· 148

      백년초 ·················· 151

      알로에 ·················· 154

      필로덴드론 셀로움 ········ 156

몬스테라 ………………… 158
페페로미아 ……………… 161
마란타 …………………… 164
(2) 음이온 발생에 효과적인 식물 … 166
산세비에리아 …………… 166
(3) 실내의 악취 제거에 효과적인 식물
………………………… 169
클로로피튬[접란] ………… 169
풍란 ……………………… 171
(4) 화장실 냄새 제거에 효과적인 식물
………………………… 173
제라늄 …………………… 174
관음죽 …………………… 176
(5) 집 안의 해충 제거에 효과적인 식물
………………………… 179
로즈제라늄 ……………… 179
파리지옥 ………………… 182
끈끈이주걱 ……………… 186
네펜테스[벌레잡이통풀] … 190
캐모마일 ………………… 194
메리골드 ………………… 198
코리안더[고수] …………… 201
(6) 살균 및 방부 작용을 하는 식물 … 204
레몬밤 …………………… 204
타임[백리향] ……………… 209
오레가노 ………………… 213

(7) 공기를 정화하는 식물 ……… 216
스파티필럼 ……………… 221
아레카야자[황야자] ……… 224
드라세나 ………………… 226
에피프레넘 ……………… 230
안수리움 ………………… 233
싱고니움 ………………… 236
디펜바키아 ……………… 238
고무나무 ………………… 241
꽃베고니아 ……………… 249
(8) 실내의 온도 및 습도를 조절하는 식물
………………………… 252
아디안텀 ………………… 253

03 건강을 증진시키는 꽃과 식물
(1) 감기 예방과 치료에 효과가 있는 식물
………………………… 256
민트[박하] ………………… 256
나스터튬[한련화] ………… 262
앵초 ……………………… 265

(2) 고혈압에 효과가 있는 식물 …… 267
　　국화 …………………………… 267
(3) 우울증에 효과가 있는 식물 …… 271
　　재스민 ………………………… 271
(4) 신경안정에 효과가 있는 식물 … 274
　　라벤더 ………………………… 274
(5) 기억력 증강에 효과가 있는 식물
　　………………………………… 278
　　로즈마리 ……………………… 278
(6) 당뇨에 효과가 있는 식물 ……… 283
　　백합[나리] …………………… 283
(7) 생리통에 효과가 있는 식물 …… 287
　　세이지 ………………………… 287
(8) 입 냄새 제거에 효과가 있는 식물
　　………………………………… 291
　　범부채 ………………………… 291
(9) 토혈에 효과가 있는 식물 ……… 293
　　가는기린초 …………………… 293

04 음식으로 이용할 수 있는 꽃과 식물

(1) 쌈이나 샐러드로 이용할 수 있는 식물
　　………………………………… 297
　　섬초롱 ………………………… 297
(2) 꽃을 먹을 수 있는 식물 ………… 299
　　팬지 …………………………… 300
　　보리지 ………………………… 302
　　금잔화 ………………………… 305
　　베고니아 ……………………… 307
　　데이지 ………………………… 310
　　서양 봉선화[임파첸스] ……… 312
　　피튜니아 ……………………… 315
(3) 뿌리를 이용할 수 있는 식물 …… 317
　　미모사[신경초] ……………… 317

05 구근 식물

　　히아신스 ……………………… 322
　　수선화 ………………………… 325
　　칼라 …………………………… 329

제3장 야생화 재배관리

본 장을 읽기에 앞서 ········· 332

01 골무꽃 ········· 334
02 금낭화 ········· 337
03 돌단풍 ········· 341
04 동의나물 ········· 344
05 두루미꽃 ········· 348
06 병아리난초 ········· 351
07 보춘화 ········· 354
08 새우난초 ········· 357
09 우산나물 ········· 361
10 윤판나물 ········· 364
11 은방울꽃 ········· 367
12 자란 ········· 370
13 족도리풀 ········· 373
14 콩짜개덩굴 ········· 376
15 패랭이꽃 ········· 379
16 하늘매발톱 ········· 382
17 용담 ········· 385
18 물매화 ········· 388
19 투구꽃 ········· 390
20 해국 ········· 393
21 석곡 ········· 396
22 지네발란 ········· 399

제4장 실내정원 만들기

본 장을 읽기에 앞서 ········· 404

01 행잉 1 ········· 406
02 행잉 2 ········· 410
03 허브정원 ········· 416
04 수경재배 1 ········· 421
05 수경재배 2 – 하이드로컬처 ········· 428
06 수경재배 3 – 조개껍질정원 ········· 435
07 수경재배 4 – 아트소일 ········· 440
08 미니연못정원 ········· 446
09 난이끼볼 ········· 451
10 테라리움 ········· 455
11 기왓장을 이용한 야생화정원 ········· 462
12 풍란을 이용한 석부작 ········· 469
13 조화를 이용한 액자 ········· 474
14 선인장 정원 ········· 480
15 선인장 액자 ········· 487

용어해설 ········· 492

제1장 정원 관리

본 장을 읽기에 앞서 • 초보자도 쉽게 하는 **정원관리**

주택은 우리의 삶을 위한 공간으로 사람들에게 필요한 에너지와 영역성을 제공한다. 또한 그곳에 살고 있는 사람의 신분과 사회적 지위를 상징하는 의미를 지니기도 한다. 주택의 공간 중 정원은 단순히 주택에 부속되거나 비어 있는 공간이 아닌 거주인의 안식처로서, 기능적이고 상징적이며 미적인 기능을 수행하는 곳이다.

주택 정원은 옥외 생활공간으로, 거주인에게 자연과의 접촉을 가능하게 하고 여가와 레크리에이션 장소로서의 역할을 한다. 단독주택의 정원은 가족 중심으로 활동이 이루어지고 공동주택의 정원은 이러한 기능 외에 주민들의 공동 이익을 추구하고 주민들끼리의 친목 도모 등 커뮤니케이션의 장으로서 중요한 역할을 한다.

이상과 같이 삶의 장소로서 주요한 역할을 하고 있는 주택 정원은 당초의 계획과 설계 의도 및 주민의 요구, 의식 변화, 행태 등을 반영하여 관리되어야 한다. 이러한 목표를 위해서는 일상의 이용에서 정원의 기능을 충분히 발휘시키며 이용자들이 쾌적하고 안전하게 이용하게 하는 것이 중요하다.

주택 정원의 유지관리 중 수목의 관리는 정원 본래의 목적을 유지하는 가장 중요한 요소로서, 수목의 기능과 아름다움을 유지하기 위해서는 수목의 생리, 생태적인 특성을 정확히 파악한 상태에서의 유지·관리가 필요하다.

그러나 우리가 살고 있는 주택 정원의 대부분은 비전문가에 의해 관리되어 당초 계획했던 공간이 되지 못하고 시간이 흐름에 따라 황폐해져 가고 있다. 최근 서울·경기 지역의 공동주택에 대한 유지·관리 실태를 조사한 결과, 많은 장소가 비전문가에 의해 유지·관리되고 있었다.

본 장에서는 이러한 문제점을 인식하고 개인 및 공동주택에 거주하는 주민과 관리자 등 모든 사람이 정원의 유지·관리를 쉽게 이해하고 적용할 수 있도록 '정원수목 식재, 전정 관리, 정원수목 시비 관리, 겨울철 정원수 관리, 병충해 친환경 방제, 비전염성병 관리, 잔디 관리' 등으로 구성하여 정원 관리를 위한 기초이론부터 실제 현장에서 필요한 구체적인 지침까지, 초보자도 쉽게 이해할 수 있도록 그림과 사진을 곁들여 상세히 설명하였다. 아울러 정원 관리에 필요한 '용어 해설'을 책의 말미에 부록으로 게재하였다.

01 정원 수목 식재

개요 | 수목의 식재 준비 | 굴취 | 운반 방법 | 수목 실재 방법 | 수목 줄기감기
식재 후 지주목 세우기 | 기타 수목 관리 | 수목 규격

(1) 개요

- 식재란 수목을 심는 것을 말하며 굴취, 운반, 수목 앉히기, 흙 채우기, 관수, 지주목 세우기 등 수목의 활착 및 생육에 필요한 모든 작업을 포함한다.
- 식재는 살아 있는 수목을 대상으로 하는 작업이므로 수목의 생태적 조건, 즉 온도, 광선, 수분 요건 등을 충족시켜 주어야 한다.

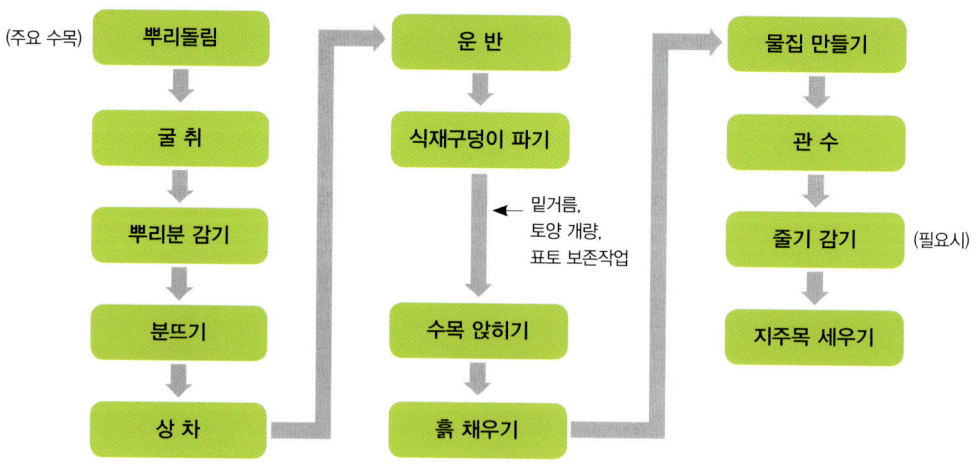

[식재작업 흐름도]

(2) 수목의 식재 준비

❖ 식재 시기
- 수목의 식재 시기는 지역과 수종에 따라 약간의 차이가 있으나, 새잎이 나기 전 이른 봄이나 생장이 정지된 가을이 가장 좋다.
- 봄에 식재하면 식재 후 발아와 발육이 빠르므로 금세 생장하는 장점이 있으나, 식재 시기가 늦어지면 나무가 이미 생장을 시작해 고사하기 쉽다.
- 가을에 식재하면 수분 스트레스를 적게 받고, 주위의 흙과 뿌리가 완전히 결합하여 이듬해 수목이 빨리 생장할 수 있으나, 내한성이 약한 나무는 동해를 입기 쉽다.
- 뿌리돌림을 미리 해둔 나무나 컨테이너 재배를 한 나무는 연중 식재가 가능하다.

[지역별 식재 적기]

구 분	지 역	식재 적기
중북부 지역	경기 북부, 강원	03월 20일~05월 25일 09월 25일~11월 20일
중부 지역	경기 남부, 서울, 인천, 충북, 충남 북부, 경북 북부	03월 10일~05월 20일 10월 01일~11월 30일
남부 지역	동해안, 충남 남부, 대전, 전북, 전남, 광주, 경북 남부, 대구, 경남, 울산	03월 01일~05월 15일 10월 05일~12월 10일
남해안 지역	전남·경남의 해안, 부산 및 도서지구	02월 20일~05월 10일 10월 10일~12월 20일
제주 지역	제주	02월 10일~05월 05일 10월 20일~01월 10일

❖ 뿌리돌림
뿌리돌림이란 수목을 이식하기 1~2년 전에 굵은 뿌리를 박피하거나 잘라 새로운 잔뿌리가 나도록 촉진시켜 이식 후 활착률을 높이기 위한 방법이다.

❖ 대상
- 귀중한 나무로서 안전하게 활착을 바라는 나무
- 노거수

- 쇠약해진 나무
- 이식 시 활착이 불량한 나무
- 잔뿌리가 적은 직근성 나무

❖ 적기
- 낙엽수류: 낙엽 후 10~11월 / 2~3월 해빙기 이후
- 상록수류: 3~4월

❖ 뿌리돌림 분의 크기
- 뿌리돌림을 위한 분의 크기는 근원 직경의 3~5배로 하며, 깊이는 세근의 밀도가 현저히 감소된 부위로 한다.
- 뿌리 발생력이 강한 나무는 작게 한다.
- 활엽수는 침엽수보다, 낙엽수는 상록수보다 작게 한다.
- 귀중한 나무는 크게 한다.
- 심근성 수종은 천근성 수종보다 직경은 작고 깊이는 크게 한다.

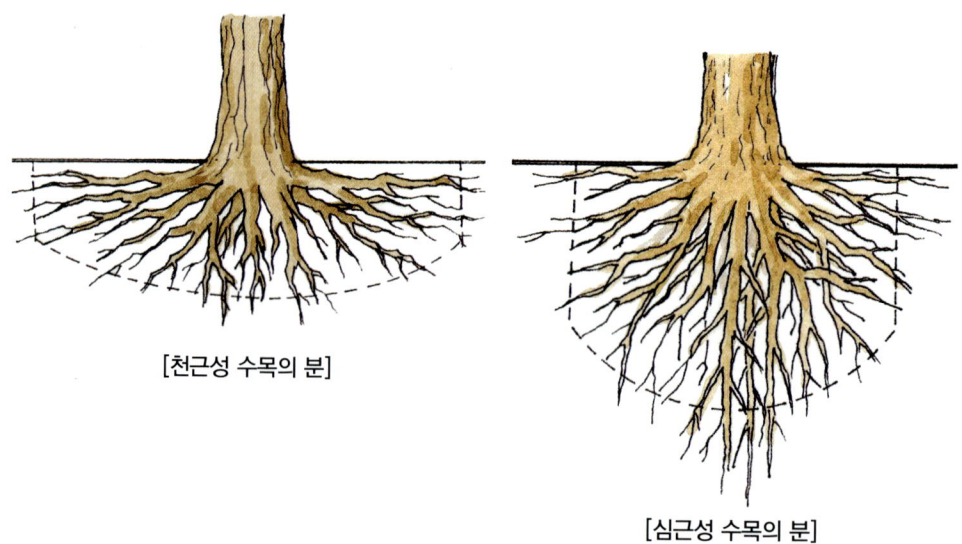

[천근성 수목의 분]

[심근성 수목의 분]

- 적기에는 작게, 부적기에는 크게 잡는다.
- 뿌리 발생에 불리한 지형과 토양에서는 크게 잡는다.

❖ **수목별 뿌리생육 특징**

구 분		수 목
심근성	침엽수류	곰솔, 리기다소나무, 반송, 비자나무, 삼나무, 소나무, 은행나무, 잣나무, 전나무, 주목, 측백나무, 향나무, 화백
	상록활엽수류	가시나무, 감탕나무, 구실잣밤나무, 굴거리나무, 금목서, 녹나무, 동백나무, 먼나무, 생달나무, 소귀나무, 아왜나무, 은목서, 참식나무, 태산목, 호랑가시나무, 후박나무
	낙엽활엽수류	가중나무, 고로쇠나무, 느티나무, 단풍나무류, 모과나무, 목련, 박달나무, 벽오동, 수양버들, 수양벚나무, 참나무류, 칠엽수, 튤립나무, 팽나무, 호두나무, 회화나무
천근성	침엽수류	가문비나무, 구상나무, 독일가문비, 솔송나무, 낙엽송, 낙우송, 메타세쿼이아, 소철, 일본잎갈나무, 편백, 히말라야시다(개잎갈나무)
	상록활엽수류	남천, 다정큼나무, 돈나무, 백량금, 자금우, 차나무, 치자나무
	낙엽활엽수류	매화나무, 미루나무, 미선나무, 배롱나무, 버드나무, 아까시나무, 양버들, 자귀나무, 자작나무, 사시나무, 은사시나무

❖ **뿌리돌림 방법**

- 뿌리분의 크기를 정한 후 뿌리분의 둘레에 40~50㎝ 넓이의 도랑을 판다.
- 굵은 뿌리 중 일부는 절단하지 않고, 환상 박피를 하는 경우 뿌리 직경의 2~3배 길이로 형성층까지 벗긴다.
- 나머지 뿌리는 모두 절단하되 굵은 뿌리는 자른 후 절단면을 매끈하게 다듬어 부패하지 않도록 하고, 잔뿌리는 전정가위로 자른다.
- 발근(뿌리 내림)이 어려운 수목이나 노쇠목 또는 귀중목은 뿌리의 절단부와 박피 상단면에 발근 촉진제를 발라준다.
- 뿌리돌림이 끝나면 파낸 흙으로 다시 메운다. 이때 흙에 완숙된 부엽토를 섞어 주면 뿌리가 잘 발생한다.
- 넘어질 우려가 있으면 지주목을 세우고 전정, 잎 따주기 등의 관리를 해준다.

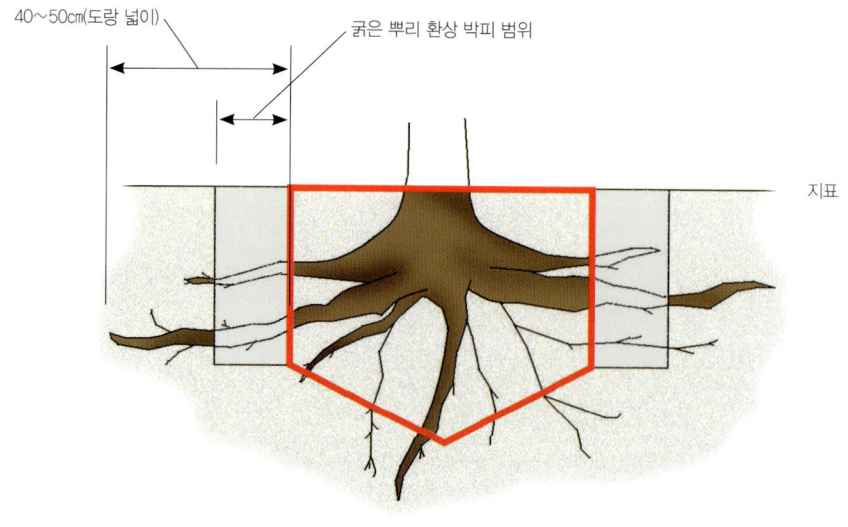

[뿌리돌림 단면도]

(3) 굴취

❖ **뿌리분의 결정**

뿌리분의 크기는 근원 직경의 4배를 기준으로 하며, 분의 깊이는 세근의 밀도가 현저히 감소된 부위로 한다.

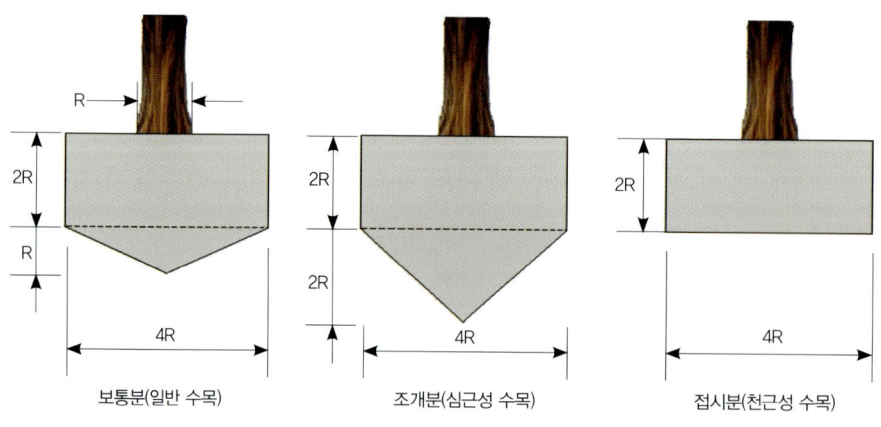

[뿌리분의 구조]

❖ 뿌리분의 굴취 순서 및 방법

- 건조기에는 굴취하기 2~3일 전에 관수한다.
- 뿌리분 표면의 잡초를 제거한다.
- 뿌리분 주위에 50㎝ 폭으로 도랑을 판다.
- 도랑을 파면서 나타나는 뿌리는 전정가위로 자르고, 절단면을 매끈하게 한다.
- 분 깊이의 1/2 정도 파 내려갔을 때 흙이 떨어지지 않도록 녹화 마대나 새끼줄로 분의 허리를 단단히 감아준다.
- 계속해서 분의 겉뿌리를 자르면서 분의 상하 방향으로 비스듬히 감아나간다.
- 죽은 가지, 병든 가지, 수관 내부로 향한 가지 등을 제거하고 작업에 불편을 주는 아래쪽의 가지는 위쪽으로 끌어올려 새끼로 묶는다.
- 기계굴취는 기계에 의해 굴취 수목이 손상되지 않게 한다.

[굴취 순서]

(4) 운반 방법

- 수목의 상하차는 인력으로 하거나 대형목의 경우는 크레인, 체인블록 등의 기계를 사용한다.
- 뿌리분의 보호를 철저히 하며, 세근이 절단되지 않도록 충격을 주지 않는다.
- 수목의 가지는 간편하게 묶는다.
- 비포장도로에서 운반할 때는 뿌리분이 충격을 받지 않도록 완충재로 흙 또는 가마니, 짚을 깔고 서행으로 운전한다.
- 운반 도중 바람에 의한 증산을 억제하고, 강우로 인한 뿌리분의 토양 유실을 방지하기 위하여 덮개를 씌운다.
- 차량의 용량에 따라 적정 수량만을 적재하며, 수목을 포개어 적재하지 않는다.

(5) 수목 식재 방법

❖ 식재 구덩이 파기

- 구덩이의 크기는 뿌리분 너비의 2배 크기로 한다.
- 깊이는 뿌리분의 높이와 구덩이 바닥에 깔 흙 및 유기질 비료의 높이를 더하여 판다.
- 파낸 흙은 표토와 심토를 따로 갈라놓아 표토를 다시 쓸 수 있도록 한다.
- 배수가 불량한 토양은 굴토 후 자갈 등을 넣어 배수층을 만든 후 객토한다.
- 수목생육에 부적합한 토양은 부식질이 풍부한 사질양토로 객토한다.
- 유기질 비료와 표토는 수목이 가라앉는 것을 고려하여 넣는다.

❖ 수목 앉히기

- 모아놓은 표토를 구덩이에 먼저 넣는다.
- 나무를 구덩이에 앉히고 수형과 주변 경관을 고려하여 방향을 정한다.
- 원지반의 높이와 뿌리분의 높이가 일치하도록 조절한다.
- 식재용 토양을 뿌리분 높이의 1/2 깊이로 넣은 후, 수목 방향을 재조정한다.
- 다시 흙을 구덩이 깊이의 3/4까지 넣은 후 정돈한다.

[수목 식재 과정]

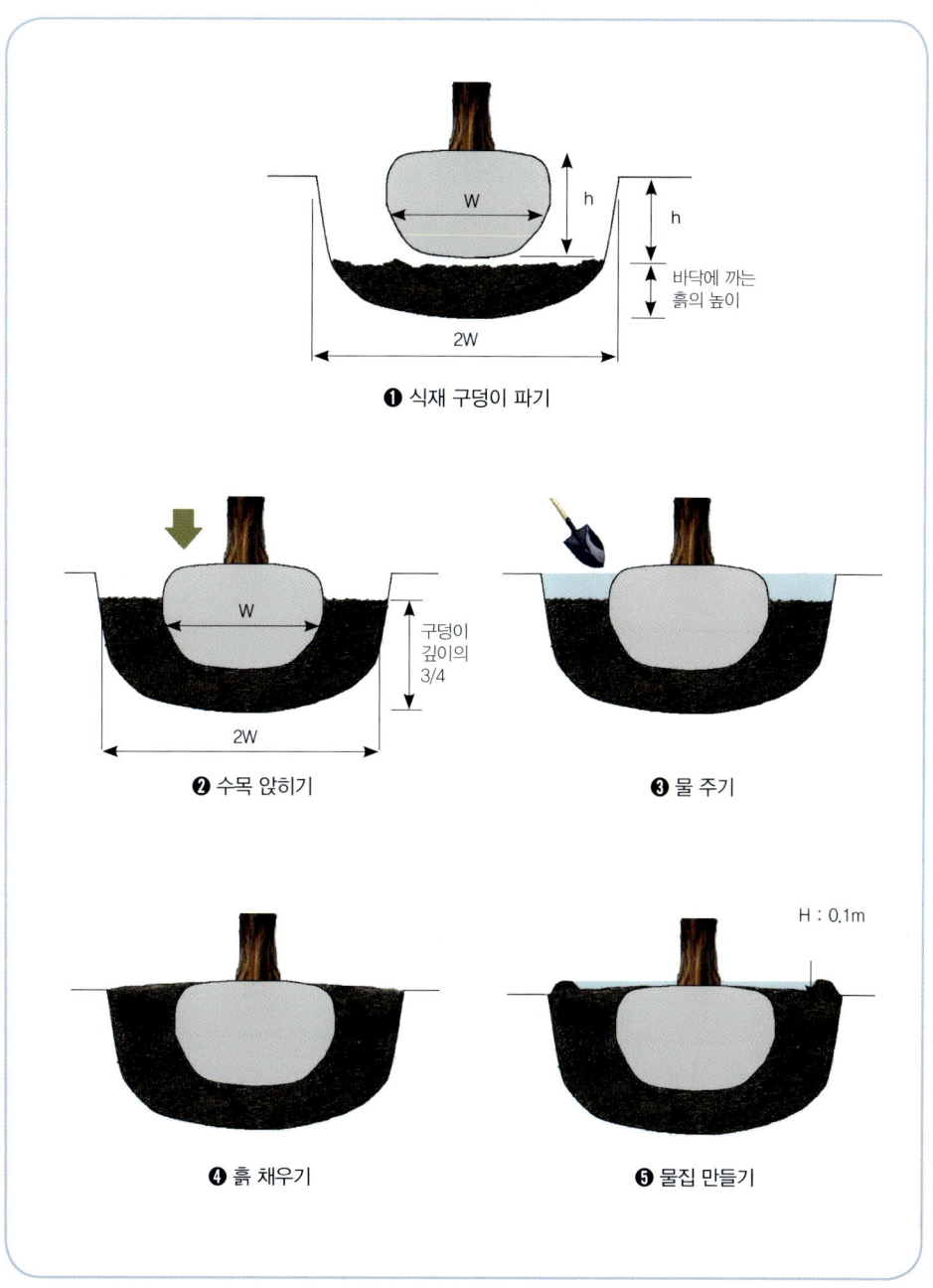

❖ **물 주기**
- 수목 앉히기 후, 물을 식재 구덩이에 붓고 각목이나 삽으로 저어 흙 속의 기포가 제거되어 흙이 뿌리분에 완전히 밀착되도록 한다.
- 고인 물이 완전히 흡수된 후에 흙을 추가하여 구덩이를 채운다.
- 수관부 주위에 높이 10㎝ 정도의 물집을 만들어 물을 담는다.
- 수목이 활착할 때까지 1년 동안 정기적으로 물을 준다.
- 유기질액비는 물 주기할 때 함께 관주한다.

❖ **유기질 비료 시비 기준**

구분 \ 근원 직경 (㎝)	5	10	15	20	30	40	50	60	70	80	100
유기질비료(kg)	6	10	20	30	45	45	45	45	45	45	45
유기질액비(mL)	30	50	100	150	250	400	600	700	800	900	1,000

※ 유기질액비 그린원의 경우 100배액 기준

(6) 수목 줄기감기

❖ **대상**
- 수피가 얇고 매끄러운 활엽수: 단풍나무, 감탕나무, 굴거리나무, 느티나무, 동백나무, 목련, 아왜나무, 칠엽수 등
- 난대성 수목: 동백나무, 배롱나무, 석류나무 등
- 쇠약한 나무
- 부적합한 시기에 이식한 나무

❖ **재료**
- 짚, 새끼줄, 황마포 테이프, 부직포, 진흙

❖ **줄기감기 방법**
- 살충제를 뿌려 줄기를 소독한다.
- 지표에서부터 줄기를 따라 1.6m 높이까지 또는 나무 높이의 60%까지 빈틈없이 재료를 감는다.
- 이듬해 또는 2~3년째 봄에 감았던 재료를 제거한 후 태우거나 매립하여 병해충을 제거한다.

새끼 감기

새끼 감기와 황토 바르기

녹화 테이프 감기

짚 감기

(7) 식재 후 지주목 세우기

- 지주목은 식재한 나무가 바람이나 외부의 충격에 쓰러지지 않도록 고정해주는 역할을 한다.
- 수고가 2~3m 이상 되는 나무는 지주를 설치한다.

- 지주는 통나무, 대나무, 각목, 강관, 플라스틱, 철선 등을 이용한다.
- 지주목의 종류는 다양하므로 수목의 종류와 현장 여건에 따라 적절한 지주를 사용한다.
- 지주목을 흙 속에 박을 때 뿌리에 손상을 입히지 않도록 한다.
- 지주목과 수목을 연결하는 부위에는 마대나 고무와 같은 완충재를 대어 나무의 손상을 방지한다.
- 지주목은 식재 후 18개월이 되면 제거한다.

❖ **지주목의 종류**

단각 지주

- 수고 1.2m 이하의 나무에 이용한다.
- 1개의 말뚝을 수목 옆에 박고 말뚝에 수목을 묶어 고정시킨다.

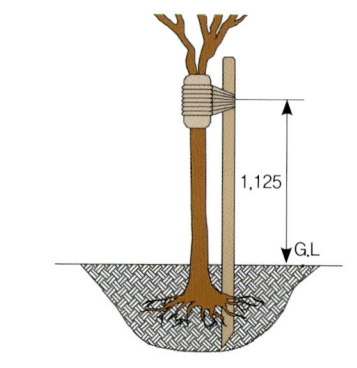

이각 지주

- 수고 1.2~2.5m의 나무에 이용한다.
- 2개의 말뚝을 박고 양쪽을 연결하여 수목을 고정시킨다.

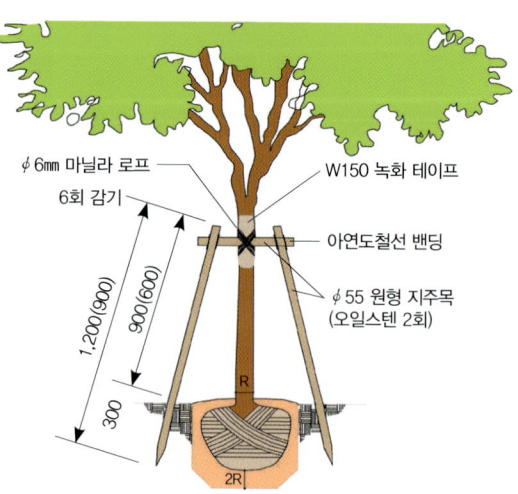

삼각 지주

- 통행량이 많고 협소할 때 이용한다.
- 지주를 삼각으로 박은 후 각재를 가로지른다.
- 각재와 수목을 연결한다.

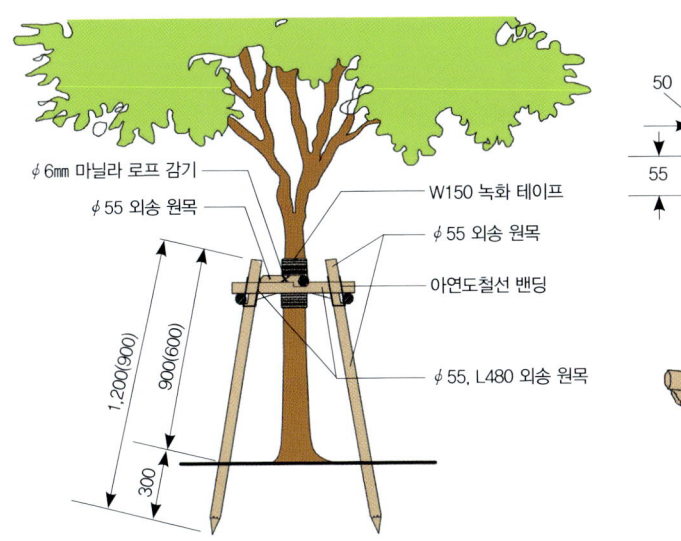

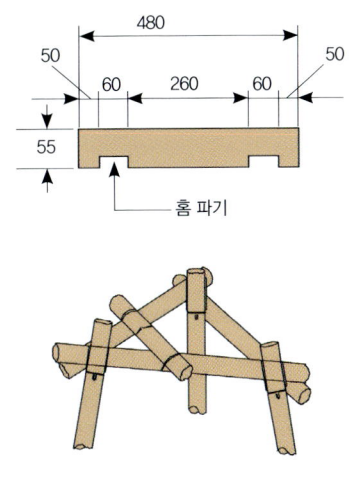

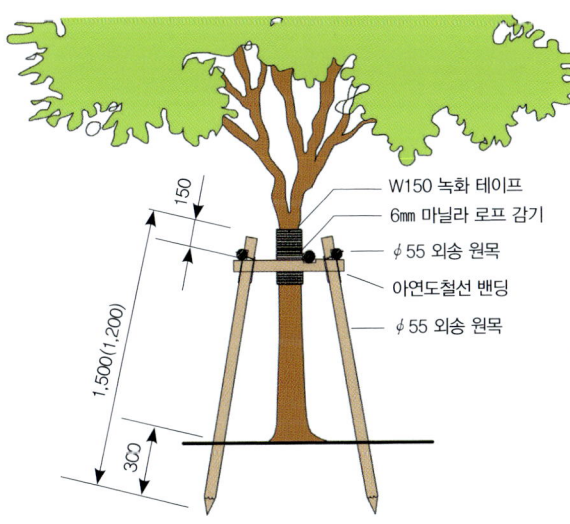

사각 지주

- 통행량이 많고 협소할 때 이용한다.
- 지주를 사각으로 박은 후 각재를 가로지른다.
- 각재와 수목을 연결한다.

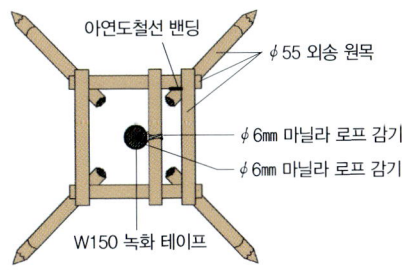

삼발이 지주

- 대부분의 교목에 사용한다.
- 각재를 삼각형으로 수목에 걸친 후 끈으로 묶어 수목을 고정시킨다.

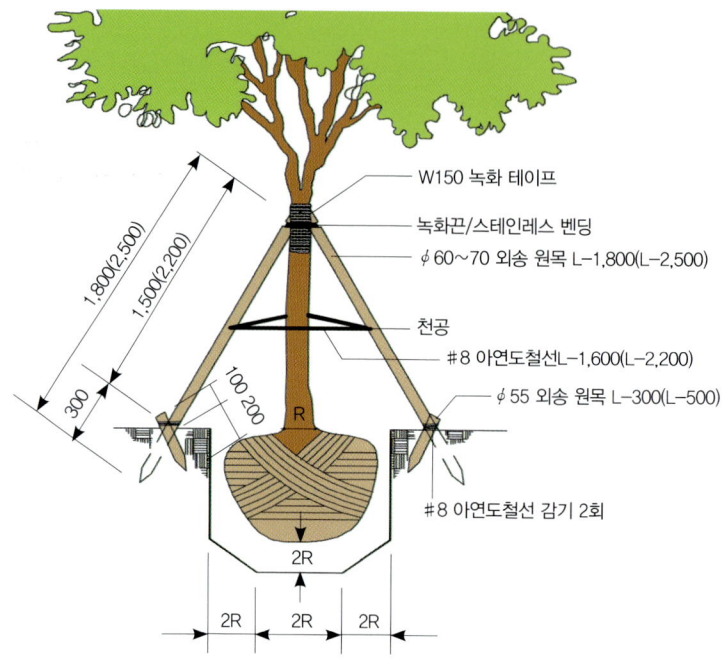

매몰형 지주

- 경관이 매우 중요한 곳에 이용한다.
- 뿌리분의 양쪽에 통나무를 눕혀 묻는다.
- 철선이나 밧줄 등으로 고정한다.

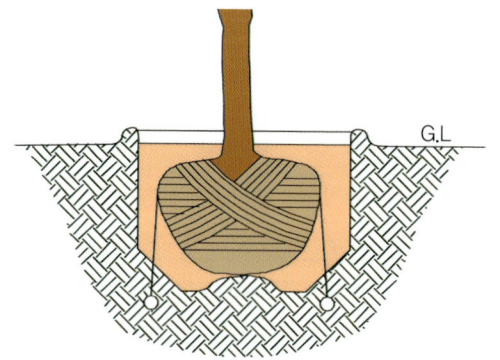

당김줄형 지주

- 대형목, 경관이 중요한 곳에 사용한다.
- 줄기에 녹화 마대를 감은 후 감은 부위에서 세 방향으로 철선을 당겨 지표에 박은 말뚝에 고정한다.

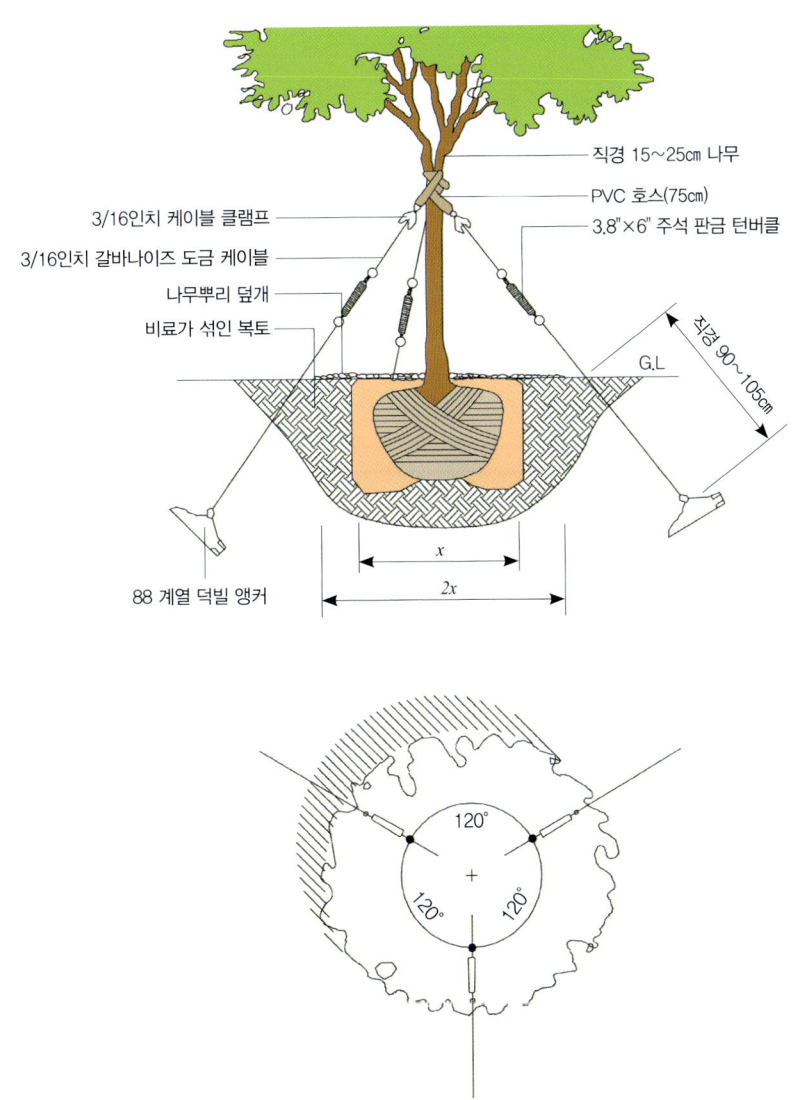

연계형 지주

- 동일한 규격의 수목이 연계 식재되어 있을 때 사용한다.
- 대나무나 통나무를 수평으로 결속하고, 중요 지점에 버팀형 지주를 고정시킨다.

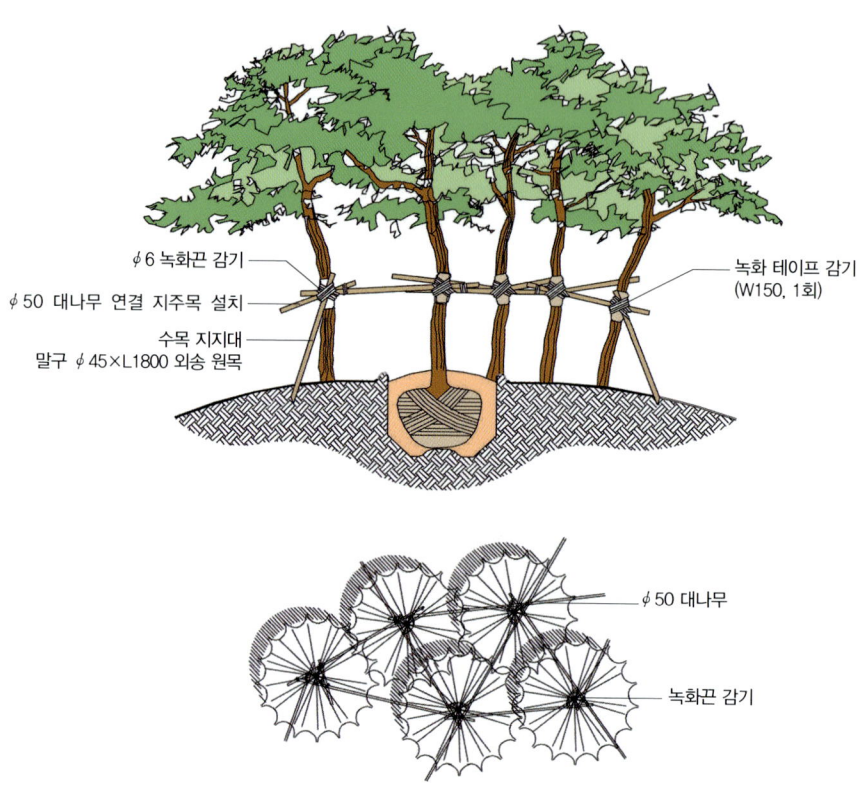

> **Note**
> 1. 방향 및 높이를 일정하게 하여 수목이 흔들리지 않도록 단단히 조일 것.
> 2. 수간과 접촉되는 부분은 삼발이를 가공하여 완전 밀착하도록 할 것.

(8) 기타 수목 관리

❖ 수목 하부 보호
- 나무를 식재한 후 그대로 방치하면 흙이 노출되어 보기에 좋지 않고, 수분이 증발하여 토양이 딱딱해지며, 잡초가 자란다.
- 잡초 및 수분 증발을 막기 위해 바크, 자갈 등 멀칭재를 피복한다.
- 답압 및 물리적 상처를 방지하기 위해 수목 보호 덮개를 설치하거나, 지피식물을 식재한다.

❖ 가지 정리
- 식재 후에는 지상부와 지하부의 균형을 유지하는 정도로만 약전정한다.
- 전정의 순서는 위에서 아래로, 밖에서 안으로, 큰 가지에서 잔가지 순으로 한다.
- 전정한 가지의 직경이 5㎝ 이상일 경우 발코트, 톱신페스트 등 상처 도포제를 바른다.

❖ 증산 억제제
- 시재 수목은 뿌리와 가지, 잎 등이 손상되어 수분 공급과 증산의 균형이 깨져 있으므로, 증산 억제제를 뿌려준다.
- 시판되는 증산 억제제는 윌트 프루프(Wilt Pruf), 클라우드 커버, 그리너 등이 있다.

❖ 살균제·살충제
- 식재 수목에서 병충해가 발견되는 경우 즉시 약제를 살포한다.
- 특히 소나무는 소나무좀 등의 방제를 위하여 페니트로티온 유제(스미치온)와 다이아지논 입제(다이아톤)의 혼합액을 살포한다.

(9) 수목 규격

❖ 수목 규격 기준

구분	약칭	단위	정의
수고	H	m	지표에서 수목 정상부까지의 수직거리
흉고 직경	B	cm	지표면으로부터 1.2m 높이의 수간 직경
근원 직경	R	cm	지표면과 접하는 줄기의 직경
수관 폭	W	m	수관의 직경(타원형의 경우 최단과 최장 폭의 평균치)
수관 길이	L	m	수관이 수평으로 생장하는 특성을 가진 수목의 수관 최대길이
지하고	–	m	지표면에서 나무 아랫가지까지의 수직거리

❖ 수목 규격의 명칭

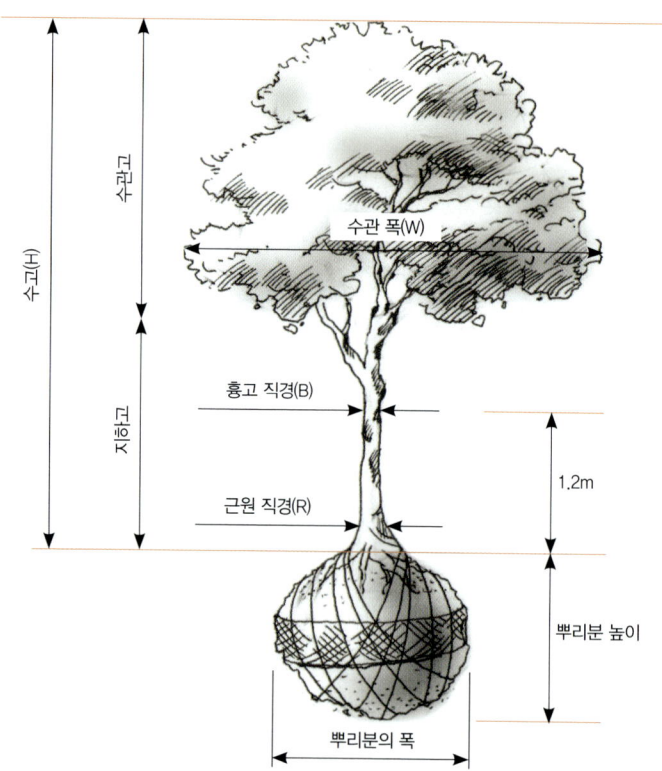

❖ 수목 규격 표시 방법

구 분		적용 기준	적용 수목
교목	수고(m)× 흉고 직경(cm)	곧은 줄기가 있는 수목으로 흉고부의 크기를 측정할 수 있는 수목	메타세쿼이아, 버즘나무, 벽오동, 산벚나무, 왕벚나무, 은행나무, 자작나무 등
	수고(m)× 근원 직경(cm)	줄기가 흉고부 아래에서 갈라지거나 다른 이유로 흉고부의 크기를 측정할 수 없는 수목	감나무, 계수나무, 꽃복숭아, 꽃사과, 낙우송, 노각나무, 느릅나무, 느티나무, 단풍나무류, 대추나무, 때죽나무, 마가목, 매화나무, 먼나무, 모감주나무, 모과나무, 목련, 물푸레나무, 배롱나무, 복자기나무, 산단풍, 산딸나무, 산사나무, 산수유, 살구나무, 참나무류, 칠엽수, 튤립나무, 회화나무 등
	수고(m)× 수관 폭(m)× 근원 직경(cm)	줄기가 흉고부 아래에서 갈라지거나 다른 이유로 흉고부의 크기를 측정할 수 없는 수목	곰솔, 백송, 소나무
	수고(m)× 수관 폭(m)	상록수로서 가지가 줄기의 아래 부분부터 자라는 수목	개잎갈나무, 구상나무, 금송, 독일가문비, 잣나무류, 전나무, 주목, 측백, 향나무류 등
관목	수고(m)× 수관 폭(m)	–	개쉬땅나무, 겹철쭉, 꼬리조팝나무, 꽃댕강, 꽝꽝나무, 나무수국, 댕강나무, 덜꿩나무, 돈나무, 말발도리, 매자나무, 명자나무, 목서, 박태기나무, 백철쭉, 병꽃나무, 사철나무, 산철쭉, 좀작살, 진달래, 화살나무 등

❖ 묘목 수령 표시 방법

구 분	내 용
1–0 묘	앞 숫자는 파종상(묘판)에서 지낸 연수, 뒷 숫자는 판갈이 상에서 지낸 연수
1–1 묘	한 번 이식한 만 2년생 묘목
2–0 묘	이식되지 않은 2년생 묘목
2–1 묘	파종상에서 2년, 이식 상에서 1년 보낸 만 3년생 묘목
2–1–1 묘	파종상에서 2년, 이식 상에서 1년, 다시 이식하여 1년 지낸 만 4년생 묘목
G1/1 묘	뿌리 나이 1년, 줄기 나이 1년인 접목묘
G1/2 묘	뿌리 나이 2년, 줄기 나이 1년이 접목묘
G2/3 묘	뿌리 나이 3년, 줄기 나이 2년인 접목묘
0/1 묘	뿌리 나이 1년, 줄기가 없는 것(뿌리묘)
1/2 묘	뿌리 나이 2년, 줄기 나이 1년인 삽목묘

02 전정 관리

전정 개요 | 전정의 목적 | 나무의 수형 | 수목 가지의 종류 | 수목 가지의 구조 | 수목 전정 도구
수목 생리와 전정 | 수목 전정 시기 | 수목 전정 방법 | 수목 전정 사례

(1) 전정 개요

- 전정(pruning)이란 목적에 맞는 수형 유지, 건전한 생육 도모, 개화 및 결실 촉진 등을 위하여 수목의 일부를 잘라주는 것을 말한다.
- 올바른 전정은 수목을 구조적으로 튼튼하게 함으로써 건강한 생육을 촉진하고, 아름다움과 매력을 높인다.

(2) 전정의 목적

❖ **아름다움을 위한 전정**
- 수목 본래의 고유 수형을 아름답게 유지하기 위하여 불필요한 가지를 전정하고 조형하는 것이 목적이다.
- 수목의 직선 또는 곡선 다듬기를 통해 구형이나 다면체형 및 특정 수형을 만들어 정형미를 제공하는 것이 목적이다.

❖ **수목 건강을 위한 전정**
- 죽은 가지, 병든 가지, 밀생하여 중복된 가지 등을 제거함으로써 통풍과 채광을 좋게 하여 병충해를 예방하고 건강한 수목을 만든다.
- 이식한 수목은 가지의 일부를 제거하여 뿌리에서 흡수하는 수분과 잎에서 증산되

는 수분의 균형을 맞추어 활착시킨다.
- 조경수가 오랫동안 자라 노쇠한 경우 묵은 가지를 잘라 새로운 가지가 나오게 함으로써 나무에 활기를 줄 수 있다.

❖ 개화·결실을 위한 전정
- 꽃나무와 유실수의 경우 허약한 가지나 웃자란 가지, 너무 강한 가지 등을 제거하여 개화 및 결실을 촉진한다.

❖ 실용을 위한 전정
- 생울타리, 방풍림 등은 불필요한 줄기와 가지를 전정하여 차폐, 방풍 등의 목적과 기능에 부합하도록 한다.
- 가로수 등은 전정을 통하여 통행에 지장이 없도록 하고 태풍에 의해 쓰러지는 등의 피해를 방지할 수 있다.

❖ 어린나무의 모양 잡기
- 어린나무의 가지는 대부분 성목의 골격이 되는 굵은 가지로 자란다. 따라서 성목이 될 때 좋은 골격을 갖추기 위해서는 나무가 어릴 때 전정을 통하여 가지의 배치를 조절해야 한다.

(3) 나무의 수형

❖ 수형
- 나무의 줄기, 가지, 잎, 뿌리 등을 종합적으로 나타내는 전체 모양을 말한다.
- 수형은 수간의 생장 방향, 가지의 신장 방향, 엽군 등의 전체 이미지로써 결정되며, 원칙적으로 유전되지만 햇빛, 강수, 바람 등의 환경적인 요소에 의하여 변하기도 한다.

❖ **수형의 종류**

원개형

- 특징: 곁가지가 잘 발달하여 옆으로 넓게 지엽이 형성되는 수관형이다.
- 수종: 감나무, 녹나무, 덜꿩나무, 마가목, 산딸나무, 왕벚나무, 자엽자두, 피나무, 호두나무, 후박나무, 후피향나무, 회양목 등

원추형

- 특징: 초두가 뾰족하고 전체가 길쭉하여 삼각형의 수형을 나타내며 침엽수에 많다.
- 수종: 구상나무, 메타세쿼이아, 분비나무, 삼나무, 전나무, 향나무 등

원주형

- 특징: 가지가 위로 뻗는 경향이 있어 기둥 같은 가늘고 긴 수관을 형성한다.
- 수종: 넓은잎삼나무, 무궁화, 비자나무, 양버들, 은청아틀라스시다, 포플러나무 등

피라미드형

- 특징: 수형 전체가 원추형을 이루지만, 아래 가지가 곡선으로 자라 수관의 외곽선에 깊이 들어간 부분이 형성되어 탑과 같은 모양의 수관을 이루는 것으로 한대지방의 침엽수에 많다.
- 수종: 독일가문비, 히말라야시다 등

난형

- 특징: 전체적으로 둥근형이지만 중심 줄기가 강하게 위로 높이 자라 난형을 이룬다. 크게 자라는 활엽수에서 많이 볼 수 있다.
- 수종: 가시나무, 구실잣밤나무, 꽃사과나무, 동백나무, 목련, 자작나무, 칠엽수, 튤립나무 등

배형

- 특징: 잔 모양의 수관형으로서 수관 윗부분의 선형이 대체로 직선이거나 크게 곡선을 이룬다.
- 수종: 느티나무, 팽나무, 단풍나무 등

부정형

- 특징: 줄기와 가지가 불규칙하게 자라서 이루어지는 수형이다.
- 수종: 복자기나무, 배롱나무, 이팝나무, 자귀나무 등

수지형

- 특징: 가지가 아래로 길게 늘어져서 이루어지는 수형이다.
- 수종: 능수버들, 수양벚나무, 수양회화나무, 능수계수나무 등

(4) 수목 가지의 종류

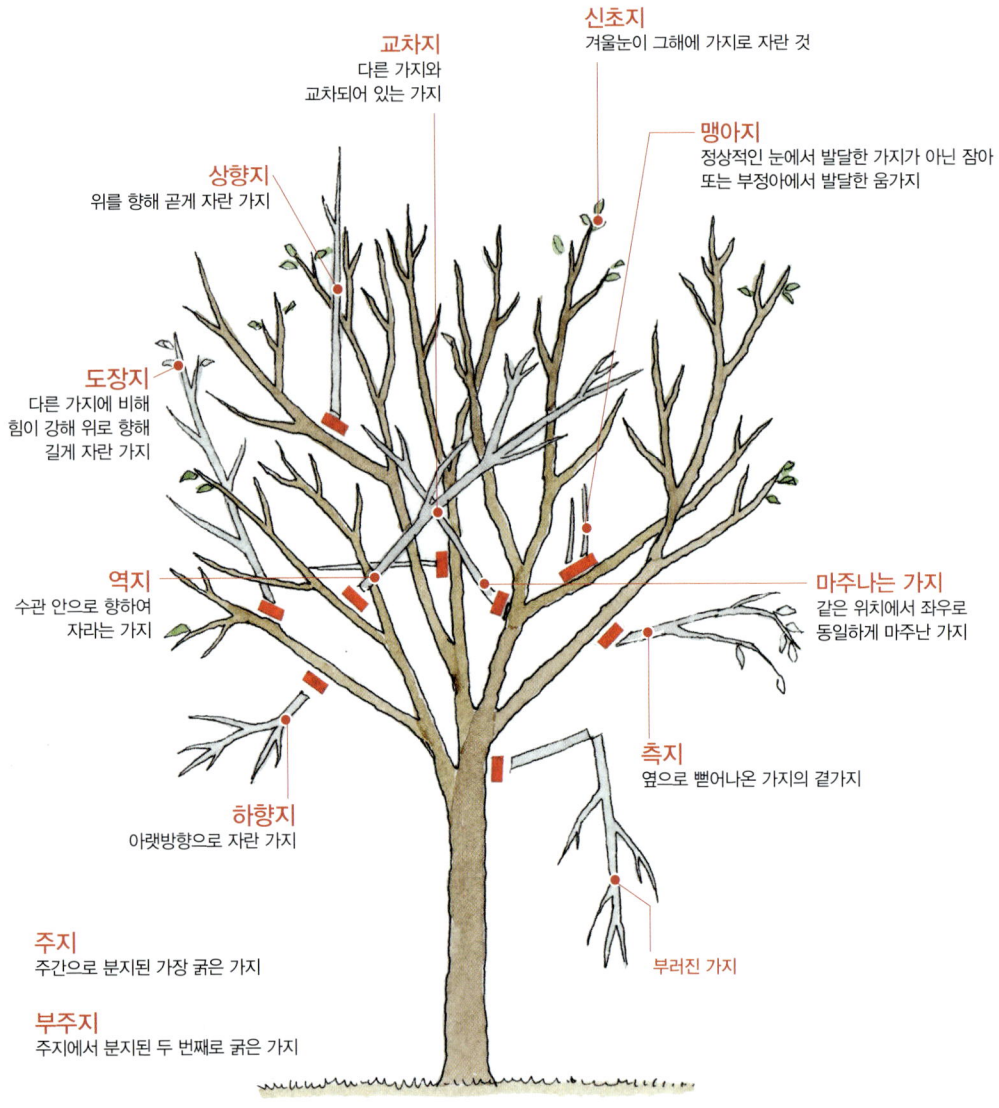

교차지
다른 가지와 교차되어 있는 가지

신초지
겨울눈이 그해에 가지로 자란 것

맹아지
정상적인 눈에서 발달한 가지가 아닌 잠아 또는 부정아에서 발달한 움가지

상향지
위를 향해 곧게 자란 가지

도장지
다른 가지에 비해 힘이 강해 위로 향해 길게 자란 가지

역지
수관 안으로 향하여 자라는 가지

마주나는 가지
같은 위치에서 좌우로 동일하게 마주난 가지

측지
옆으로 뻗어나온 가지의 곁가지

하향지
아랫방향으로 자란 가지

부러진 가지

주지
주간으로 분지된 가장 굵은 가지

부주지
주지에서 분지된 두 번째로 굵은 가지

(5) 수목 가지의 구조

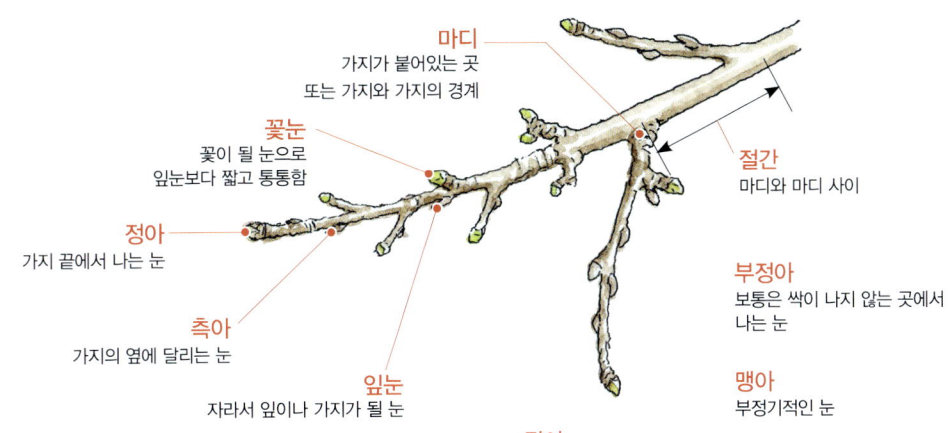

[가지의 구조]

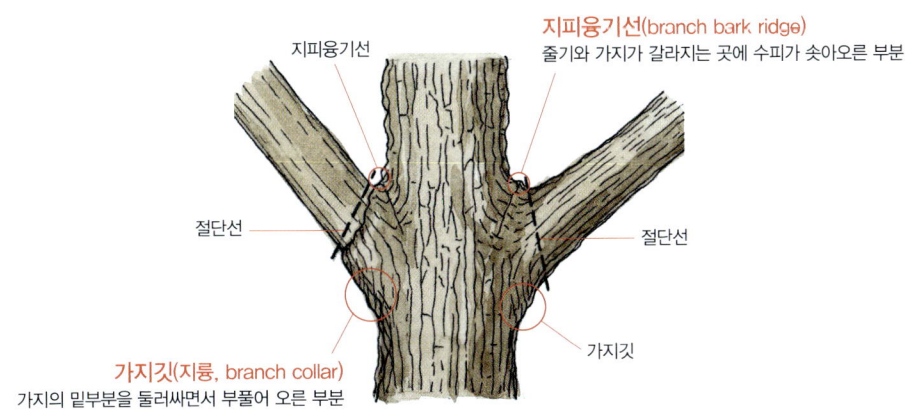

[지피융기선과 가지깃]

(6) 수목 전정 도구

❖ **전정 가위**
- 조경수목을 전정할 때 가장 많이 사용하는 가위로서 지름 3㎝ 이하의 작은 가지를 자를 때 사용한다.

❖ **톱**
- 톱은 지름 3㎝ 이상의 굵은 가지를 자를 때 사용하며 큰 가지 절단용과 작은 가지 절단용으로 구분하여 사용한다.
- 큰 가지 절단용은 길이가 36~45㎝, 날의 폭은 6㎝ 정도가 적당하다.
- 작은 가지 절단용은 길이가 25~30㎝, 날의 폭은 4~5㎝가 적당하다.

❖ **고지 가위**
- 높은 곳의 가지를 자르거나 열매를 따기 위해 만든 가위이다.

❖ 생울타리 전정 가위
- 쥐똥나무, 사철나무, 회양목, 향나무 같은 생울타리 가지나 잎을 다듬기 위해 만들어진 전정 가위이다.
- 전체 길이 50~100㎝, 날의 길이 15~20㎝ 정도의 것이 사용하기 편리하다.

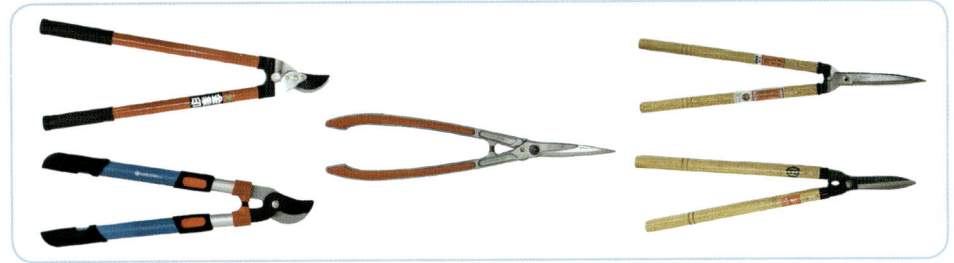

❖ 적심 가위
- 주로 연하고 부드러운 가는 가지를 자를 때 사용하는 가위이며, 지름 1㎝ 이하의 가지를 자를 때만 사용한다.
- 지름 5㎜ 이내의 가는 가지를 자를 때는 한 손으로 가지를 잡고 다른 힌 손으로 가위를 얕게 끼워 단번에 자른다.
- 지름 5㎜ 이상의 가지는 가위를 깊게 끼워서 약간 자기 앞에서 돌리면서 자른다.

❖ 전동식 전정기
- 넓은 면적의 생울타리나 많은 양의 조형목을 전정해야 할 경우 전동식 생울타리 전정기를 사용하면 효율적이다.

(7) 수목 생리와 전정

- 가지 끝의 정아는 가지 옆의 측아보다 우세하게 생장한다.
- 정아의 생장이 강할수록 줄기와 가지가 위로 뻗어 나가 위를 향하는 수형이 되며, 주로 관목보다 교목에서 이러한 성질이 강하게 나타나고, 원추형의 침엽수에서도 나타난다.
- 정아가 있는 가지를 자르게 되면 정아우세현상이 깨어지고 가지의 생장력은 곁눈으로 집중되어 곁가지가 활발히 생장하게 된다.
- 가지 기부 안쪽에는 보호지대가 있어 가지로부터 수간으로 병원균이 감염되는 것을 막는다.
- 가지깃과 지피융기선이 다치면 보호지대가 손상되고 나무의 방어체계가 파괴되어 수간이 썩고 병원균에 감염된다.
- 전정으로 인해 상처가 나면 유상조직(callus)이 상처 주변에 형성되며, 상처를 감싸는 커다란 목질의 띠가 형성된다.
- 가지깃과 지피융기선이 손상되면 목질의 띠가 고리 모양으로 형성되지 않아 부패하기 쉽다.

(8) 수목 전정 시기

❖ 겨울 전정
- 12~3월에 실시하는 전정으로 내한성이 강한 낙엽수를 대상으로 강전정한다.
- 잎이 떨어진 뒤이기 때문에 수형이 잘 드러나 작업이 용이하다.
- 추운 지방에서는 상처를 통해 냉기가 스며들어 가지를 상하게 하므로 해빙기인 2~3월에 실시한다.

❖ 봄 전정
- 3~5월 사이에 실시하는 전정작업으로서 이 시기는 생장기이므로 강한 전정을 하면 수세가 쇠약해진다.
- 감탕나무, 녹나무, 굴거리나무 등의 상록활엽수와 참나무류는 묵은 잎이 떨어지고 새

잎이 날 때가 전정 적기이므로 주로 가지를 솎아내거나 길이를 줄이는 정도로 한다.
- 느티나무와 벚나무 등의 낙엽활엽수는 영양생장기에 접어들어 신장이 가장 많이 생장하는 시기이므로 적심, 적아 등의 약한 전정은 실시해도 좋으나 굵은 가지를 쳐내는 등의 강한 전정은 피한다.

❖ **여름 전정**
- 6~8월은 생장이 활발하고 잎이 무성한 시기이므로 수관 내의 통풍과 채광이 불량해지고 병충해가 발생하기 쉽다.
- 웃자란 가지나 혼잡한 가지를 잘라 채광 및 통풍을 좋게 해준다.
- 강전정은 피하고 약전정을 2~3회 나누어 실시한다.

❖ **가을 전정**
- 9~11월에 하는 전정으로 웃자란 가지와 혼잡한 가지를 가볍게 전정한다.
- 휴면이 빠른 수종이나 상록활엽수는 가을이 전정하기에 적기이나, 수세가 약해지지 않을 정도로 한다.

> *Note* • 나무의 특성별 전정 시기
>
> ① 꽃나무의 전정
> - 꽃나무는 당해년도 개화가 끝난 직후부터 다음 해 꽃눈이 생기기 전 사이에 전정한다(다음 표 참고).
> - 백목련, 철쭉류, 치자, 등나무는 꽃이 지고 난 후 바로 꽃눈이 생기므로 꽃이 지자마자 전정을 해야 한다.
> - 무궁화, 배롱나무, 싸리, 능소화, 금목서와 같이 봄에 자란 새 가지의 끝에 꽃눈이 형성되어 여름에 꽃피는 나무는 이른 봄에 전정을 해도 된다.
> ② 소나무, 잣나무 등은 6~7월에 절단하면 송진이 많이 흘러 나무가 쇠약해지므로 큰 가지는 생장기를 피하여 절단한다.
> ③ 단풍나무와 자작나무는 잎이 완전히 나온 후 전정하여 수액이 나오는 시기를 피한다.
> ④ 벚나무는 전정을 실시한 후 상처부위가 잘 아물지 않고 썩기 쉬우므로 될수록 전정하지 않는다.

화목류의 개화기와 꽃눈 형성기

수종	1	2	3	4	5	6	7	8	9	10	11	12
매실나무	●●●	🌸🌸🌸	🌸🌸🌸					🌱🌱	●●●	●●●	●●●	●●●
동백나무	●●●	●●●	🌸🌸🌸	🌸🌸🌸		🌱🌱	🌱🌱	●●	●●●	●●●	●●●	●●●
산수유	●●●	●●●	🌸🌸			🌱	●	●●●	●●●	●●●	●●●	●●●
서향나무	●●●	●●●	●●●	🌸🌸🌸			🌱	●●●	●●●	●●●	●●●	●●●
백목련	●●●	●●●	●●●	🌸🌸🌸🌸	🌱	●●●	●●●	●●●	●●●	●●●	●●●	●●●
명자나무	●●●	●●●	●●●	🌸🌸🌸🌸	🌸			🌱	●●●	●●●	●●●	●●●
개나리	●●●	●●●	●●●	🌸🌸🌸				🌱	●●●	●●●	●●●	●●●
왕벚나무	●●●	●●●	●●●	🌸🌸🌸			🌱	●●●	●●●	●●●	●●●	●●●
수수꽃다리	●●●	●●●	●●●	●	🌸🌸🌸		🌱	●●	●●●	●●●	●●●	●●●
조팝나무	●●●	●●●	●●●	🌸🌸	🌸🌸				🌱	●●●	●●●	●●●
복숭아나무	●●●	●●●	●●●	🌸🌸🌸				🌱🌱	●●●	●●●	●●●	●●●
모란	●●●	●●●	●●●	●●●	🌸🌸🌸			🌱🌱	●●●	●●●	●●●	●●●
영산홍	●●●	●●●	●●●	●●	🌸🌸🌸		🌱	●●	●●●	●●●	●●●	●●●
단풍철쭉	●●●	●●●	●●●	●●	🌸🌸🌸		🌱	●●●	●●●	●●●	●●●	●●●
등나무	●●●	●●●	●●●	●●	🌸🌸🌸	●	●●●	●●●	●●●	●●●	●●●	●●●
찔레나무				🌱🌱	● 🌸🌸							
치자나무	●●●	●●●	●●●	●●●	●●	🌸🌸🌸	🌱	●●●	●●●	●●●	●●●	●●●
수국	●●●	●●●	●●●	●●●	●	🌸🌸🌸	🌸🌸🌸	🌸		🌱 ●●	●●●	●●●
무궁화					🌱	●●●	🌸🌸🌸	🌸🌸🌸	🌸🌸			
배롱나무						🌱 ●	●●●	🌸🌸🌸	🌸🌸			
싸리나무						🌱🌱	🌱🌱	🌸🌸🌸	🌸🌸🌸			
금목서							🌱 ●●	🌸🌸🌸	🌸🌸🌸			

※ 🌱 화아 형성기 ● 화아 형성 지속기 🌸 개화기

(9) 수목 전정 방법

❖ 전정 순서
- 전정할 대상의 나무를 잘 관찰할 수 있는 지점에서 전체 수형을 관찰하고, 만들고자 하는 수형과 잘라야 할 가지를 결정한다.
- 원하는 수형의 목적에 맞지 않는 큰 가지부터 전정한다.
- 수관 위쪽에서 아래쪽으로, 밖에서 안으로 전정한다.
- 굵은 가지에서 잔가지 순으로 전정한다.
- 절단 부위가 5㎝ 이상일 경우 수목 상처 도포제(발코트, 톱신페스트 등)를 바른다.

❖ 전정 기본 원칙
- 죽은 가지, 병든 가지, 지나치게 촘촘한 가지는 제거하여 채광과 통풍을 좋게 한다.
- 수관 내부로 향하는 가지, 수직 방향으로 자라는 가지, 아래로 처진 가지, 도장지를 제거하여 수형을 유지시킨다.
- 마주난 대생지는 전정하여 어긋나게 위치하도록 한다.
- 돌려난 윤생지는 1개의 가지만 남기고 층마다 어긋나도록 절단한다.
- 같은 방향과 같은 각도로 나란히 자란 평행지는 양분을 경합하고 단조로운 느낌을 주므로 제거한다.
- 나무의 정면에 시점과 같은 높이로 돌출한 가지는 압박감을 주므로 제거한다.
- 가지를 자르는 부위는 가지깃 형태에 따라 위치 및 각도를 다르게 한다.
- 지피융기선과 가지깃이 손상되지 않도록 한다.
- 가지그루터기를 남기지 않는다.
- 줄기와 가지를 중간에서 절단해야 할 경우 반드시 마디에서 자르고, 절간을 자르지 않는다.
- 제거할 가지는 매끈하게 자른다.
- 전정할 때는 반드시 좋은 가지나 곁눈이 있는 곳의 바로 위쪽을 선택하여 절단한다.

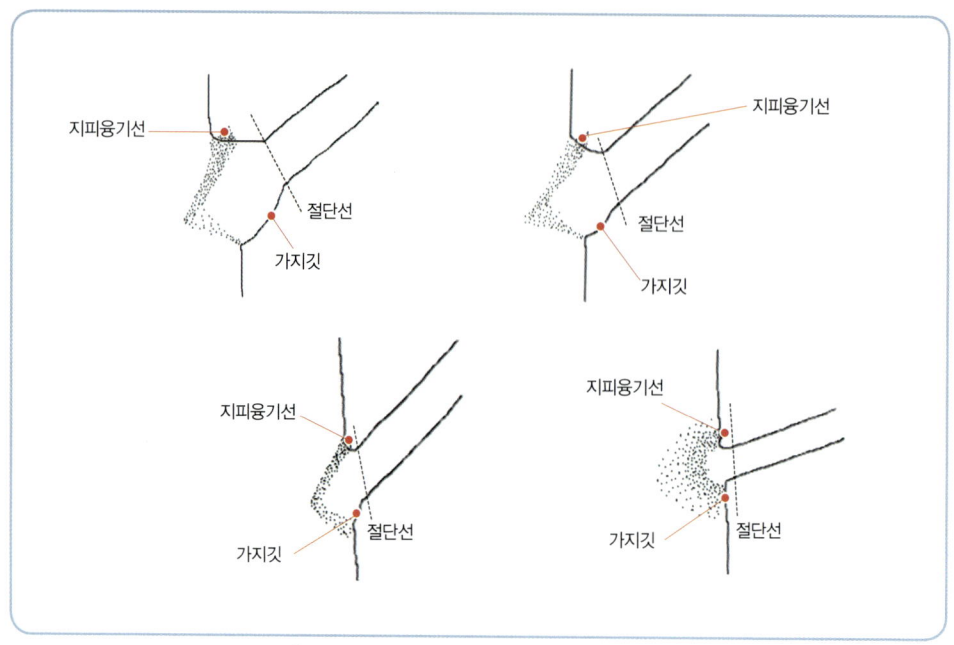

[가지깃 형태에 따른 가지 자르는 각도]

❖ 굵은 가지 자르기

- 굵은 가지 자르기는 지름 3㎝ 이상의 굵은 가지를 밑둥에서부터 자르는 것으로, 수목의 수형 및 생육에 큰 영향을 주게 되므로 충분히 검토하여 정한다.
- 나무를 이식하여 지상부와 지하부의 균형을 잡고자 할 때, 잎이 지나치게 무성하여 수형 전체의 균형이 깨진 경우, 햇빛과 통풍이 차단되어 일부의 지엽이 쇠약해진 경우 등에 적용한다.
- 3~5㎝의 굵은 가지를 자를 때는 자르고자 하는 가지를 손으로 잡고 톱을 잡아당기면서 아래로 힘을 주어 자른다.
- 5~10㎝의 굵은 가지를 자를 때는 세 단계로 나누어 자른다.
- 먼저 절단부보다 30㎝ 떨어진 부분의 밑쪽을 1/3 정도 톱질한 후 약간 바깥쪽을 다시 엇갈리게 잘라준다.
- 남은 부분을 바싹 자르되 지피융기선과 가지깃을 다치지 않도록 한다.

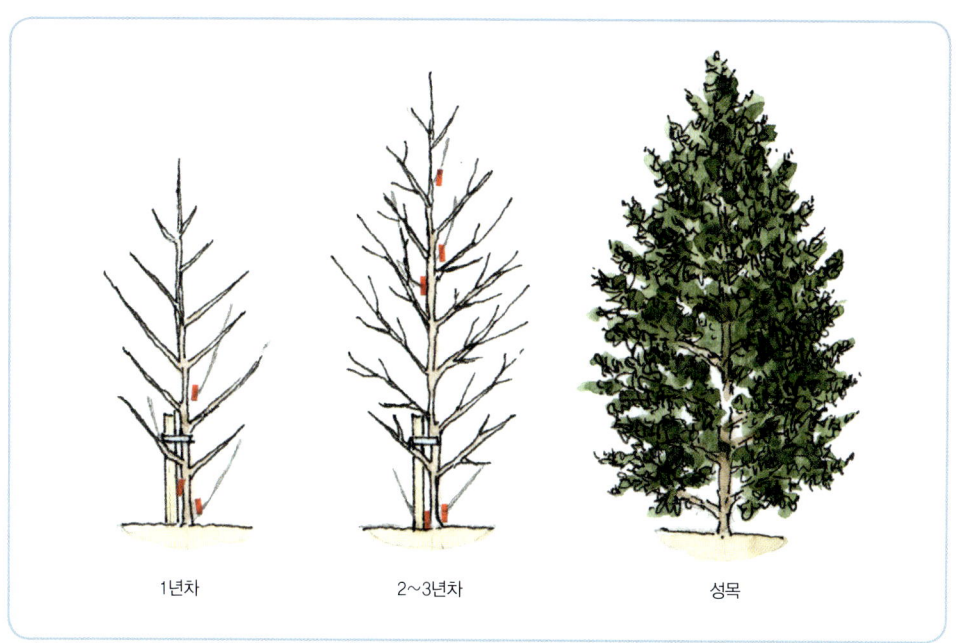

| 1년차 | 2~3년차 | 성목 |

① 1년차
- 교차지를 제거한다.
- 줄기의 기부에서 나온 가지를 제거한다.
- 단각 지주를 설치한다.

② 2~3년차
- 중심 줄기와 경쟁하는 수직 도장지를 제거한다.
- 수형을 어지럽히는 교차지를 제거한다.
- 줄기의 기부에서 나오는 측지를 계속해서 제거한다.
- 수목이 활착된 경우 지주를 제거한다.

지하고가 높은 원추형
- 중앙에 한 개의 뚜렷한 줄기가 높이 자라 원추형을 이루며, 하부에 가지가 없어 지하고가 높다.
- 자연에서 많이 볼 수 있는 대표적인 수형이다.

는 작업으로, 절간이 아닌 마디에서 자른다.
- 가지를 중간에서 절단할 때는 옆눈이 있는 곳의 위치에서 비스듬히 자르고 눈 윗부분을 6~7㎜가량 남긴다.
- 전정 후 마지막 눈의 위치가 다음 가지의 방향을 결정하므로 원하는 가지 방향의 눈 바로 위쪽에서 자른다.

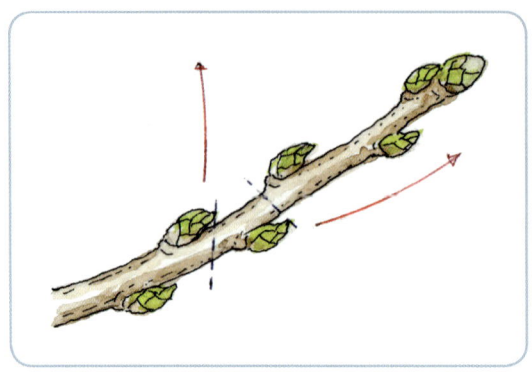

[눈의 위치와 자라는 방향]

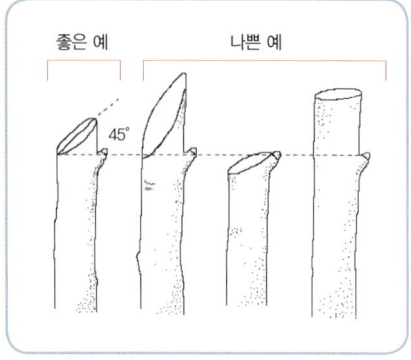

[마디 위 가지 자르는 방법]

❖ 어린나무 수형 잡기

- 어린나무의 줄기와 가지는 그대로 성목의 골격이 되므로 균형 있고 아름다운 수형을 위해 나무가 어릴 때부터 전정한다.
- 어린나무의 줄기를 절단할 때는 반드시 마디에서 잘라야 하며, 지피융기선 안쪽 지점인 A에서 지피융기선의 시작점(C)과 높이가 같은 지점인 B 방향으로 자른다.

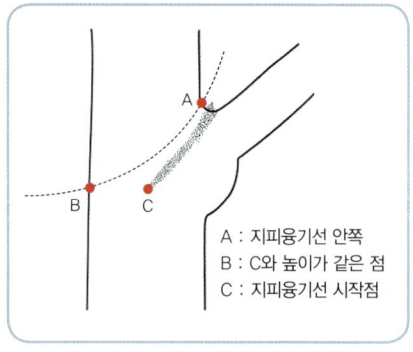

[어린나무의 줄기 자르는 방법]

❖ 수형별 전정 방법

지하고가 낮은 원추형 침엽수

- 침엽수와 같이 중앙에 한 개의 뚜렷한 줄기를 가지는 나무는 어릴 때부터 원추형으로 자라므로, 본래의 수형을 살려 가벼운 전정 정도만 한다.

[굵은 가지를 자른 후 상처 도포제 바르기]

❖ 잔가지 자르기

- 얽혀 있는 잔가지와 도장지를 밑둥에서부터 잘라버리는 작업으로, 굵은 가지를 전정한 후에도 잔가지가 서로 얽혀 햇빛을 받거나 통풍이 불리한 경우에 실시한다.
- 전정 가위를 자르고자 하는 가지의 밑둥에 대고 힘을 주어 잘라낸다.
- 가위의 날을 비틀거나 흔들면 절단 부위가 매끄럽지 못하므로 빠르게 잘라낸다.
- 만일 깨끗하게 잘리지 않았다면 날을 갈아서 다시 자르거나 톱으로 깨끗하게 마무리해야 한다.

[잔가지 자르기 사례]

❖ 가지 길이 줄이기

- 필요 이상으로 길게 자란 가지의 길이를 필요한 곳에서 절단하여 수형을 바로잡

- 10㎝ 이상의 굵은 가지는 전동톱을 이용하여 자른다.
- 5㎝ 이상의 굵은 가지는 절단부위가 병원균에 감염되지 않도록 매끈하게 다듬고 수목용 상처도포제를 바른다.

[굵은 가지를 자르는 순서]

[굵은 가지 자르기 사례]

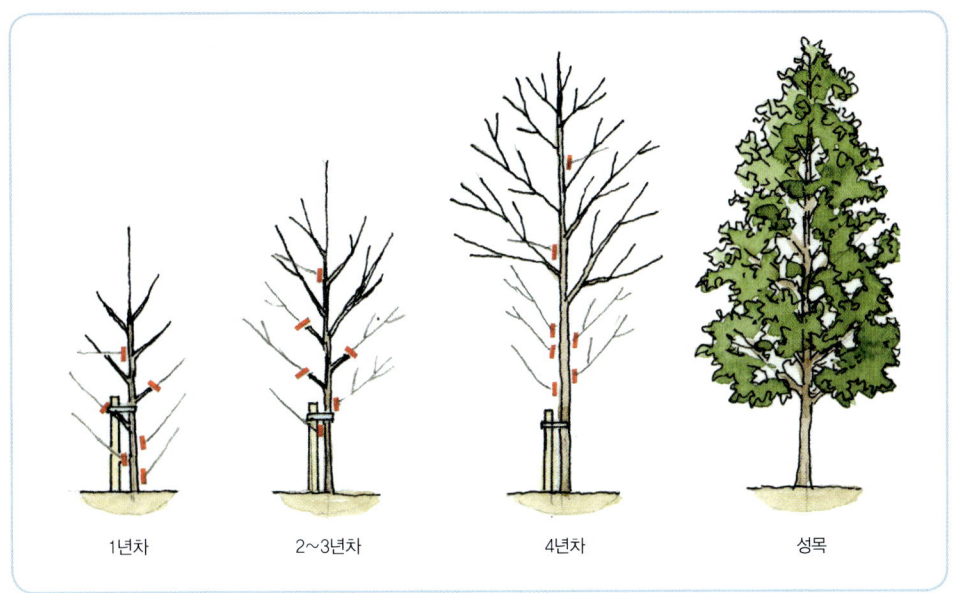

| 1년차 | 2~3년차 | 4년차 | 성목 |

① 1년차
- 수목의 높이를 3등분하여 상부 1/3 이상 지점에서는 죽은 가지, 병든 가지, 교차지 정도만 제거한다.
- 1/3~2/3 지점에서는 가지의 길이를 1/2로 줄인다.
- 하부 1/3 이하 지점에서는 가지를 모두 제거한다.
- 단각 지주를 설치한다.

② 2~3년차
- 상부 1/3 이상 지점에서는 위치가 좋지 않은 가지와 교차지를 모두 제거한다.
- 1/3~2/3 지점에서는 가지 길이의 2/3까지 줄인다.
- 하부 1/3 이하 지점에서는 가지를 모두 제거한다.
- 지주목의 끈을 느슨하게 하거나 수목이 활착된 경우 지주목을 제거한다.

③ 4년차
- 원하는 지하고 높이까지 모든 가지를 제거한다.
- 수관부에 있는 가지 중 수형을 어지럽히는 교차지를 제거한다.

원개형 및 배형의 활엽수

- 하나의 줄기가 여러 개의 가지로 분지하여 원개형이나 배형을 이룬다.
- 대부분의 활엽수가 이에 해당된다.

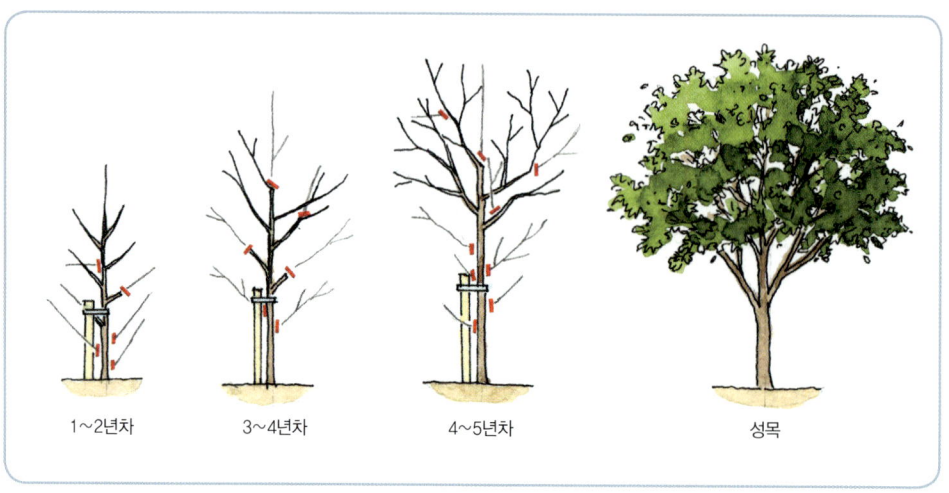

① 1~2년차
- 수목의 높이를 3등분하여 상부 1/3 이상 지점에서는 죽은 가지, 병든 가지, 교차지 정도만 제거한다.
- 1/3~2/3 지점에서는 가지의 길이를 1/2로 줄인다.
- 하부 1/3 이하 지점에서는 가지를 모두 제거한다.
- 단각 지주를 설치한다.

② 3~4년차
- 수관의 형태를 결정할 3~4개의 강한 가지를 골라 가장 높은 곳에 있는 가지의 바로 윗부분에서 줄기를 자른다.
- 원하는 지하고 높이를 결정하여, 지하고 높이의 상부 1/2은 가지 길이를 줄이고, 하부 1/2은 가지를 모두 제거한다.
- 교차지와 상향지를 제거한다.
- 지주목의 끈을 느슨하게 한다.

③ 4~5년차
- 세력이 강한 짧은 가지 또는 상향지를 제거한다.
- 교차지와 혼잡한 가지를 제거한다.
- 수관 상부의 가지들이 위를 향하도록 상부에 위치한 가지 중 밖을 향하는 가지나 눈을 잘라준다.
- 원하는 지하고 높이까지 모든 가지를 제거한다.
- 지주목을 제거한다.

관목
- 지표에서 올라온 약하고 가는 가지를 모두 제거한다.
- 수관 내부에 얽혀 있는 모든 가지를 기부에서 제거하거나, 좋은 위치에 있는 눈이나 가지가 있는 곳까지 제거한다.
- 수형을 어지럽히는 길게 난 도장지를 잘라준다.

❖ 적심
- 적심(摘心)이란 가지의 길이 생장을 조절하기 위하여 생장 중인 신초[정아(頂芽)나 생장점]를 따는 작업을 말하며 '순따기', '순자르기'라고도 한다.

[소나무 적심 순서]

- 소나무의 적심은 4~5월에 새순이 10cm 정도 자랐을 때 여러 개의 새순 중에서 2~3개만을 남기고 나머지 순을 모두 딴다.
- 5월 중순경 남겨둔 새순이 자라 새잎이 나올 무렵 순의 1/3 길이에서 자른다.

❖ 적아

- 적아(摘芽)란 적아눈이 움직이기 전에 가지의 눈 중 필요하지 않은 눈을 미리 따버리는 작업을 말하며 '순지르기'라고도 한다.
- 가지가 뻗어나갈 방향을 예측하여 필요 없는 눈을 딴다. 맹아력이 약해 가지가 다 자란 다음에 가지치기를 하면 수형이 엉성해지는 수종, 강전정을 하면 쇠약해지기 쉬운 자작나무, 상처가 생기면 잘 썩는 벚나무 등의 수종에 실시한다.

❖ 특수 전정

노목의 전정

- 조경수목이 오랫동안 자라 가지가 굵어지고 잎과 꽃이 엉성해지면 관상가치가 떨어지므로 가지의 끝을 짧게 잘라준다.
- 이와 같은 방법으로 이듬해 부정아가 많이 싹트게 되므로 새롭고 세력이 강한

가지가 나오게 되어 나무의 노쇠현상을 막을 수 있다.
- 맹아력이 강한 활엽수에 대해 사용하며 침엽수는 잠아가 없어 이 방법을 사용하지 않는다.

이식 수목의 전정
- 나무를 이식하게 되면 뿌리가 많이 잘려나가게 되므로 뿌리 부분과 균형을 맞추기 위하여 가지 일부도 제거해야 한다.
- 이식 후 죽은 가지, 병든 가지, 부러진 가지, 얽혀 있는 가지, 도장지 등을 먼저 제거한다.
- 각 수목의 발근력과 발아력을 감안하여 전정의 양을 결정하되 전체 가지의 15% 이상을 가지치기하지 않는다.

침엽수의 전정
- 침엽수의 수형은 원추형과 대칭형이므로 수간을 외대로 유지시키고, 수관 밖으로 튀어나온 가지는 일찍 제거해준다.
- 침엽수는 오래된 가지에 잠아가 거의 없어서 묵은 가지를 중간에서 제거하면 그 자리에서 맹아지가 발생하지 않는다.
- 침엽수는 2~3년마다 수형을 다듬어야 하며, 한 번에 수형을 바꾸려고 해서는 안 된다.
- 잎이 있는 바깥쪽 가지, 즉 1~2년 이내에 생겨난 가지를 중간에서 전정하면 잠아가 나와서 옆 가지의 발생을 촉진하지만, 안쪽 가지, 즉 잎이 이미 떨어진 3년 이상 된 묵은 가지는 자르면 가지가 죽어버린다.

생울타리 전정
- 생울타리는 살아 있는 나무로 만든 울타리를 말하며, 상록성 생울타리, 낙엽성 생울타리, 자유형 생울타리, 정형식 생울타리 등으로 나눌 수 있어 목적에 따라 선택할 수 있다.

- 자유형 생울타리는 개나리, 무궁화, 장미, 동백, 병꽃나무, 낙상홍, 피라칸다와 같이 꽃나무나 열매를 감상하는 나무를 이용하여 만든다.
- 자유형 생울타리는 식재간격을 1m 정도로 하고 1년에 1회 정도 가벼운 전정을 해준다.
- 정형식 생울타리는 가지와 잎이 치밀하고, 아랫가지가 오랫동안 말라죽지 않아야 하며, 맹아력이 강하여 전정에 잘 견딜 수 있는 나무를 이용하여 만든다.
- 울타리의 위를 아래보다 좁게 하여 울타리 하부에도 햇빛이 잘 들게 한다.

① 낙엽수를 이용한 생울타리 만들기

2년차	3~4년차	5년 이상
• 초봄에 줄기와 가지를 1/3 길이로 잘라낸다.	• 새로 생장한 모든 가지를 1/3 길이로 잘라주면, 생울타리가 촘촘해지기 시작한다.	• 초여름에 말뚝이나 틀을 이용하여 생울타리 모양으로 가지를 잘라낸다. • 이듬해 초봄 가지를 다시 잘라주며, 이후로 매년 초봄 계속 실시한다.

② 상록수를 이용한 생울타리 만들기

2년차	3~4년차	5년 이상
• 봄에 가지가 빈약한 나무는 그림과 같이 강전정을 한다. • 가지가 어느 정도 분지되어 있다면 줄기와 가지를 1/3 길이로 잘라준다.	• 여름에 바깥 가지를 가볍게 전정하고 이듬해 봄에 원하는 형태로 좀 더 강하게 전정한다.	• 1년에 두 번씩 계속 전정하면 생울타리가 점점 촘촘해진다.

③ 침엽수를 이용한 생울타리 만들기

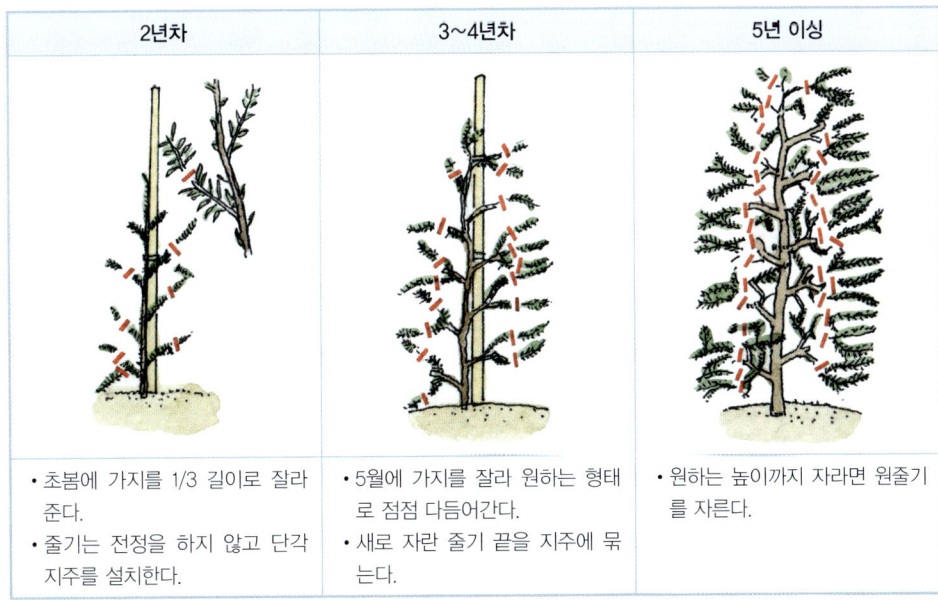

2년차	3~4년차	5년 이상
• 초봄에 가지를 1/3 길이로 잘라준다. • 줄기는 전정을 하지 않고 단각 지주를 설치한다.	• 5월에 가지를 잘라 원하는 형태로 점점 다듬어간다. • 새로 자란 줄기 끝을 지주에 묶는다.	• 원하는 높이까지 자라면 원줄기를 자른다.

④ 생울타리 전정 시 일정하게 모양을 유지하는 방법

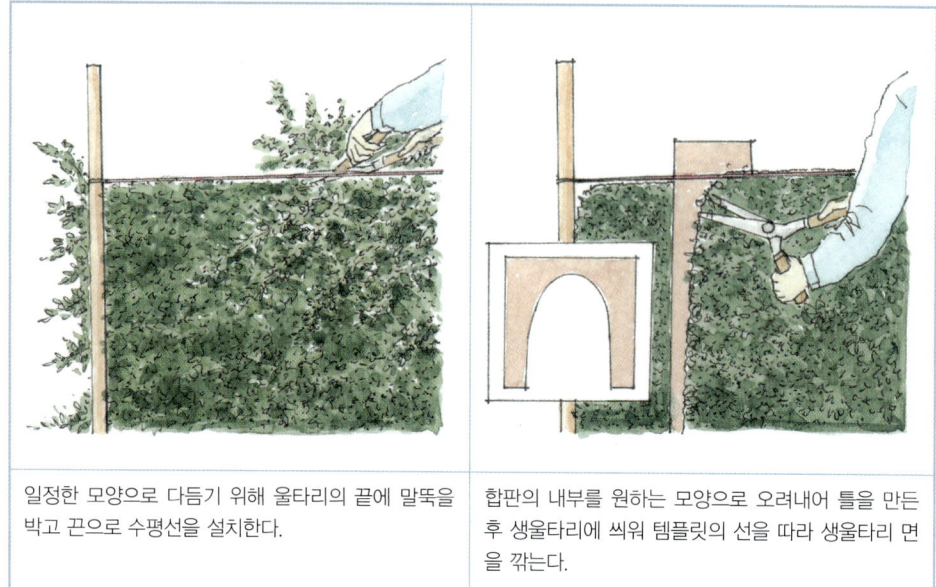

일정한 모양으로 다듬기 위해 울타리의 끝에 말뚝을 박고 끈으로 수평선을 설치한다.	합판의 내부를 원하는 모양으로 오려내어 틀을 만든 후 생울타리에 씌워 템플릿의 선을 따라 생울타리 면을 깎는다.

※ 여러 가지 생울타리 형태

생울타리의 윗부분을 좁게 하고 밑부분을 넓게 하여 아래도 햇빛이 들도록 한다.

토피어리 전정

- 토피어리는 조경수목을 전정하여 기하학적 형태나 동물 모양 등 원하는 형태로 수목을 만드는 것을 말한다.
- 맹아력과 생장력이 뛰어나고 작은 잎을 가진 상록수가 적당하며, 주목, 향나무, 회양목, 꽝꽝나무, 호랑가시나무 등이 사용된다.
- 철사로 원하는 형태의 조형틀을 만들어 나무 위에 덮는다.
- 나무가 성장하여 가지가 조형틀 바깥으로 나오기 시작하면 전정을 하며, 가지와 잎이 조형틀을 가득 채울 때까지 여러 해에 걸쳐 전정하여 완성한다.
- 단순한 토피어리의 경우 첫해에는 원하는 모양을 대강 잡아 전정하고, 다음해 조형틀에 맞추어 원하는 모양대로 전정한다.
- 완성된 토피어리는 수목의 생장률에 따라 1년에 2~3회 전정하여 모양을 유지시킨다.

(10) 수목 전정 사례

소나무-1

전정 전

수관 내부의 가지가 밀생하여 통풍이 좋지 않고 수형이 흐트러짐

전정 후

밀생한 가지를 솎아내고 조형 전정을 함

소나무-2

전정 전

신초가 위로 길게 생장하여 수형이 흐트러짐

전정 후

길게 자란 신초를 적심하여 수형을 개선함

소나무 -3

전정 전

수관 내부에 가지가 밀생하여 통풍이 좋지 않고 시야를 차단함

전정 후

밀생한 가지를 솎아내어 통풍과 채광을 개선하고 시야를 확보함

섬잣나무

전정 전

내부의 가지가 밀생하고 웃자라 수형이 흐트러짐

전정 후

수관 내부의 가지를 솎아내고 웃자란 가지들을 전정하여 수형을 개선함

잣나무

전정 전

가지가 웃자라 수형이 흐트러짐

전정 후

수관 내부의 가지를 솎아내고 웃자란 가지들을 전정하여 수형을 개선함

둥근 소나무

전정 전

수관 내부에 가지가 밀생하여 통풍이 불량하고, 수형이 흐트러짐

전정 후

밀생한 가지를 솎아내고 조형전정을 함

03 정원 수목 시비 관리

개요 | 토양 관리 | 식물의 영양소와 생리 기능 | 비료의 종류
비료 주는 방법 | 시비 시기 | 시비량

(1) 개요

- 토양은 수목이 뿌리를 내려 정착할 수 있는 지지 기반이며, 수목에 양분과 수분을 공급해주는 생육 기반이다. 수목의 건강한 생육을 위해서는 토양의 물리적 특성과 화학적 특성을 생육조건에 적합하게 관리해야 한다.
- 시비란 수목의 생장을 촉진하기 위해 비료 성분을 공급하는 것을 말하며, 공동주택의 정원과 같은 인위적인 토양에 식재된 수목은 주기적으로 시비해야 한다.

(2) 토양 관리

❖ 토양의 물리적 특성

토성

- 토성은 토양 중의 모래, 미사, 점토 입자의 함량 비율을 말하며, 입자의 구성 비율에 따라 사질토, 양토, 식토 등으로 나눈다.
- 모래 함량이 높은 토양은 배수가 잘되고 통기성은 좋으나 양분과 수분을 보유할 수 있는 능력이 약하여 건조 피해를 받기 쉬우며, 비료의 유실이 많다.
- 점토가 많은 토양은 보수력과 보비력은 좋으나 배수가 잘 안 되고 통기성이 나쁘다.
- 수목이 건강하게 자라기 위해서는 토양의 보수력, 배수력, 통기성, 보비력 등

이 모두 좋아야 한다.
- 수목 생육에 가장 좋은 토양은 모래 50~65%, 미사 20~35%, 점토 10~20% 정도인 사질양토 또는 양토이다.

토양 공극
- 토양 입자와 입자 사이에는 공극이 있으며, 이 공극은 물과 공기로 채워진다.
- 토양 내 공기는 뿌리의 호흡에 영향을 미치고, 토양 내 수분은 식물의 생장에 영향을 준다.
- 다져진 토양은 공극이 적어 통기성이 나쁘고, 배수가 불량한 토양은 공극이 물로 채워져 공기가 부족하다.

❖ 토양의 화학적 특성

토양 산도(pH)
- 토양 산도란 토양이 산성, 중성, 알칼리성을 띠는지를 나타내는 것이며, 수목이 양분을 흡수할 수 있는 능력에 영향을 미친다.
- 도양이 중성이면 pH 7.0이고, 산성일수록 값이 낮아지며 알칼리성일수록 값이 올라간다.
- 토양이 산성일 경우 인산, 칼륨, 칼슘, 마그네슘, 붕소 등의 양분이 식물이 흡수할 수 없는 형태로 되며 철, 알루미늄, 망간 등은 너무 많이 녹아 나와 뿌리의 생장을 억제하고 생리 장애를 일으킨다.
- 토양이 알칼리성일 경우 인산, 칼륨, 붕소, 철, 아연, 구리와 같은 원소들의 용해도가 낮아져 식물이 흡수하기 어렵게 된다.
- 대부분의 수목은 pH 5.5~8.3에서 자랄 수 있으나, 가장 적합한 pH는 5.5~6.5이다.

토양 산도 진단법

① 산도 측정을 원하는 곳의 토양을 소량 채취하여 물 25mL, 흙 5g의 비율로 섞는다.

② 혼합액을 30분간 잘 저어준다.

③ 흙이 완전히 가라앉으면 리트머스 종이를 맑은 용액에 담가 물을 흡수시킨다.

④ 리트머스 종이를 색상표와 비교하여 pH를 측정한다.

* 리트머스 종이는 pH 4~8 정도를 측정할 수 있는 것으로 사용한다.
* 숫자가 높을수록 알칼리성 토양이며 낮을수록 산성 토양이다.

❖ 토양 개량

토양의 개량에는 토양 내의 통기성과 배수, 보수성 등을 개선하는 물리성 개량과 보비력을 향상시키는 화학성 개량이 있다.

물리적 개량-토양 경운

- 기계나 사람의 활동에 의하여 토양이 다져져 통기와 배수가 불량한 경우 토양을 경운하여 토양 내 공극을 늘림으로써 뿌리의 호흡과 발달을 돕는다.
- 토양이 젖어 있는 상태에서 경운하면 오히려 토양의 구조를 파괴하므로 토양이 마른 상태에서 경운한다.

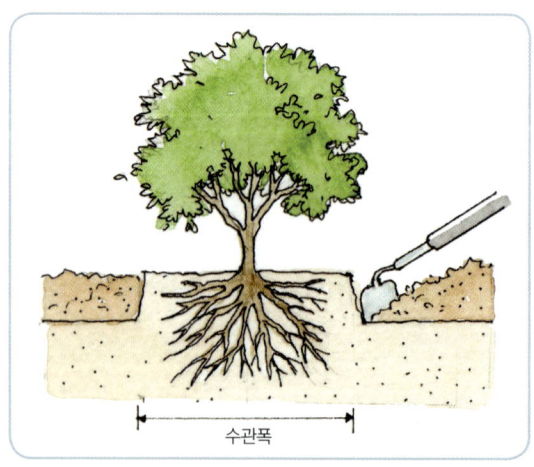

[수목 주변의 경운]

- 기존 수목 주변을 경운할 경우 뿌리에 너무 가깝게 경운하면 뿌리가 잘리므로 수관폭 바깥선을 기준으로 경운한다.

화학적 개량-토양 개량제

① 모래

- 석영이 풍화되어 지름이 0.5~2㎜ 크기로 된 것이다.
- 보비력과 보수력은 약하지만, 배수가 잘되고 통기성이 좋아 혼합토를 만드는 데 이용된다.
- 입자의 지름이 2㎜ 정도 되는 것은 굵은 모래, 0.5㎜인 것을 가는 모래라고 한다.

② 바크

- 전나무, 소나무 등의 수피를 잘게 부수어 만든 것이다.
- 난의 식재에 사용되거나 혼합토를 제조하는 재료로 사용된다.
- 멀칭 재료로 이용되어 강우 시 표토의 유실을 막거나, 건조 시 수분 증발을 억제하는 역할을 한다.

③ 피트모스

- 늪의 식물이 습지 바닥에 퇴적되어 산소가 부족한 상태에서 부분적으로 부식된 것이다.
- 캐나다, 아일랜드, 독일, 미국, 러시아 등지에서 많이 생산되며, 상토의 유기물 자재로 가장 많이 이용되고 있다.
- 피트모스는 부피의 89% 정도가 수분을 함유할 수 있는 조직으로 되어 있고, 물과 공기가 이상적인 비율로 함유되어 통기성 및 보수력이 매우 우수하다.
- 양이온 치환 용량이 커서 보비력이 좋으며, 상토 내에서 유기물 분해가 느리

게 일어나기 때문에 이화학적 특성이 오랫동안 유지될 수 있다.
- 무기성분 함량이 매우 적고 분해과정에서 무기성분의 용출도 많지 않으므로 시비 조절이 쉽다.
- 해충 및 잡초 종자 등이 없고 가벼워 취급하기 좋을 뿐만 아니라 섬유질상으로 되어 있어 자체 결합력이 좋다.
- 산도는 pH 3.2~5.5로 낮으나 조정 후에는 안정되는 특징이 있다.
- 질소 성분이 약간 함유되어 있고 인산과 칼리 성분은 거의 없다.
- 토양과 친화력이 낮아 토양과 혼합할 경우 처음 3~4일 동안 수분 관리를 해야 한다.
- 건조할 때 중량의 16~24배의 수분 흡수력이 있는 것, pH가 3.5~5.5 범위인 것, 건물 1㎥의 중량이 450~900kg인 것, 입도 1㎜ 이하가 70% 이하인 것이 좋다.

④ 버미큘라이트

- 마그네슘과 철이 함유된 질석을 760℃의 고온으로 가열하여 원부피의 15배 정도 증가시킨 인공 토양이다.
- 칼륨 6%와 마그네슘 20%가 함유되어 있고, 산도는 pH 7 정도의 중성이며, 가볍고 보수력이 좋다.
- 무균이므로 파종, 삽목, 실내 조경용 토양으로 많이 사용된다.

⑤ 펄라이트

- 화산의 용암지대에서 캐낸 회백색의 진주암을 870℃ 정도의 고온에서 가열하여 원부피의 10배 이상 팽창시켜 만든 것이다.
- 무게가 가벼워 토양 표면에서 이동하기 쉬우나 다른 재료와 혼합하면 토양의 통기성과 보수력을 향상시킨다.
- pH는 6.5~7.5 정도이고 비료 성분은 전혀 없다.

- 무균이므로 파종에 적합하고, 오랫동안 습기를 유지하게 되므로 이식 수목의 활착에 좋다.

⑥ 테라코템

- 토양 보습제로서 수분 흡수 중합제, 유기양분, 무기양분, 성장촉진제 및 전해질 물질을 혼합하여 만든 제품이다.
- 토양의 통기성과 배수성을 향상시키며, 200배까지 수분을 흡수할 수 있어 관수의 양과 빈도를 40~60% 절감할 수 있다.
- 가뭄 시 또는 수분 부족 토양에서 식물 생육에 필요한 수분을 공급할 수 있다.
- 토양 수분의 투과를 증가시켜 염류를 용탈시킨다.
- 토양의 보비력을 향상시켜 비료 사용량을 50% 절감할 수 있다.
- 수목 뿌리의 활착능력을 증대시켜 착근 시기를 조기에 단축할 수 있다.

⑦ 프로파일

- 짐토와 비결정체의 이산화규소로 구성되어 있는 유공성 세라믹 제품이다.
- 프로파일 세라믹 입자는 74%가 유공으로 구성되어 있는데, 1/2은 물을 보유하는 모세관이고, 나머지 1/2은 공기와 배수가 이루어지는 비모세관으로 이루어져 있다.
- 통기성과 배수성 및 보비력을 향상시키고, 토양 미생물을 잘 자라게 한다.

⑧ 활성탄

- 야자껍질, 목재, 석탄 등을 태워서 제조한 것으로 흡착성이 강한 분상 또는 입상 다공성 물질이며, 1g당 800~1,200㎥의 내부 표면적을 갖고 있다.
- 토양의 보수력과 보비력을 증가시키고 유해 중금속

을 제거하며, 비료가 지속적으로 공급되도록 한다.
- 토양 미생물의 활동을 촉진하여 양분 흡수를 돕는다.

⑨ 파라그린

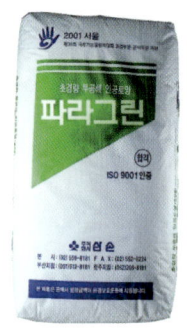

- 펄라이트 정석을 오픈 셀(Open Cell) 구조로 팽창시켜 만든 제품으로 토양 조건에 관계없이 일률적으로 개량하는 기존의 방법을 개선하여 토성별로 사용할 수 있는 토양 개량제다.
- 통기와 배수가 불량한 점질토양, 건조하기 쉬운 사질토양 등 물리성이 문제시되는 토양에 적합한 규격의 제품을 사용함으로써 통기성, 배수성, 보수성 등 토양 물리성을 향상시켜주는 무기 토양 개량제이다.
- 산성 토양의 개량에 사용된다.

⑩ 왕겨

- 왕겨는 비교적 쉽게 구할 수 있는 재료로서 통기성을 향상시키나, 보비력은 낮다.

⑪ 훈탄

- 훈탄은 왕겨를 태워 만든 것으로 토양의 보수력과 배수력을 높이나 보비력은 낮으며, pH가 높다.

⑫ 제올라이트

- 실리콘(Si)과 알루미늄(Al)으로 이루어진 다공성의 결정이며, 강한 산성이다.
- 보수력과 보비력을 높이고 토양의 산도를 교정하며,

염기를 분해한다.
- 토양 내 잔류 농약과 중금속 등을 중화시킨다.

⑬ 석회
- 토양의 산성을 중화시키며 생석회, 소석회, 탄산석회 등이 있다.

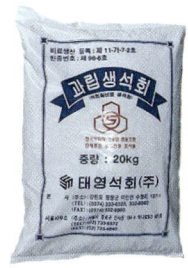

⑭ 부엽토
- 부엽토에 포함된 질소는 토양 내에서 서서히 분해되므로 식물에 지속적으로 질소를 공급할 수 있게 된다.
- 퇴비 속의 유기물은 토양 내에서 미생물의 작용에 의해 부식질을 형성한다. 이 부식질은 토양의 보수력을 증가시키고 토양의 물리성을 향상시켜 토양의 경운을 쉽게 한다.
- 토양의 보비력을 증기시키고 토양의 산성화를 억제한다.

(3) 식물의 영양소와 생리 기능

❖ 개요
식물 생육에 필요한 17가지 필수 원소이다.

다량 원소: 식물이 많이 흡수하는 원소

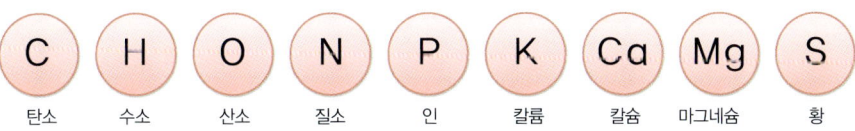

C 탄소 H 수소 O 산소 N 질소 P 인 K 칼륨 Ca 칼슘 Mg 마그네슘 S 황

미량 원소: 식물이 소량 흡수하는 원소

- 탄소와 산소는 공기 중의 이산화탄소로부터, 수소는 물로부터 공급받는다.
- 그 밖의 원소는 '무기양분'이라 하며 토양으로부터 공급받는다.

❖ 필수 원소에 따른 특징

질소

① 흡수 형태: NO_3^-(질산), NH_4^+(암모늄)
② 생리 기능: 엽록소, 단백질, 핵산, 효소 등의 구성 성분
③ 결핍 증상
  - 활엽수: 엽록소의 생성이 나빠 잎이 황색으로 변한다. 키가 작고 줄기가 가늘며, 잎이 작아진다.
  - 침엽수: 잎이 짧아지고, 황색으로 변한다.

인

① 흡수 형태: $H_2PO_4^-$(인산염), HPO_4^{2-}(인산염)
② 생리 기능: 핵 염색체, 핵산, 원형질막의 구성 성분, 세포 내 에너지 공급
③ 결핍 증상
  - 활엽수: 잎이 광택이 없는 어두운 녹색을 띠며 잎맥, 잎자루, 잎의 밑부분이 자주색으로 변한다.
  - 잎이 엉성하고 작으며 일찍 떨어진다.
  - 꽃의 수가 적고 과일의 크기도 작다.
  - 침엽수의 경우 어린나무는 침엽이 자줏빛으로 변하여 고사하고, 다음 잎이 나오지 않으며, 점차 나무의 전체로 퍼져 고사한다. 성숙목은 침엽이 회록색으로 변하고 뿌리가 엉성해진다.

칼륨

① 흡수 형태: K^+(칼륨 이온)
② 생리 기능: 효소의 활성제, 세포의 팽압 유지
③ 결핍 증상

- 잎이 쭈글쭈글해지고 위쪽으로 말린 후 잎의 가장자리와 엽맥 사이가 황화된다.
- 꽃눈의 수가 적으며, 과실이 작고 색이 흐리다.
- 침엽수의 경우 오래된 잎부터 짙은 녹색을 띠기 시작하여 황색과 적갈색으로 변한 후 고사한다. 어린나무는 키가 작고 눈이 많이 달리며, 서리의 피해가 자주 일어난다.

칼슘

① 흡수 형태: Ca_2^+(칼슘 이온)
② 생리 기능: 세포벽의 구성 성분, 세포 내 대사작용 조절, 효소의 활성제
③ 결핍 증상

- 식물체 안에서 이동이 잘 안 되는 영양소이므로 어린잎과 생장점, 가지 끝부분에서 증상이 나타난다.
- 잎이 백화되거나 괴사하며, 어린잎이 작고 뒤틀린다.
- 가지의 끝이 마르고 성장이 저해된다.
- 침엽수의 경우 정상 부근의 가장 어린잎의 생육이 저해되고 고사한다.

마그네슘

① 흡수 형태: Mg_2^+(마그네슘 이온)
② 생리 기능: 엽록소의 구성 성분
③ 결핍 증상

- 잎이 얇고 부서지기 쉬우며, 빨리 떨어진다. 성숙한 잎은

- 잎 가장자리와 엽맥 사이가 백화된다.
  - 침엽수의 경우 잎이 주황빛이 나는 노란색이나, 간혹 붉은색을 띠기도 한다.

황

① 흡수 형태: SO_4^{2-}(황산)
② 생리 기능: 단백질, 조효소의 구성 성분
③ 결핍 증상
  - 잎이 전체적으로 황록색으로 변한다.
  - 침엽수의 경우 침엽의 끝이 황색이나 적색으로 변한 후 괴사한다.

붕소

① 흡수 형태: $H_2BO_3^-$(붕산)
② 생리 기능: 분열조직의 발달, 꽃가루의 발아, 유관속의 발달, 세포막의 형성 등에 관여
③ 결핍 증상
  - 잎이 적색으로 변하며, 어린잎에 증상이 먼저 나타난다.
  - 잎이 작고 두꺼워지며, 부서지기 쉽다.
  - 꽃의 수가 적어지고, 열매가 성숙하기 전에 떨어진다.

철

① 흡수 형태: Fe^{2+}, Fe^{3+}(철 이온)
② 생리 기능: 광합성과 호흡대사에 관련하며, 엽록소의 합성에 관여한다.
③ 결핍 증상
  - 어린잎의 엽맥 사이가 황색을 띠며, 엽맥은 정상이다. 심해지면 잎의 가장자리와 끝이 흑갈색으로 변하면서 떨어진다.

- 잎이 작아지는 경향이 있고, 가지의 길이는 정상이나 굵기는 가늘다.
- 침엽수의 경우 새순이 황색을 띠고 작게 자란다.

망간

① 흡수 형태: Mn^{2+}(망간 이온)
② 생리 기능: 효소를 활성한다. 광합성 과정에서 산소를 발생시킨다.
③ 결핍 증상
- 어린잎의 엽맥 사이가 노란색으로 변하며, 나중에 괴사한 반점이 나타난다.
- 과실은 정상보다 작다.
- 침엽수의 경우 새순이 황색을 띠고 작게 자라며, 철 부족과 함께 나타나기 때문에 구별이 어렵다.

아연

① 흡수 형태: Zn^{2+}(아연 이온)
② 생리 기능: 옥신 호르몬 및 단백질 합성과 관련 있다.
③ 결핍 증상
- 잎이 노랗게 변하고, 크기가 작다.
- 오래된 잎이 떨어진다.
- 가지와 잎의 크기가 매우 작아지고, 잎이 노랗게 변한다.

구리

① 흡수 형태: Cu^{2+}(구리 이온)
② 생리 기능: 엽록체의 구성 성분, 산화효소의 구성 성분
③ 결핍 증상
- 잎이 작고 부분적으로 괴사하며, 가지의 끝부분이 갈색으로 변한다.

- 침엽수의 경우 어린잎의 끝부분이 고사하며 일찍 떨어진다.

몰리브덴

① 흡수 형태: MoO_4^{2-}(몰리브덴산)
② 생리 기능: 질산 환원 효소의 구성 성분
③ 결핍 증상
- 잎에 나타나는 증상은 질소의 결핍 증상과 비슷하다.
- 꽃의 수가 적고 크기도 작다.
- 줄기의 절간이 짧다.

염소

① 흡수 형태: Cl^-(염소 이온)
② 생리 기능: 광합성 작용에 역할, 효소의 활성화, 세포액의 pH 조절, 기공의 개폐 조절
③ 결핍 증상: 아래쪽 잎의 끝이 시들기 시작하여 전체가 시들고 황갈색으로 고사한다.

니켈

① 흡수 형태: Ni^{2+}(니켈 이온)
② 생리 기능: 요소(urea) 분해 효소의 구성 성분
③ 결핍 증상: 잎이 괴사한다.

* 그림자료: 하태주, 천안연암대학

(4) 비료의 종류

- 비료란 식물에 영양을 주거나 식물의 재배를 돕기 위하여 토양이나 식물에 공급하는 물질을 말한다.
- 비료는 제조방법, 성분, 모양, 효과의 지속기간 등에 따라 분류할 수 있다.

구분		성분	비료의 종류
무기질 비료	단일비료	질소질 비료	요소, 황산암모늄(유안)
		인산질 비료	용성인비, 용과린
		칼륨질 비료	염화칼륨, 황산칼륨
		석회질 비료	생석회, 소석회
		마그네슘질 비료	황산마그네슘
	복합비료	제1종 복합비료	질소, 인산, 칼륨 중 두 가지 성분 이상을 함유한 비료 인산암모늄, 질산칼륨, 황산인산암모늄, 인산칼륨 등
		제2종 복합비료	질소, 인산, 칼륨 비료와 제1종 복합비료 중 두 가지 이상을 배합한 비료
		제3종 복합비료	제2종 복합비료와 유기물을 배합한 비료
		제4종 복합비료	액체 비료
유기질 비료			어박, 골분, 계분가공비료, 퇴비, 부숙겨, 부엽토, 부숙톱밥

❖ **무기질 비료**
- 무기질 비료란 비료 성분이 무기화합물의 형태로 함유되어 있는 비료를 말하며, 대부분 화학적 공정에 의해 제조된 화학비료이다.
- 질소, 인산, 칼륨 중 한 가지 성분만 가지고 있는 비료를 단일비료(딘비)라고 하고, 두 가지 성분 이상을 가지고 있는 비료를 복합비료(복비)라고 한다.
- 각각의 성분 함량을 13-6-8과 같이 %로 나타내어 구별한다.

질소질 비료

① 요소
- 요소는 질소 함량이 46%인 고농도의 질소질 비료이다.
- 물에 잘 녹고 수분을 흡수하는 성질이 커서 입상으로 만들어 판매되고 있다.
- 토양을 산성화시키지 않는 중성비료이다.
- 물에 녹여 엽면 시비하면 효과가 좋으며, 0.2~1.0% 범위에서 적정농도를 선택하여 사용한다.

제품명	입상요소
성분	질소 46%, 입상
포장 단위	20kg
용도	• 밑거름과 웃거름 모두 이용 가능 • 물에 녹여 엽면 시비를 할 수 있음 • 구형의 굵은 입자로 되어 있음
제조사	경기화학

제품명	슈퍼알알이
성분	질소 46%, 입상
포장 단위	20kg
용도	• 밑거름과 웃거름 모두 이용 가능 • 물에 녹여 엽면 시비를 할 수 있음 • 굵은 입자로 되어 있으며, 완효성 피복제가 첨가되어 효과가 지속적임
제조사	남해화학(주)

제품명	요소
성분	질소 46%, 입상
포장 단위	20kg
용도	• 밑거름과 웃거름 모두 이용 가능 • 물에 녹여 엽면 시비를 할 수 있음 • 굵은 입자로 되어 있음
제조사	KG케미칼

② 유안

- 유안은 질소 함량이 21%인 흰색의 결정체로서 물과 토양에 잘 녹는다.
- 속효성 비료이므로 웃거름 중심으로 여러 번 나누어 사용하는 것이 좋다.

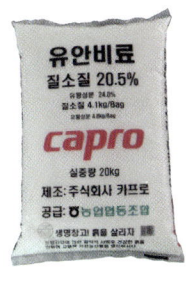

제품명	유안
성분	질소 21%, 입상
포장 단위	20kg
용도	• 밑거름과 웃거름 모두 이용 가능 • 사질토에서는 유실되기 쉬우므로 여러 번 나누어 시비 • 석회질소, 용성인비, 용융석회, 재 등과 같은 염기성 제품과 섞으면 암모니아가 날아가므로 혼합하지 않음
제조사	카프로(주)

인산질 비료

① 용성인비

- 용성인비는 인산의 함량이 20% 이상이며, 마그네슘(고토), 석회, 규산, 철, 망간, 몰리브덴, 아연 등의 미량원소도 함유하고 있어 종합적인 효과가 있다.
- 지효성 비료로서 비료 효과가 늦지만 오랫동안 지속된다.
- 석회 성분이 있어 산성 토양을 중화시킬 수 있다.
- 밑거름으로 사용한다.

제품명	용성인비(종토비)
성분	인산 17%, 마그네슘 13%, 붕소 0.3%, 알칼리분 45%, 석회 23%, 규산 15%, 철, 아연, 망간, 구리, 몰리브덴 등 미량원소 약간
포장 단위	20kg
용도	• 인산, 고토, 석회, 규산, 붕소와 철, 아연등 미량요소가 함유되어 있으며, 토양 개량 효과가 있음 • 효과가 오래 지속됨 • 산성 토양, 화산회 토양, 염기성 물질이 용탈된 곳에 사용
제조사	풍농(주)

② 용과린

- 용과린은 속효성과 지효성을 모두 가지고 있는 인산질 비료이다.
- 인산 외에 마그네슘, 석회, 유황과 약간의 미량원소도 함유하고 있다.

- 밑거름으로 사용한다.

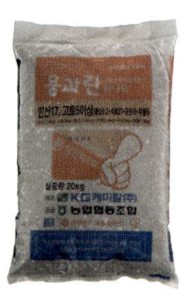

제품명	용과린
성분	인산 20%, 마그네슘 2.5%, 석회 27%, 규산 10%, 유황 등 약간
포장 단위	20kg
용도	• 속효성인 과석과 완효성인 용성인비를 혼합 제조하여 생육 초기부터 후기까지 비료 효과가 지속됨 • 인산, 고토, 석회, 규산, 유황 등을 함유한 인산질 비료로 토양 개량 효과가 있음 • 전량 밑거름으로 사용
제조사	KG케미칼(주)

칼륨질 비료

칼륨질 비료는 광합성 산물의 전류를 증진하는 기능과 여러 효소 반응계를 활성화하는 기능이 있다.

① 염화칼륨

- 염화칼륨은 칼륨 함량이 60% 이상이며, 수용성이고 속효성이다.

제품명	염화칼륨
성분	칼륨 60%
포장 단위	20kg
용도	밑거름이나 웃거름으로 모두 사용할 수 있으나 밑거름으로 사용할 때는 질소질 비료, 인산질 비료와 함께 사용해야 함
제조사	(주)한농

② 황산칼륨

- 황산칼륨은 칼륨 함량이 45% 이상이며, 수용성이고 속효성이다.

제품명	황산칼륨
성분	칼륨 45%, 유황 16%
포장 단위	20kg
용도	• 입상으로 되어 있으며 다른 복합비료와 혼합이 가능함 • 뿌리의 발육을 도와 식물 생육이 왕성해지며, 수량이 증가하고 품질이 좋아진다.
제조사	(주)남해화학

석회질 비료

- 석회질 비료의 시용 목적은 토양의 산성을 교정하고, 토양 미생물의 활성을 높여 유기물의 분해를 촉진시키며, 토양의 입단화, 토양 내 양분의 유효도를 높이는 등 토양의 성질을 전반적으로 개량하는 데 있다.
- 석회질 비료의 종류로는 석회고토, 생석회, 소석회 등이 있다.
- 석회고토는 석회석을 분쇄한 것으로서 석회 성분 32%, 마그네슘(고토) 성분 15%를 함유하고 있으며, 마그네슘 시용 효과도 크다.
- 생석회는 탄산석회(석회석)를 태운 산화물로, 알칼리 성분을 80% 이상 함유하고 있다.
- 소석회는 생석회에 물을 넣어 만든 비료로서 알칼리 성분이 60% 이상이다.

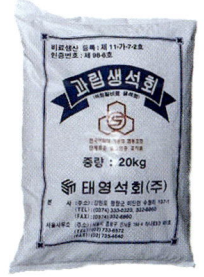

제품명	과립생석회
성분	칼슘 80%
포장 단위	20kg
용도	• 산성 토양의 중화 • 수목의 영양 공급
제조사	태영석회(주)

복합비료

- 질소, 인산, 칼륨 중 두 가지 성분 이상을 함유한 비료를 말한다.
- 비료의 영양성분이 13−6−8로 표시된 경우 질소−인산−칼륨의 비율(%)을 말

한다.
- 조경수목의 경우 복합비료는 3~5년에 한 번씩 사용해도 충분하다.

제품명	조경용 고형 복합비료
성분	질소 13%, 인산 6%, 칼륨 8%, 마그네슘(고토) 3%, 붕소 0.2%
포장 단위	20kg
용도	• 조경수(성목) 관리에 사용됨 • 효과가 오래 지속됨 • 조개탄 모양의 고형비료임
제조사	KG케미칼(주)

제품명	산림용 고형 복합비료
성분	질소 12%, 인산 16%, 칼륨 4%, 마그네슘(고토) 2%
포장 단위	20kg
용도	• 조개탄 모양으로 인산질 성분이 강화된 비료로 어린나무의 뿌리 활착에 효과 있음 • 효과가 오래 지속됨
제조사	KG케미칼(주)

❖ **유기질 비료**

- 유기질 비료는 생물체의 찌꺼기, 즉 유기물을 발효시켜서 만든 비료이다.
- 어박, 골분, 유박, 가공계분, 건계분, 퇴비, 가축분퇴비, 부엽토, 부숙톱밥 등이 있다.
- 양분 공급이 지속적이며 손실이 적어 이용률이 높다.
- 비료 성분 함량이 높지 않아 농도 장해를 일으키지 않는다.
- 토양의 입단화를 조장하여 통기성 및 보수성을 좋게 하고, 토양의 무기양분의 흡착능력(보존능력)을 향상시킨다.
- 토양을 부드럽게 하여 뿌리의 신장을 돕는다.
- 함유성분이 다양하며 유용한 미생물의 번식을 돕는다.

제품명	하나로 조경용 유기질 1호
성분	질소 4%, 인산 2%, 칼륨 1%, 유기물 70%, 제오라이트 20%
포장 단위	20kg
용도	• 유기질 비료에 미생물과 토양 개량제를 첨가함 • 순식물성박으로 조성 • 입상으로 시비가 용이함
제조사	KG케미칼(주)

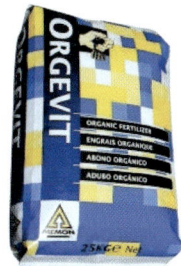

제품명	오게비트
성분	질소 4%, 인산 2.5%, 칼륨 2.3%, 칼슘 9.3%, 마그네슘 1.1%, 유기물 65%
포장 단위	20kg
용도	• 완전히 부숙되어 가스 발생이 없음 • 입상으로 시비가 용이함
제조사	동부하이텍

제품명	부산물 비료 퇴비
성분	채종유박 70%, 아마박 20%, 미강유박 10%
포장 단위	20kg
용도	• 완전 숙성되어 있어 시비 시 즉시 효과가 나타남 • 완전 탈취되어 있음
제조사	흥창비료공업사

제품명	부산물 비료
성분	계분 20%, 우분 10%, 돈분 20%, 톱밥 50%
포장 단위	20kg
용도	• 질소, 인산, 칼륨을 모두 함유하고 있음 • 연용하여 시비 가능
제조사	승진비료

제품명	바이오테크 부엽토
성분	부엽토 70%, 초탄 10%, 피트모스 5%, 질석 5%, 미생물제 5%
포장 단위	20kg
용도	• 천연부엽토로 제조 • 토양을 입단화하여 토양의 물리성 개량
제조사	태흥 F&G

제품명	그린원(액체 유기질 비료)
성분	질소, 인산, 칼륨, 석회, 망간, 붕소, 철, 마그네슘, 유기물
포장 단위	500mL, 1L, 2L
용도	• 엽면 시비용과 토양관주용 모두 사용 • 효과를 빨리 나타내고자 할 때 사용
제조사	(주)제이케이그린

(5) 비료 주는 방법

❖ 토양 표면에 비료 주기

- 수목 주위의 토양 표면에 비료를 흩어 뿌리는 방법이다.
- 빠르고 간단한 방법이지만, 비료의 유실량이 많아 토양 표면에서 뿌리까지 쉽게 이동할 수 있는 질소비료(속효성)나 킬레이트된 4종 복합비료를 줄 때 적합하다.
- 고형비료를 골고루 뿌린 다음 물을 충분히 주어 비료 성분이 뿌리까지 이동할 수 있도록 한다.

[토양 표면에 비료 주기]

- 비료를 주는 곳은 나무의 수관 가장자리 아래를 돌아가며 주면 된다.

❖ **토양 속에 비료 주기**

- 토양에 구멍을 뚫거나 도랑을 파서 토양 속에 비료 성분을 직접 넣어주는 방법이다.
- 토양에서 이동속도가 느린 양분(인, 칼륨, 칼슘)과 유기질 비료를 줄 때 적합하며, 토양 표면이 잔디로 덮여 있을 경우에 실시한다.
- 이 방법은 토양 내 공기의 흐름도 좋게 한다.

천공 시비

- 나사식 드릴이 부착된 천공기를 이용하여 직경 3~4㎝의 구멍을 15㎝ 깊이로 판다.
- 뿌리가 다치지 않도록 나무 밑동 가까이는 뚫지 않도록 하며, 특히 근원직경 30㎝ 이상 되는 나무는 반경 1m 정도를 남겨둔다.
- 구멍에 비료를 넣은 후 관수한다.

[토양 속에 비료 주기](천공 시비)

도랑 시비

- 수관선 가장자리에 깊이 25~50㎝ 정도의 도랑을 파고 비료를 채운 뒤 흙을 덮는다.
- 도랑을 파는 방법에 따라 방사상 시비, 윤상 시비, 전면 시비, 점상 시비, 선상 시비 등이 있다.
- 작은 나무들이 가깝게 식재된 경우 전면 시비를 한다.
- 큰 나무들이 넓은 간격으로 식재된 경우 방사상 시비를 한다.
- 생울타리는 선상 시비를 한다.

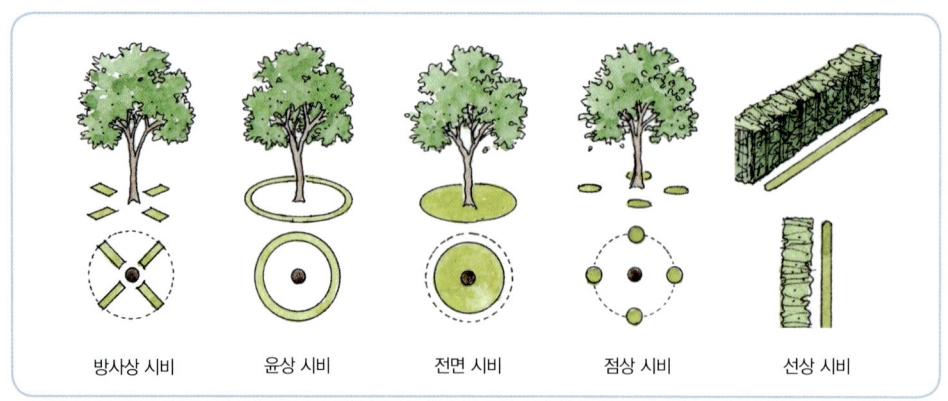

[토양 속에 비료 주기](도랑 시비)

액체 비료 주기

- 나무의 수관선 안쪽에 15㎝ 깊이로 주입기를 집어넣는다.
- 1개 구멍에 0.5~4L 정도씩 주입하고 나무 전체를 돌아가며 준다.
- 이 방법은 건조한 지역에서 토양 내에 즉시 양분을 공급하고자 할 때 실시한다.

[액체 비료 주기]

❖ 엽면 시비

- 액체 비료를 잎에 직접 뿌려주는 방법으로 뿌리에 장해가 있어 양분 흡수가 어려울 때, 특정 양분을 고정시키는 토양조건일 때, 수목의 건강상태가 극히 나쁠 때 사용한다.
- 엽면 시비용 비료에는 요소, 제4종복비(액비), 썰포마그, 액상칼슘, 황산마그네슘,

염화마그네슘, 붕소, 몰리브덴, 망간 등이 사용된다.
- 바람이 없는 날 아침이나 저녁에 실시하고, 낮에는 피한다.
- 비료의 희석액이 잎에서 방울져 떨어질 때까지 분무한다.

[엽면 시비용 비료]

상품명		성분	농도
요소 (질소질 비료)		• 질소 46%	1~2%(100배액)
하이포넥스 (제4종 복합비료)		• 질소 6%, 인산 5% • 칼륨 5% • 망간 0.0015% • 아연 0.0005% • 붕소 0.0001% • 고토(마그네슘) 0.056% • 몰리브덴 0.0006%	0.1~0.2% (500~1000배액)
썰포마그 (마그네슘질 비료)		• 칼륨 22% • 고토(마그네슘) 18% • 유황 22% • 규산 0.15% • 칼슘 0.1%	
칼슘테크 (제4종 복합비료)		• 칼슘, 인산, 칼륨	0.1%(1000배액)
황산고토비료 녹비-골드 (마그네슘질 비료)		• 마그네슘 16%	0.5%(200배액)

상품명		성분	농도
붕산비료 (붕산질 비료)		• 붕소 50%	0.1%(1000배액)
그린원 (유기질 액체 비료)		• 질소, 인산, 칼륨, 석회, 망간, 붕소, 철, 마그네슘, 유기물	1%(100배액)

❖ 수간 주입

- 뿌리의 기능이 원활하지 못할 때, 빠른 수세 회복을 원할 때, 양분의 이동이 원활하지 못할 때 사용하며, 나무의 수간에 상처를 남기므로 꼭 필요한 경우에만 실시한다.
- 수간 주입은 수간에 드릴로 구멍을 뚫어 미량 양분의 원액 또는 희석액을 주입하는 방법으로서 효과가 빠르다.
- 나무에 잎이 있는 5~9월에 맑게 갠 날 실시한다.
- 주입 방법으로 중력 이용법, 젤라틴 캡슐 삽입법, 압력식 주입법 등이 있다.

중력식 수간 주입 방법

① 수간 주입용 병을 키 높이 정도 되는 곳에 끈으로 매단다.
② 굵은 뿌리가 땅 위에 나와 있는 경우는 굵은 뿌리에 구멍을 뚫고, 만일 굵은 뿌리가 노출되어 있지 않다면 땅 위 15~20cm 사이에 구멍을 뚫는다.
③ 지름 10mm(주사기의 끝부분과 같은 크기), 5cm 깊이(수피를 통과한 후 2~3cm가량 목부의 안쪽으로 더 들어간 깊이)의 구멍을 20~30° 각도로 뚫고, 반대편에도 같은 방법으로 뚫는다.
④ 구멍 안의 나무 부스러기를 깨끗이 제거한다.

⑤ 나무에 매단 수간 주입용 병에 약액을 부어 넣는다.
⑥ 주입기로 약액이 흘러나오게 하여 구멍 안을 약액으로 가득 채워 공기를 완전히 빼낸다.
⑦ 주입기를 구멍에 완전히 끼워 약액이 흘러나오지 않도록 고정하고, 같은 방법으로 나머지 호스를 반대편의 구멍에도 끼워 넣는다.
⑧ 병 속의 약액이 다 없어지면 나무에서 수간 주입기를 걷어내고 도포제(톱신페스트)를 바른 다음 코르크 마개로 막는다.

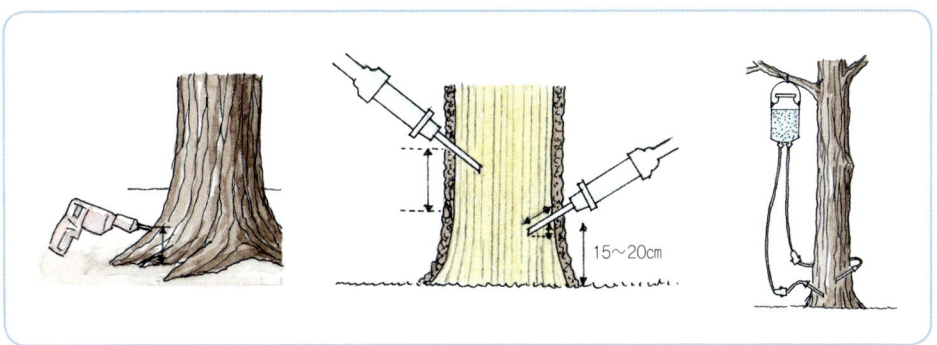

※ 중력식 수간 주입 약제

① 상품명: 그린피크
② 성분: 질소 0.027%, 철 0.1%, 망간 0.12%, 몰리브덴 0.002%, 칼륨 0.075%, 마그네슘 0.22%, 아연 0.03%, 칼슘 0.02%, 구리 0.03%, 붕소 0.02%, 유황 0.07%
③ 포장 단위: 300mL
④ 용도
  • 중력식 수간 주입법에 이용
  • 쇠약한 나무의 수세 회복
  • 이식한 나무의 뿌리 활착 도모
  • 선명한 화색
⑤ 제조사: 나코

압력식 수간 주입 방법

① 주입용 구멍의 뚫는 위치를 결정하되, 사람의 눈에 잘 띄지 않는 곳으로 정하고, 주입량이 많은 경우는 2~3개소를 정하여 나누어 주입한다.
② 직경 9mm의 드릴을 사용하여 깊이 5cm의 구멍을 45° 각도로 뚫고, 구멍 안의 톱밥 잔재물을 모두 제거한다.
③ 고무관을 구멍에 꽉 끼게 주입한다.
④ 주입용 노즐에 갈아둔 용기를 고무관 구멍에 주입한다.
⑤ 주입 시 회전시키면서 안정될 때까지 2~3cm 깊이로 밀어 넣는다. 완전히 밀착시켜야 약액이 흐르지 않는다.
⑥ 이때 공기 빼는 요철부가 위에 오도록 한다.
⑦ 용기를 여러 번 손으로 눌러 노즐 부분의 공기를 밀어낸다.
⑧ 자연압으로 소량씩 주입되지만 수목 개체의 차이에 의해 주입 시간은 일정하지 않다.
⑨ 잔량이 보이도록 되어 있으므로 전량 주입을 확인한 후에 새로운 용기를 설치하며, 용기는 주입구의 용액이 남아 있는 상태로 바꾼다.
⑩ 주입 완료 후 고무관을 뽑고, 코르크로 구멍을 막는다.

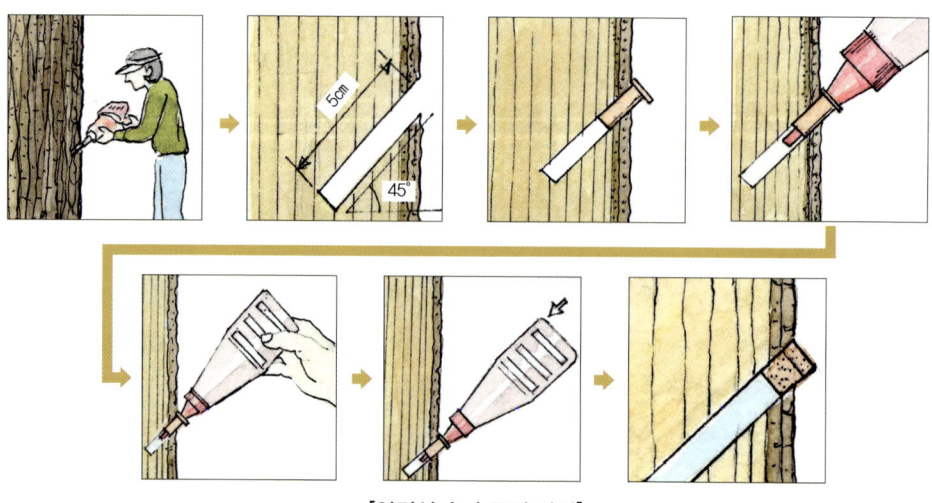

[압력식 수간 주입 방법]

※ 압력식 수간 주입 약제

① 상품명: 메네델 수간 주입액   ② 포장 단위: 250mL
③ 용도
  • 쇠약한 나무의 수세 회복
  • 이식한 나무의 뿌리 활착 도모
  • 선명한 화색
④ 제조사: 메네델

(6) 시비 시기

❖ **밑거름**

- 10월 하순~11월 하순(낙엽이 진 후부터 땅이 얼기 전까지)
- 2월 하순~3월 하순(새잎이 나기 전까지)

❖ **웃거름**

- 4월 하순~6월 하순(수목 생장기)

(7) 시비량

❖ **밑거름**

교목

구분 \ 근원 직경 (cm)	5	10	15	20	30	40	50	60	70	80	100
유기질 비료(kg)	6	10	20	30	45	45	45	45	45	45	45
복합비료(g)	30	50	100	120	150	150	150	150	150	150	150
유기질액비(mL)	30	50	100	150	250	400	600	700	800	900	1,000

※ 유기질액비 그린원의 경우 100배액 기준

관목

구분 \ 수고(m)	0.3	0.5	0.7	1.0	1.5	2.0
유기질 비료(kg)	0.5	1.0	1.0	1.5	2.0	2.5
복합비료(g)	10	15	15	20	25	30
유기질액비(mL)	15	15	15	30	30	30

* 유기질액비 그린원의 경우 100배액 기준

❖ 웃거름

수종	구분	시비량	
		유기질 비료(kg)	복합비료(g)
교목류	대목	5	200~300
	소목	3	50~100
관목류	대목	3	100~200
	소목	1	20~30
잔디·초화류			20~30g/㎡

04 겨울철 수목 관리

개요 | 관수 월동작업 시기 | 월동 방법

(1) 개요
- 우리나라 중북부 지방의 겨울은 기온이 낮아 수목이 동해를 입는 경우가 많다.
- 특히 그 수목이 가지고 있는 생육한계온도보다 더 낮은 지역에 식재된 수목은 월동작업이 필요하다.

(2) 관수 월동작업 시기
❖ **일반사항**
- 월동 시기: 11월 초순~12월 초순
- 기후를 감안하여 시행하되 초기 동해를 받지 않도록 한다.

(3) 월동 방법
❖ **짚싸기**
- 대상: 배롱나무, 모과나무, 장미, 감나무 등 내한성이 약한 낙엽화목류
- 방법: 수목의 줄기를 짚으로 싸준다.

❖ **방풍막 설치**
- 대상: 동백, 히말라야시다와 같이 내한성이 약한 상록수목, 가을에 식재한 관목

[배롱나무 짚싸기]　　　　　　　[장미 짚싸기]

[철쭉 방풍막]　　　　　　　[회양목 방풍막]

- 방법: 수목 주위에 말뚝을 박고 부직포, 짚, 비닐 등으로 지지대의 바깥쪽으로 방풍막을 두른다.

❖ **피복법**
- 대상: 가을에 식재한 관목 등
- 방법: 지표를 20~30㎝ 두께로 낙엽이나, 왕겨, 짚 등으로 덮어 뿌리 부분을 보온한다.

[무궁화 짚싸기 및 솔잎피복]

❖ **겨울철 관수**
- 방법: 강수량이 적고 눈이 오지 않을 경우, 수목에 수분이 공급되지 않아 고사 위험이 높아지므로 관수를 실시하여 건조 피해를 방지한다.

05 병해충 친환경 방제

생물적 방제 | 내충성 이용 방제 | 생태적 방제 | 친환경 농약 방제

(1) 생물적 방제

천적을 이용하여 해충의 밀도를 억제한다.

❖ 천적의 조건

- 단일 해충만을 숙주로 하는 단식성일 것
- 숙주의 암컷을 공격할 것
- 분산력이 강할 것
- 숙주의 생활사와 일치할 것
- 환경적응력이 강할 것
- 증식력이 클 것

❖ 천적의 종류

① 포충성 척추동물: 어류, 양서류, 파충류, 포유류, 조류 등
② 포충성 절지동물: 응애류, 진드기류, 거미류

- 천적명: 아큐레이퍼 응애
- 해충명: 작은뿌리파리, 뿌리응애류, 총채벌레 번데기, 버섯파리 등

- 천적명: 긴털이리 응애
- 해충명: 점박이 응애

- 천적명: 오이이리 응애
- 해충명: 총채벌레류

- 천적명: 칠레이리 응애
- 해충명: 점박이 응애

③ 포충성 곤충: 풀잠자리류, 딱정벌레류, 노린재류, 무당벌레류, 먼지벌레류, 개미붙이류 등

- 천적명: 깍지무당벌레
- 해충명: 가루깍지벌레류

- 천적명: 꼬마무당벌레
- 해충명: 응애

- 천적명: 무당벌레
- 해충명: 진딧물류

- 천적명: 호랑풀잠자리
- 해충명: 진딧물류

- 천적명: 갈색반날개
- 해충명: 작은뿌리파리, 뿌리응애류, 총체벌레번데기, 버섯파리

- 천적명: 남방애꽃노린재
- 해충명: 총채벌레류

- 천적명: 담배장님노린재
- 해충명: 온실가루이약충

- 천적명: 미끌애꽃노린재
- 해충명: 총채벌레 약충

④ 기생 곤충: 맵시벌류, 수중다리좀벌류, 좀벌류, 알벌류, 침파리류 등

- 천적명: 담배가루이좀벌
- 해충명: 담배가루이

- 천적명: 면충좀벌
- 해충명: 복숭아혹진딧물, 목화진딧물

- 천적명: 굴파리좀벌
- 해충명: 잎굴파리류

- 천적명: 온실가루이좀벌
- 해충명: 온실가루이

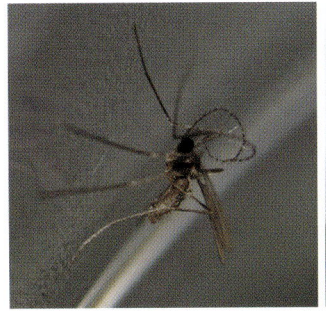

- 천적명: 신디혹파리
- 해충명: 진딧물류

- 천적명: 싸리진니벌
- 해충명: 복숭아혹진딧물, 목화진딧물

- 천적명: 쌀좀알일
- 해충명: 나방알

⑤ **병원생물**: 원생동물, 세균류, 균류, 바이러스, 선충류

- 천적명: 곤충병원성 선충
- 해충명: 나방류, 풍뎅이류 등

- 천적명: 곤충병원성 선충
- 해충명: 녹색콩풍뎅이

❖ 국내 천적 생산업체

① 동부팜세레스(http://www.dongbufarmceres.co.kr)

② 한국유용곤충연구소(http://www.kbil.co.kr)

③ (주)오상자이엘(http://www.osangjaiel.co.kr)

(2) 내충성 이용 방제

해충에 대한 식물의 저항성 강화, 내충성 품종 등을 이용하는 방법이다.

❖ **내충성 강화**

식물의 생육환경을 개선하여 식물을 건강하게 유지시켜 해충의 발생 및 피해에 대한 내성을 강화시키는 방법이다. 가지치기 등을 통해 밀생한 가지와 잎을 제거하면 통풍 및 일조 조건이 향상되어 병해충의 발생이 감소한다.

❖ **내충성 품종 이용**

식물의 내충성이란 해충에 대한 식물체의 저항능력을 말한다.
- 선호성(選好性): 식물의 형태·색체·화학적 물질에 의해 해충이 기주를 선택하는 데 차이를 주는 것

- 항성(抗性): 해충의 생육속도나 생존율 및 생식력을 약화시키는 것
- 내성(耐性): 해충에 의해 같은 정도의 피해를 받았을 때 식물의 활력 정도에따라 피해 정도가 다른 것

(3) 생태적 방제

- 환경 조건을 개선하여 해충의 발생 및 피해를 줄이는 방법이다.
- 예방적 성격이 강하므로, 해충의 피해가 발생하면 다른 방법을 함께 이용한다.

❖ **식재 조건 개선**
- 식재환경에 따라 해충의 증식 및 활동 양상에 차이가 발생한다.
- 수종이나 수령이 다양하면 해충 발생을 줄일 수 있다.

❖ **적정밀도 조절**
- 밀도가 높으면 피압목(被壓木)이나 수세가 쇠약한 나무가 발생하며, 이는 해충을 유인하게 된다.
- 적정밀도 유지, 생육공간 확보, 불량목 제거, 전정, 비배관리 등으로 환경 조건을 개선시켜 해충 발생을 방지한다.

(4) 친환경 농약 방제

친환경재료를 이용한 농약으로 해충의 피해를 줄이는 방법으로 가정에서 손쉽게 할 수 있는 방법이다.

설탕
약간의 끈기만 있어도 효과가 있으므로 물에 희석하여 사용한다. 애벌레와 진딧물에 효과가 있다.

우유

원액을 써도 좋으나 10배 정도로 희석하여 사용. 애벌레와 진딧물에 효과가 있다.

물엿

물엿을 물에 희석하여 잎의 뒷면에 분무한다. 진딧물에 효과가 있다.

고추씨

고추씨를 95% 에틸알콜에 1주일간 침지시킨 후 200배 희석하여 사용한다.

은행잎

푸른 은행잎을 물을 넣고 끓여 희석한 후 사용한다.

담배꽁초

사용하기 전날 밤 물에 담가놓았다가 희석하여 사용한다.

난황유

식용유와 달걀노른자 또는 마요네즈를 혼합하여 제

조. 흰가루병, 응애, 노균병에 효과가 있다.
- 일반제조법: 물 20L, 식용유 60mL, 달걀노른자 1개를 잘 섞어서 사용한다.
- 마요네즈 난황유 제조법: 물 2L에 마요네즈 13g을 잘 섞어서 사용한다. 살포는 5~7일 간격으로 한다.

목초액
강한 초산이라 살충·살균 효과가 뛰어나며, 거름 효과도 있다.

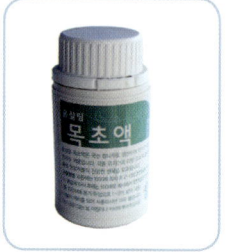

식초
100배액으로 희석하여 사용한다.

시판 제품
① 청달래
- 특징: 유기농업용 미생물 살충제, 엽면살포제
- 사용작물: 원예작물, 과수작물, 수도작
- 사용시기: 피해 발생 예상 시기(초기) 아침이나 저녁 무렵
- 사용 방법: 충분히 흔들어 500배액을 5~7일 간격, 밀도 높으면 250배액을 3일 간격으로 2회 연속, 작물에 골고루 묻도록 엽면살포

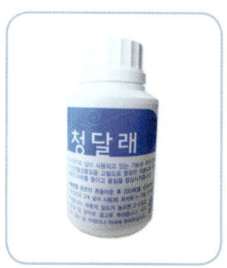

② 진달래
- 특징: 활성물질이 강화된 기능성 미생물 제제 약해 없고, 자연분해 빠름. 엽면살포제
- 사용작물: 원예작물, 과수작물, 수도작
- 사용시기: 피해 발생 예상 시기(초기) 아침이나 저녁 무렵
- 사용 방법: 충분히 흔들어 500배액은 5~7일 간격, 밀도가 높으면 250배액을 3일 간격으로 2회 연속, 작물에 골고루 묻도록 엽면살포

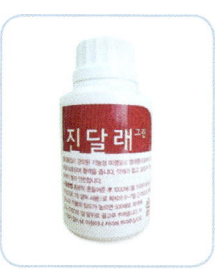

③ 바이오 님비누
- 특징: 친환경 곤충기피제, 님(NEEM)의 추출성분으로 비누화한 제제 껍질이 연약한 진딧물, 응애 등의 벌레 관리에 효과적임
- 사용 방법
  - 민감한 작물: 200배액(물 1말에 100mL) 엽면살포, 1주 간격으로 2~3회 이상 살포
  - 강한 작물: 100배액(물 1말에 200mL) 엽면살포, 1주 간격으로 2회 이상 살포

④ 잎살림
- 특징
  - 천연지방산을 활용한 액상비누
  - 진딧물, 응애 등 표피가 연약한 해충에 이용
- 사용 방법
  - 생육 초기, 어린잎, 싹: 200배액으로 3~4일 간격 2회 이상 살포
  - 잎이 두꺼워지면 100배액까지 농도를 높임(물 20L에

100mL)
- 천연 전착제로 이용: 1,000배액으로 사용(물 20L에 20mL)
- 물 500L당 소주 1.8L를 첨가하면 효과 증대

⑤ 목초액

- 특징

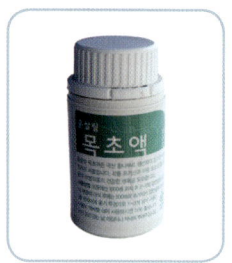

  - 참나무로 생산한 친환경 제품
  - 천연유기산으로 생육을 돕고, 비료 및 약품의 용해도를 높임
- 사용 방법
  - 엽면살포: 평소 700배액, 예방 500배액, 살균 100~300배액
  - 관주: 300평당 1L(500배 희석)
  - 일반재배: 25말당 1L 사용

⑥ 키토산

- 특징

  - 키토산 원료를 사용하여 작물에 빠르게 흡수되어 생육을 촉진시킴
  - 작물에 유익한 토양방선균을 증식시킴
  - 염류와 중금속을 흡착
- 사용 방법
  - 토양 건전화: 100평당 1L를 10일 간격으로 관주
  - 엽채류, 과채류 내병성 증진, 상품성 향상: 500배액 희석하여 1주 간격으로 1~2회 살포

＊ 자료: 흙살림(www.heuk.or.kr)

⑦ 네마스탑 골드

- 특징
    - 토양에서 분리한 미생물 제제
    - 뿌리혹선충, 기타 토양식물 시생 선충이 발생하는 작물에 사용
    - 토양 병원균과 유해충을 저해 및 억제. 식물내병성 향상
- 사용 방법
    - 예방 목적인 경우: 1,000~1,300㎡ 당 10L
    - 피해가 심한 경우: 330~660㎡ 당 10L

⑧ 참청

- 특징
    - 천연식물 및 한약재 추출물로 구성된 기능성 복합제
    - 배추흰나비, 배추좀나방, 담배거세미나방, 담배나방, 파밤나방, 혹명나방, 이화명나방, 멸강나방, 벼애나방 방세에 사용
- 사용 방법: 600~800배 희석액 엽면살포

⑨ 참진

- 특징
    - 한약제에서 추출한 천연 복합추출물
    - 진딧물, 온실가루이, 총채벌레, 응애류 등에 사용
- 사용 방법: 600~800배 희석액 엽면살포

⑩ 참빛

- 특징

    식물 에센셜 오일로 만든 식물보조제. 식물 내성 증진 잿

빛곰팡이병에 사용
- 사용 방법: 1,600배 희석액 엽면살포

⑪ 참가루
- 특징
  - 식물추출물과 천연침투제를 혼합한 기능성 식물보조제. 식물 내성 증진
  - 흰가루병에 사용
- 사용 방법: 1,600배 희석액 엽면살포

* 자료: 에코윈(www.eco-win.kr)

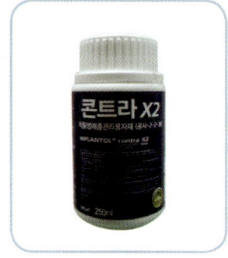

⑫ 콘트라엑스투
- 특징
  - 해충관리용 유기농 자재, 농촌진흥청 친환경유기농자재 공시등록제품
  - 진딧물, 응애, 배추흰나비, 배추좀나방, 온실가루이, 잎말이나방류
- 사용 방법: 2,000배 희석액을 3~4일 간격으로 2~3회 살포

⑬ 미코스브이
- 특징
  - 병해관리용 유기농 자재, 농촌진흥청 친환경유기농자재 공시등록제품
  - 역병, 흰가루병, 노균병, 적성병, 잿빛곰팡이병
- 사용 방법: 2,000배 희석액을 3~4일 간격으로 2~3회 살포

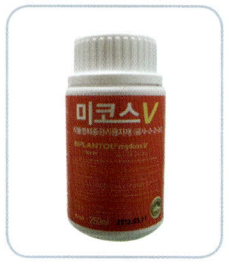

* 자료: (주)제이케이그린(www.kjgreen.co.kr)

06 수목의 비전염성 병관리

개요 | 수목 피해 진단 방법

(1) 개요

- 비전염성 병이란 극단적인 온도, 부적합한 생육환경과 같은 비생물적 요인에 의하여 일어나는 것을 말한다.
- 비전염성 병은 피해 장소의 모든 나무에 비슷한 병징이 나타나며, 병징이 하루 이틀 사이에 급속히 나타나는 경우가 많다.
- 비전염성 병에 의해 피해를 입은 수목은 해충이나 병원균에 의한 전염성 병에 더 취약해진다.

(2) 수목 피해 진단 방법

❖ 피해 수목 파악
- 피해 수목의 수종을 파악한다.
- 정상적인 나무의 형태, 생장속도, 잎의 크기, 잎의 생장과 비교하여 피해 수목의 비정상적인 생장특성을 파악한다.

❖ 피해 수목 병징 관찰
- 수관 전체에 피해가 나타나고 있는가, 수관의 일부 가지에만 피해가 나타나고 있는가?
- 가지나 줄기, 수간에 피해가 있는가?

- 피해가 한 수목에 국한되어 있는가, 여러 수목에 함께 나타났는가?

부위	주요 병징	부위 혹은 세부 병징	피해 원인
잎	시들음	잎 전체	• 뿌리 손실 : 뿌리썩음병, 물리적 상처, 토양의 통기성 불량(과습, 복토, 답압), 곤충(바구미, 굼벵이) • 뿌리에서 줄기로 수분 이동 방해 : 수병(줄기마름병, 시들음병, 재선충), 천공충, 수간에 상처, 동물 피해 • 수분부족 : 관수 부족, 불투수성 토양(소수성 토양, 답압), 토양의 낮은 보수력(얕은 토심, 모래 토양) • 수분 요구도가 높은 환경 : 고온, 건조한 공기, 심한 바람, 지구 온난화, 동계 이상고온(상록수의 경우)
	괴사	잎 가장자리	• 토양독성 : 높은 염분 함량, 높은 붕소 함량, 제초제 • 심한 철분 결핍 • 전염병(세균)
		큰 반점	수분부족, 과다한 햇볕(엽소), 탄저병
		주근깨 같은 작은 반점	세균성 병, 깍지벌레, 제초제
		엽맥 사이 조직	대기오염, 제초제, 심한 망간 결핍
		잎 전체	수분부족, 탄저병, 제초제, 서리 피해, 동해, 동계건조, 동계 이상고온
	황화	잎 전체	질소 결핍, 뿌리 손상, 토양 염분에 의한 가벼운 피해, 수간과 뿌리에 환상의 상처, 가스 유출
		엽맥 사이 조직	미량원소 부족(철, 망간), 기생성 뿌리병(선충), 제초제
		얼룩 반점, 모자이크	아연 결핍, 바이러스 병(느릅나무, 포플러 모자이크), 제초제
		엽맥 백화현상	바이러스(느릅나무모자이크병), 제초제
		점각, 주근깨 같은 반점	흡즙성 해충(응애, 진딧물, 매미충, 노린재, 방패벌레, 총채벌레), 대기오염
		은색화	흡즙성 해충(응애, 총채벌레), 대기오염
		백색화	제초제, 철 결핍, 뿌리기생병(뿌리썩음병)
	헤어진 잎		식엽성 해충(딱정벌레, 나방 유충), 기상 피해(바람, 우박)
	구멍 난 잎	규칙적 및 불규칙적 구멍	곤충(딱정벌레, 나방 유충), 전염병(구멍병)

부위	주요 병징	부위 혹은 세부 병징	피해 원인
잎	기형 잎	떡 같은 조각	전염병(떡병)
		뒤틀린 잎	곤충(진딧물, 잎말이나방), 전염병(오갈병), 제초제
		말린 잎	곤충(잎혹파리)
	새로운 조직 형성	혹 같은 조직	곤충(진딧물, 혹응애, 혹벌, 나무이, 혹파리)
		잎에 굴 형성	곤충(잎벌, 굴나방)
		갑작스러운 낙엽	심한 수분부족, 전염성 병, 제초제
	개엽 지연	발아 지연	겨울 가뭄, 부족한 저온 노출, 곤충(진딧물), 전염병(탄저병)
새 가지		시듦과 고사	수분부족, 곤충(천공성, 가지환상박피곤충, 진딧물), 세균성 가지마름병, 서리 피해
		비틀림	곤충(혹파리, 진딧물), 전염병, 바이러스, 제초제, 대화현상
	빗자루 모양	가는 가지로 갈라짐	전염병(흰가루병, 빗자루병), 곤충(응애), 겨우살이, 세포돌연변이, 제초제
가지·수간		가지 끝부터 점진적 고사	전염병(가지마름병), 토양의 통기성 불량(복토, 심식, 과습, 배수불량, 침수)
		움푹 들어가거나 변색된 수피	전염병(부란병), 피소
		불규칙한 부패	천공충의 반복적 가해(유리나방)
		가지와 수간에 유상조직 형성	물리적 손상, 가지마름병, 수피의 피소, 천공성 곤충의 반복적 침입, 동해
		혹 형성	전염성 병(혹병, 줄기녹병), 곤충(사과나무 혹), 겨우살이, 외부 상처, 많은 눈이 모여 있음(나무 옹두리)
		수피가 벗겨짐	곤충(천공충, 나무좀), 전염병(줄기녹병, 잣나무 가지마름병), 피소, 스프링클러 피해, 낮은 수목 활력, 낙뢰
		나무진이 흘러나옴	세균성 병, 전염병(녹병), 곤충(천공충, 나무좀), 수분부족
		수피에 구멍 형성	곤충(천공충, 나무좀), 딱따구리 피해
	부풀어 오름	접목부위	접목불화합성(내승, 대부헌싱)
		환상조임	휘감는 철사, 밑동을 휘감는 뿌리
		밑동 부분	영지버섯류, 말굽버섯류

부위	주요 병징	부위 혹은 세부 병징	피해 원인
가지·수간	균열		제초제, 동해(상열), 속성 생장 균열, 하중을 견디지 못함, 낙뢰
	버섯 발생		목재부후균(뽕나무버섯, 영지버섯, 진흙버섯류)
뿌리		오그라듦	수분부족, 토양의 높은 염분 함량, 제초제
		변색	전염성 병, 토양의 통기 불량(침수, 배수불량, 높은 지하수위, 과다 관수), 뿌리 위 복토, 답압
		뒤틀림	제초제, 선충, 균근, 곤충(뿌리 진딧물)
	혹 형성	작은 혹이 많음	콩과식물의 뿌리혹박테리아, 뿌리혹 선충, 곤충(사과면충)
	뿌리 조직의 붕괴	가는 뿌리의 부후	과습, 배수불량, 침수, 복토
		굵은 뿌리	뽕나무 뿌리썩음병, Rhizina 뿌리썩음병
수관 전체	수관 전체의 시들음		• 수분부족(여름철 극심한 수분부족, 동계건조, 겨울철 이상고온에 의한 상록수 시들음) • 전염성 병(소나무 재선충병), 참나무 시들음병

07 정원 잔디관리

개요 | 잔디의 종류 | 잔디의 종류별 특성 | 잔디 식재 | 잔디 관수관리
잔디 깎기 | 잔디 시비 관리 | 잔디 제초관리

(1) 개요

- 잔디는 화본과의 다년생 초본으로서 재생력이 강하고 관상가치가 높아 정원과 공원, 각종 운동경기장에 널리 이용되는 지피식물이다.
- 잔디는 토양 보호, 대기 정화, 쾌적한 녹색 환경 및 레크리에이션 공간 제공 등 다양한 기능을 가지고 있으며, 정원과 공원, 각종 운동경기장에 널리 이용되고 있다.
- 잔디의 적합한 유지 관리를 위하여 잔디에 관한 기초지식, 관수, 시비, 제초, 깎기, 병충해 방제가 필요하다.

(2) 잔디의 종류

- 잔디는 생육습성에 따라 난지형 잔디와 한지형 잔디(양잔디 또는 사계절 잔디)로 구분한다.
- 난지형 잔디는 4월 초순부터 생장이 시작되어 여름(6~8월)에 가장 생육이 왕성하며, 10월이 되면 잎의 색깔이 황변하면서 지상부가 생육 정지 상태로 휴면기에 들어간다.
- 한지형 잔디는 3월 초순부터 생장이 시작되어 5월 초순~6월 하순에 가장 생육이 활발하고, 7~8월 고온기에는 생육속도가 떨어지며, 9~10월이 되면 다시생장을 계속한다. 연중 녹색을 유지한다.

❖ 잔디 분류에 따른 종류

구분	생육적온	분류	종류
난지형 잔디	25~35℃	한국잔디	들잔디, 금잔디, 비로드잔디, 갯잔디, 왕잔디
		버뮤다그래스	일반 버뮤다그래스, 개량 버뮤다그래스
		버팔로그래스	
		버하이아그래스	
		센티피드그래스	
한지형잔디	15~25℃	페스큐	광엽페스큐, 톨페스큐, 터프타입 톨페스큐 세엽페스큐, 크리핑페스큐 츄윙페스큐, 쉽페스큐, 하드페스큐
		라이그래스	페레니얼라이그래스, 이탈리안라이그래스
		블루그래스	켄터키블루그래스, 러프블루그래스 캐나다블루그래스, 애뉴얼블루그래스
		벤트그래스	크리핑벤트그래스, 콜로니얼벤트그래스 벨벳벤트그래스, 레드탑

(3) 잔디의 종류별 특성

❖ 들잔디

- 뿌리는 포복경과 지하경이며, 잎의 길이는 5~10㎝, 폭 2~5㎜임
- 5~6월에 개화하고, 환경적응력이 강함
- 병충해와 답압에 강함   • 양지에서 자람

내음성 약 내답압성 강 내건성 강 내서성 강 내한성 중

❖ 금잔디

- 뿌리는 포복경과 지하경이며, 잎의 길이는 4~12㎝, 폭 1~4㎜임
- 대전 이남에서 자생하고 내한성에 약함
- 들잔디보다 섬세하고 밀도가 높음

내음성 중 | 내답압성 강 | 내건성 강 | 내서성 강 | 내한성 약

❖ 버뮤다그래스

- 뿌리는 포복경과 지하경임
- 내음성과 내한성이 약하여 대전 이남에서만 생육이 가능함
- 재생력이 강하여 답압에 대한 회복력이 빠름

내음성 약 | 내답압성 강 | 내건성 강 | 내서성 강 | 내한성 약

❖ 톨페스큐

- 주형이며, 엽폭이 5~10㎜ 정도로 비교적 넓어서 거친 느낌을 줌
- 병충해에 강함
- 대륙성 기후에 적합한 한지형 잔디로 더위에 강함
- 거칠게 사용되는 경기장에 적합함

| 내음성 | 강 | 내답압성 | 강 | 내건성 | 강 | 내서성 | 강 | 내한성 | 중 |

❖ 페레니얼라이그래스

- 주형이며, 엽폭이 2~5㎜로서 재질이 부드러움
- 어떤 토양에서도 잘 적응함
- 운동장에 사용하는 잔디밭에 좋음
- 겨울에 온화하고 여름엔 서늘한 지역에 적합함

| 내음성 | 중 | 내답압성 | 강 | 내건성 | 약 | 내서성 | 약 | 내한성 | 약 |

❖ 켄터키블루그래스

- 뿌리는 지하경이며, 엽폭이 2~5mm임
- 번식력이 강하고 밀도가 높으며 회복력이 우수함
- 한지형 잔디 중 가장 많이 이용됨
- 잎은 털이 없고 부드럽고 가늘고 길며 짙은 초록색임
- 국내에서 롤잔디 형태로 생산되어 많이 보급되고 있음
- 여름철 더위나 병충해에 주의가 필요함
- 우리나라 축구장에 가장 많이 이용됨

| 내음성 중 | 내답압성 중 | 내건성 중 | 내서성 약 | 내한성 강 |

❖ 크리핑벤트그래스

- 포복경임
- 엽폭이 2~3mm로 매우 가늘고 치밀하며 고운 잔디 면을 형성함
- 낮은 예고(0.5mm)에 강하고 질감이 부드러워서 골프장 그린에 많이 사용됨
- 병충해에 약함

| 내음성 강 | 내답압성 약 | 내건성 약 | 내서성 중 | 내한성 강 |

(4) 잔디 식재

❖ 잔디 식재 지반 조성

- 파종할 곳을 20㎝ 이상의 깊이로 경운하여 잡초와 나무뿌리, 돌 등 이물질을 제거한다.
- 식재지를 평탄하게 고르되 배수가 잘되게 경사를 준다.
- 잔디 면적이 넓거나 배수가 불량한 토양은 맹암거를 설치한다.

❖ 종자 파종

① 파종 시기
- 난지형 잔디: 4~5월 하순
- 한지형 잔디: 9~10월, 3~5월

② 파종량

구분	한국잔디	버뮤다그래스	크리핑 벤트그래스	켄터키 블루그래스	톨페스큐
파종량	10g/㎡	10g/㎡	10~14g/㎡	18~20g/㎡	20g/㎡

* 상세한 양은 종자 생산회사의 기준을 따른다.

- 파종을 균일하게 하기 위해서 말뚝과 끈을 이용하여 대지를 일정 간격으로 나눈 후 전체 파종량의 반을 가로 방향으로 파종하고 나머지 반을 세로 방향으로 파종한다.

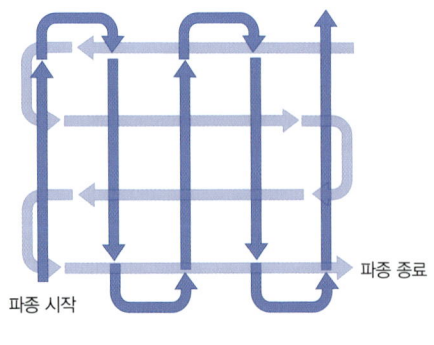

[파종 방향]

[파종 방법]

- 파종 후 롤러로 가볍게 눌러서 종자가 흙 속에 박히도록 하며 모래로 2~3㎜ 두께로 덮는다.
- 발아를 위한 적절한 수분과 토양 온도 유지를 위하여 폴리에틸렌 필름(두께 0.03㎜)이나 볏짚, 황마천, 차광막 등으로 덮는다.
- 피복면 아래 토양이 젖을 정도로 물을 주되 파종면이 너무 젖어서 흙이 뭉치거나 물길이 나지 않도록 한다.
- 발아할 때까지 2~3주 동안 흙이 젖어 있어야 하므로 1㎝ 정도 발아될 때까지 매일 물을 준다.
- 종자가 발아하면 자주 관찰하여 웃자라거나 고온 장애를 입기 전에 피복재를 걷어낸다.
- 발아 후 2개월이 지났을 때부터 비료를 주되 한국 잔디의 경우 연간 순성분량을 기준으로 질소, 인산, 칼륨을 각각 15g/㎡, 10g/㎡, 10g/㎡의 비율로 생육기간 중 2~3개월 간격으로 시비한다.
- 파종 후 20일 이내에 발아되지 않거나 일부만 발아하는 경우에는 처음과 동일한 방법으로 다시 파종한다.

❖ 잔디떼 붙이기

- 잔디 규격
  - 평떼: 30×30×3㎝, 21×21×3㎝, 18×18×3㎝
  - 줄떼: 30×15×3㎝, 30×10×3㎝

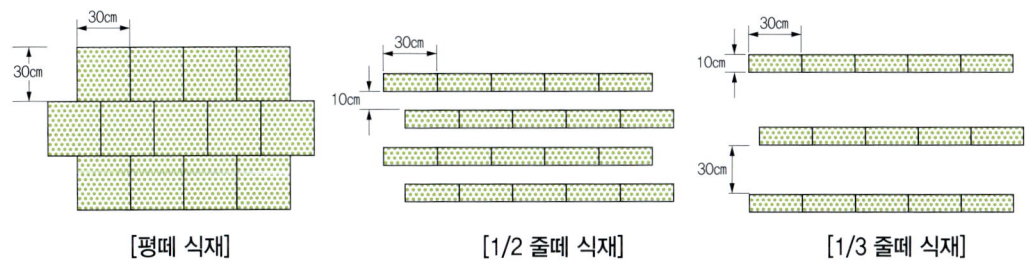

[평떼 식재]   [1/2 줄떼 식재]   [1/3 줄떼 식재]

- 잔디떼 붙이기는 장소와 계절에 관계없이 빠르게 녹화할 수 있지만 종자 파종보다 비싸다.
- 토양 개량과 정지작업이 이루어진 지면을 롤러나 인력으로 다진다.
- 떼를 붙이기 이틀 전에 정지된 땅에 관수를 하여 흙을 가볍게 적시되, 지나치게 적시면 흙이 뭉치고 작업하기 어려우므로 주의한다.
- 잔디 뿌리가 흙 속에 묻히도록 표토를 파면서 붙이되, 평떼는 틈새 없이 붙이고, 줄떼는 10~30㎝ 사이에서 일정 간격으로 띄워 심는다.
- 잔디를 붙인 후 모래나 사질토를 살포하고 롤러로 다진다.
- 잔디가 활착될 때까지 충분히 관수한다.

❖ **롤잔디 붙이기**
- 토양 개량과 정지작업이 이루어진 지면을 롤러나 인력으로 다진다.
- 롤잔디를 붙이기 이틀 전에 정지된 땅에 관수를 하여 흙을 가볍게 적시되, 지나치게 적시면 흙이 뭉치고 작업하기 어려우므로 주의한다.
- 롤잔디를 붙이고자 하는 방향으로 말뚝을 박고 끈을 묶는다.
- 선을 따라 롤잔디를 틈새 없이 붙이고, 모서리의 남는 부분은 절단기로 깨끗하게 자른다.
- 새로 붙인 잔디면을 롤러로 다져 롤잔디가 흙에 밀착되도록 한다.
- 잔디가 활착될 때까지 관수를 충분히 한다.

(5) 잔디 관수관리

❖ **관수 시기 및 관수량**
- 관수의 빈도는 기상조건, 토양조건, 관리요구도 등을 고려하여 정한다 (아래표 참고).
- 관수 시각은 되도록 오전 6~9시를 택하되 한여름 고온기에 잔디가 심하게 건조한 경우에는 오후 5~8시 사이에 관수하고, 잦은 관수보다는 1회 관수 시 3~5㎝ 정도 깊이까지 젖도록 충분히 주어야 한다.

[잔디의 관수관리(회/연간)]

구분	기준	1월	2월	3월	4월	5월	6월	7월	8월	9월	10월	11월	12월	연간
난지형 잔디	3~5cm/회				1	2	2	4	1	2				8
한지형 잔디	3~5cm/회			2	4	6	4	1	1	4	6	2		30

❖ **관수 방법**

수동식 관수 방법

호스에 스프링클러 헤드를 부착하여 사용하는 방법으로, 저렴한 비용으로 관수할 수 있으며, 소규모 정원에 이용된다.

노즐이 부착된 호스릴 · 스프링클러 헤드

(6) 잔디 깎기

❖ **잔디 깎기의 효과**
- 잔디의 잎과 포복경의 수를 증가시켜 잔디의 밀도를 높인다.
- 잔디면을 고르게 하여 경관을 아름답게 하며, 밑부분의 잎이 말라 죽는 것을 방지한다.
- 잡초와 병충해의 발생을 줄인다.

❖ **잔디 깎는 높이**
- 깎는 높이란 토양 표면으로부터 잔디가 잘리는 부분까지의 높이를 말한다.
- 깎기 작업 전에 미리 칼날을 예리하게 만들어 잔디가 찢기지 않고 깨끗하게 절단

될 수 있도록 한다.
- 잔디는 종류에 따라 생장 습성이 다르므로, 깎는 높이도 달라진다.
- 포복형 잔디는 짧게 깎으며, 직립형 잔디는 높게 깎는다.

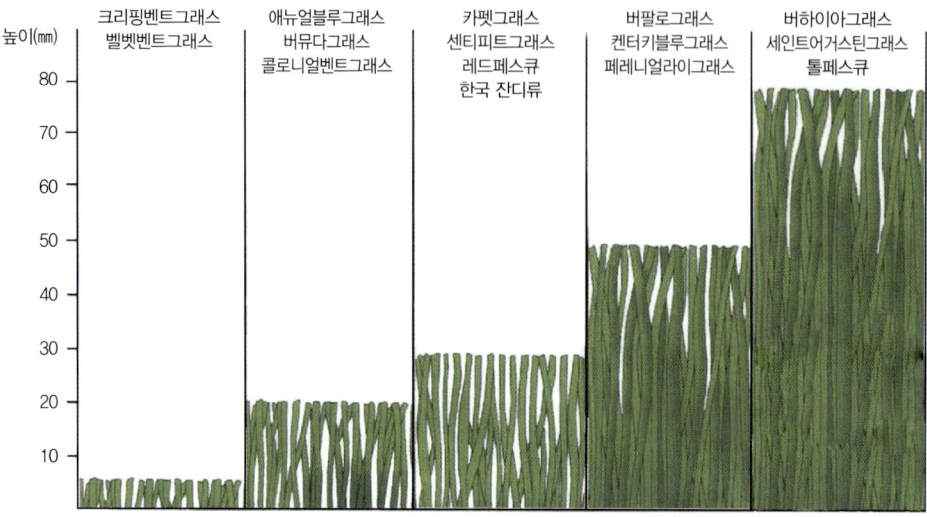

[잔디 종류별 깎는 높이]

❖ 잔디 깎는 시기
- 깎는 시기는 계절, 날씨, 잔디의 종류 및 생장률, 잔디의 사용 목적에 따라 다르다.
- 잔디가 왕성하게 자라는 시기에 조금씩 자주 깎아준다.
- 일반적으로 전체 높이의 30~40% 깎아서 원하는 높이를 유지할 수 있을 때가 좋다.
- 잔디가 젖었을 때와 이슬이 있는 이른 아침에는 깎지 않는다.

❖ 잔디 깎을 때 주의사항
- 잔디를 깎기 전에 주변에 돌이나 나뭇가지 등 이물질을 제거하여 돌이 튀거나 예초기 날이 부러지지 않도록 한다.
- 안전화, 장갑, 보호안경 등을 착용하고, 손과 발이 예초기 날 가까이 가지 않도록 한다.
- 사용 후에는 깨끗하게 건조시키고, 1년에 한 번 정도 정기 점검을 한다.

❖ 도구

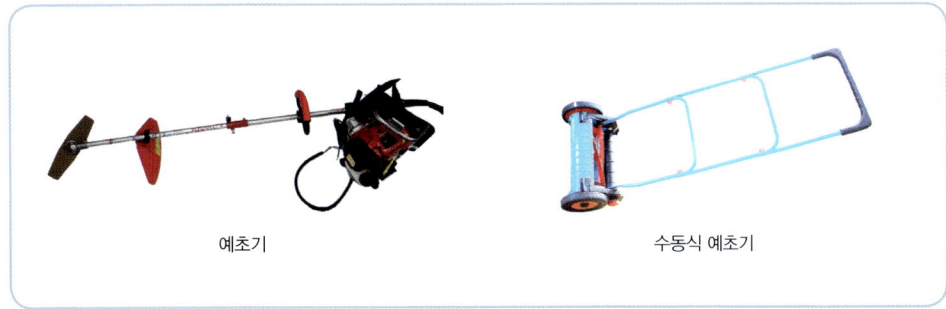

예초기　　　　　　　　　　　　수동식 예초기

(7) 잔디 시비 관리

- 시비의 시기와 양은 잔디의 종류 및 토양의 상태에 따라 다르지만 잔디 잎의 색깔이 옅어지면 비료가 부족한 것으로 판단한다.
- 난지형인 한국잔디의 경우 1년에 2회 봄과 여름에 시비한다.
- 한지형 잔디는 봄과 가을에 시비하되, 여름 휴면기를 제외하면 생장기간이 길어 시비 빈도를 높인다.
- 질소 비료는 순성분으로 회당 5g/㎡ 정도 내외로 한다.
- 비료량 계산법: 예를 들어 사용할 비료의 표시가 10-6-13으로 표기되어 있으면 이것은 비료의 총 무게 중 10%가 질소이며, 인산이 6%, 칼륨이 13%임을 나타낸다. 질소 성분을 5g/㎡ 시비하고자 할 경우 총 비료량은 다음과 같다.

사용할 비료의 총 무게 = 순성분량 / 10% = 5 / 0.1 = 50g/㎡

[잔디의 시비 관리 예시]

구분	기준	1월	2월	3월	4월	5월	6월	7월	8월	9월	10월	11월	12월	연간
난지형 잔디	55㎡/회					1			1					
한지형 잔디	55㎡/회				1	1				1	1			4

- 시비는 입제복합비료(10-6-13) 55g/㎡ 기준으로서, 제초작업 후 비 오기 직전에 시비하고, 불가능할 시에는 시비 후 충분히 관수를 실시하여 비료 피해를 입지 않도록 한다.

(8) 잔디 제초관리

- 잡초는 잔디와 빛, 수분, 양분, 생육공간 등을 경합하여 잔디의 생육을 저해하고, 잔디밭의 품질을 떨어뜨린다.
- 잡초를 제거하는 방법은 손이나 포크를 이용하여 뽑아내는 물리적 방법과 제초제를 이용하는 화학적 방법이 있다.
- 물리적 방법은 간단하지만 작업효율이 낮고, 화학적 방법은 비용과 시간을 절약할 수 있으나 약제에 의한 피해가 우려되며, 토양 생태계에 영향을 줄 수 있으므로 주의해야 한다.
- 소규모 정원에서는 물리적 방법을 권하지만 필요시 화학적 방법을 병행할 수 있다.
- 제초제를 이용할 때는 제거하고자 하는 잡초가 일년생인지, 다년생인지, 화본과인지, 광엽잡초인지 등을 파악한 후 적합한 제초제를 선택하여 사용한다.

[잔디에 발생하는 잡초]

구분	기준	일년생 잡초		다년생 잡초	
		화본과	사초과, 광엽잡초	화본과	사초과, 광엽잡초
봄 잡초 (3~4월)	55㎡/회	새포아풀, 돌피, 뚝새풀	방동사니, 명아주, 여뀌, 망초, 별꽃, 주름잎		토끼풀, 쑥, 민들레
여름 잡초 (5~7월)	55㎡/회	바랭이, 강아지풀	닭의장풀, 쇠비름, 깨풀, 중대가리풀, 애기땅빈대, 매듭풀	쥐꼬리새류	올챙이고랭이, 쇠뜨기, 질경이, 쑥부쟁이, 민들레

❖ **제초 방법**

손, 포크를 이용하여 제거하기

- 잡초의 하부를 잡고 천천히 좌우로 흔들면서 당겨 뽑는다.
- 뿌리가 깊이 있는 잡초는 포크를 사용하여 뽑되, 뿌리가 남지 않도록 한다.
- 잡초 제거 후 구멍을 흙으로 다시 메우고, 훼손된 범위가 넓을 경우 잔디떼를 붙이거나 씨를 뿌린다.

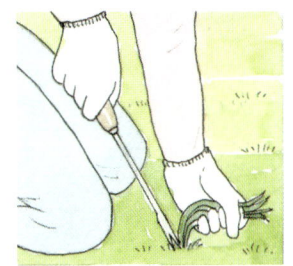

소형 분무기로 제초제 뿌리기

- 잡초가 많지 않을 경우, 특히 민들레처럼 로제트형일 경우나 토끼풀이 소규모로 퍼져 있을 경우에는 소형 분무기에 제초제를 담아서 잡초 위에 뿌린다.

가압식 분무기로 제초제 뿌리기

- 잔디밭 전체에 잡초가 많이 나 있는 경우에는 가압식 분무기로 잡초를 제거한다.
- 중복 살포가 되지 않도록 시간이 지나면 없어지는 색소를 섞어 사용하거나 말뚝과 줄을 이용하여 살포한 부분을 구획한다.

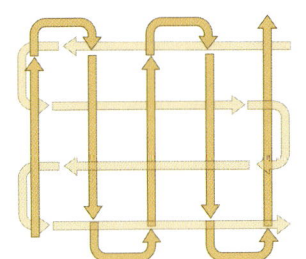

❖ **약제 살포 방향**

균일하게 살포하기 위하여 1회에 살포하지 않고 살포 방향을 교차하면서 여러 번에 걸쳐 나누어 살포한다.

❖ 시기별 제초제 사용 방법

처리시기	품목명	상품명	적용잡초	사용 방법	사용량 (㎡당)
잔디 휴면기	디클로이드 입제	카소론	일년생, 다년생, 화본과, 광엽잡초	토양 처리	4g
	디클로베닐, 이마자퀸 입제	카이저	일년생, 다년생, 화본과, 광엽잡초	토양 처리	5g
	벤설라이드 유제	론파	일년생, 화본과잡초	토양 처리	3mL
잡초 발생 전	이마자퀸 입제	톤-앞	일년생, 다년생, 화본과, 광엽잡초	토양 처리	6g
잡초 생육 초기	이마자퀸 입제	톤-앞	일년생, 다년생, 화본과, 광엽잡초	경엽 처리	0.4mL
	플라자설퓨론 수화제	파란들	일년생, 다년생, 화본과, 광엽잡초	경엽 처리	0.075mL
	디캄바 액제	반벨	토끼풀, 광엽잡초	경엽 처리	0.2mL
	메코프로프 액제	엠시피피	토끼풀, 광엽잡초	경엽 처리	0.5mL

> *Note* • 제초 시 주의사항
>
> - 잡초가 잔디밭 전체에 나지 않았을 경우에는 부분적으로 제초제를 살포한다.
> - 비가 내릴 듯한 날은 피하고 바람이 없는 날 살포한다.
> - 작업할 때는 긴 소매 상의와 긴 바지를 입고 장갑을 착용하며, 필요한 경우 안경이나 마스크도 써야 한다.
> - 가을철 잡초 제거는 잡초의 씨가 맺히기 전에 해야 확산을 막을 수 있으며, 이듬해 잡초 제거를 보다 손쉽게 할 수 있다.
> - 동일한 제초제를 계속 사용할 경우 같은 잡초종에서도 내성종이 발생하므로 여러 종의 제초제를 번갈아 사용한다.

제2장 실내식물 재배관리

본 장을 읽기에 앞서 ● 다양한 기능으로 이용되는
꽃과 식물들

차가운 겨울을 지나 앙상한 가지에서 푸른 생명의 기운이 올라오는 봄이 되면 많은 사람은 감탄을 자아내곤 한다. 온 세상이 연둣빛에서 진한 녹색이 되는 것을 보고 감탄하지 않는 사람은 없을 것이다. 현대의 바쁜 생활을 접고 전원으로 돌아가는 사람들이 늘고 있다. 이런 양상은 모두 녹색 자연에 대한 갈망일 것이다.

식물의 녹색이 사람들에게 주는 놀라운 힘과 이로움은 누구나 잘 알고 있다. 그러나 바쁘게 생활하다 보면 누구나 밖으로 나가서 자연을 누릴 수는 없다. 그나마 다행인 것은 실내에 식물을 놓으면 완벽하지는 않지만, 어느 정도 자연을 누리는 효과가 있다. 식물의 녹색이 주는 안정감뿐만 아니라, 여러 가지 다양한 기능성을 가지고 있다. 대표적인 것이 실내의 공기정화 기능이다. 행운목이나 스파티필름 같은 식물들은 집 안의 유해한 화학물질을 제거하여 쾌적한 실내환경을 만들어 건강한 생활을 영위할 수 있게 해준다.

집 안을 아무리 깔끔하게 청소한다고 해도 집 안 구석구석에는 벌레가 있고, 또한 여름이 되면 벌레들이 더욱 극성을 부리게 된다. 특히 냄새가 나는 곳이면 영락없이 모여드는 것이 벌레이다. 이러한 냄새를 없애거나 벌레를 잡기 위해 그동안 화학제품을 붙이거나 화학약품을 분무하는 방법을 써 왔으나, 이러한 제품들은 대부분 알

코올이나 다른 환경오염 물질로 구성되어 있으므로 바람직한 냄새 제거 방법이 아니다.

이럴 때는 악취를 제거함은 물론, 벌레를 잡는 능력을 갖춘 식물을 이용하는 방법이 효과적이다. 벌레잡이 식물은 거름기도 없고, 햇볕도 잘 쬐지 않는 곳에서 살다 보니 영양을 공급받기도 어렵고 해서 식물의 기관이 변형된 것이다. 어려운 환경을 이기고 살다 보니 잎이 변형되어 다른 곤충인 벌레를 잡아먹으며 영양분을 흡수하게 된 것이다. 파리와 초파리 퇴치에 효과적인 식물로는 식충식물인 파리지옥, 끈끈이주걱, 네펜테스와 허브 식물인 세이지, 라벤더 등이 있다. 벌레잡이 식물은 보통 식물과는 달리 생명력을 느낄 수 있어서 사람들이 많이 좋아한다. 특히 어린이들에게 인기가 있다.

옛날 우리 어머니들은 장독대 옆에 국화, 박하 등 가지각색의 꽃들을 심었다. 장독대는 과거 우리 어머니들의 일터이기도 하고 쉼터이기도 한 장소였다. 음식을 만들기 위해 장이나 장아찌를 가지러 그곳에 들렀을 때 반갑게 맞이하는 것은 그 꽃이나 식물들이었다. 옛날 어머니들이 무슨 정확한 기능을 알고 그런 것은 아니었겠지만, 결과적으로 향이 좋았던 그 식물들은 장독대 주변에 자라

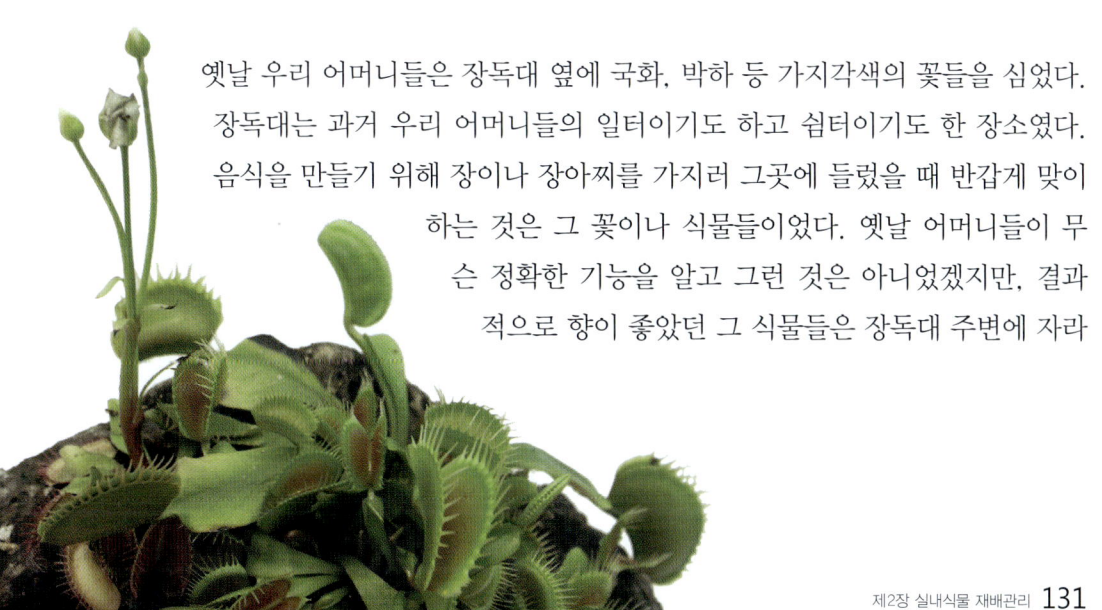

면서 장에서 발산되는 특유한 냄새를 제거해 주는 것은 물론 해충이 생기는 것을 막아주었다.

새집은 새집대로 환경오염 물질이 방출하는 냄새로 숨을 쉴 수 없게 하고 있고, 오래된 집은 오래된 집대로 곰팡내와 악취로 얼굴을 찡그리게 한다. 누구도 집 안에 냄새가 나는 것을 좋아하지 않을 것이다. 시중에는 냄새를 제거하기 위한 많은 제품이 나오고 있다. 그러나 이들도 하나같이 우리의 머리를 아프게 하는 공기 오염 물질이 많이 들어 있다.

집 안에서 녹색의 푸름과 꽃의 아름다움을 살려서 식물을 기른다면 우리는 훨씬 더 건강하고 쾌적한 삶을 살 것이다. 이것이야말로 요즘 유행하는 웰빙 생활의 전형이 아닐까 한다. 주변에는 향이 있는 식물이 많이 있다. 이런 식물들은 우리에게 식물

을 기르는 즐거움과 기쁨을 줄 뿐만 아니라, 이를 이용한 요리, 차, 술, 공예품 활용 및 질병 치료까지 가능하게 한다. 뉴스나 서적, 언론 보도만 보더라도 이전에는 단순히 식물을 보고 즐기는 것으로 끝났지만, 요즘은 그렇지 않음을 알 수 있다. 식물은 우리에게 너무나 소중한 것들을 가져다준다. 이런 식물을 집 안 가까이 두어서 집 밖으로 나가지 않고서도 자연을 즐길 수 있고 또 다른 혜택까지 받을 수 있다는 것은 큰 기쁨이다.

01
실내식물을 잘 키우기 위한 꼭 알아야 할 조건

꽃을 잘 키우려면? | 꽃을 잘 키우기 위한 환경

(1) 꽃을 잘 키우려면?

꽃을 잘 키우려면 물만 자주 주면 되는 것으로 많은 사람이 생각한다. 그러나 이렇게 매일 물을 계속 주면 그 식물은 잘 크는 것이 아니라 오히려 뿌리가 썩어서 결국은 죽게 된다. 꽃은 무조건 물만 잘 주고 햇볕만 잘 쬐면 잘 자라는 것이 아니다. 꽃의 원산지가 어디인지, 무엇을 좋아하는지를 잘 알아야 한다. 물을 좋아하지도 않는데 자꾸 물을 주면 썩을 수밖에 없고 그늘을 좋아하는데 강한 햇볕을 쬐어주면 오히려 잎이 타서 죽어버린다. 그러므로 꽃을 잘 키우기 위해서는 그 식물의 원산지가 어디이고 물은 얼마나 줘야 하는지, 비료는 얼마나 줘야 하는지, 햇빛은 어느 정도 쬐어 줘야 하는지를 모두 알아보고 관찰한 다음에 키워야 한다.

실내에서 키우는 식물은 주로 원산지가 열대지방인 경우가 많다. 식물을 잘 키우기 위해서는 원산지에서의 생육환경 조건을 잘 알아보고 실내에서 키울 때 맞는 장소에 두고 키우는 것이 가장 중요하다. 장소가 잘 맞지 않으면 아무리 정성을 기울여도 꽃이 시들거나 병에 걸려 죽어 버리게 된다. 최적의 장소가 없다면 가장 적당한 장소를 선택하여 배치하는 것이 필요하다.

꽃은 아무 때나 피는 것이 아니다. 그런데 사람들은 물을 잘 주고 비료를 잘 주면 당연히 꽃이 필 것으로 안다. 꽃은 봄에 피는 꽃이 있고 가을에 피는 꽃이 있다. 봄에 피는 꽃은 일반적으로 원산지가 우리나라와 같은 온대지방이어서 겨울과 같은 저온을 거쳐야 봄에 꽃이 피고, 가을에 피는 꽃은 원산지가 열대지방이어서 따뜻한 여름을 지나야 가을에 피는 것이다.

또한 포인세티아나 게발선인장같이 겨울에 피는 꽃들은 하루종일 햇빛이 잘 비치는 곳에 두면 오히려 꽃이 잘 피지 않는다. 오히려 이런 식물들은 가을이 되면 햇빛이 덜 비치는 곳으로 옮겨 햇빛 보는 시간을 줄여주는 것이 꽃을 잘 피우게 하는 요령이다. 그러므로 꽃을 피우게 하기 위해서는 꽃에 대해 공부를 하고 애정을 주어야 한다.

꽃에 물을 주더라도 언제, 어떻게, 얼마나 줘야 할지 잘 결정해야 한다. 모든 꽃에 똑같이 물을 줄 수는 없다. 꽃의 종류, 품종, 생육상태, 장소, 화분 크기, 토양의 종류, 광 조건 등에 따라 물주는 방법은 차이가 있다. 그리고 분갈이는 보통 봄에 하고, 꽃이 피는 식물은 꽃이 진 후에 하는 것이 원칙이다. 그러나 때에 따라 식물이 너무 크고 생육이 왕성할 때는 분갈이를 가을에 하기도 한다.

또한 잎에 먼지가 있으면 샤워기나 수건으로 닦아주어야 하고 시든 꽃이나 잎도 따주어야 한다. 덩굴성인 것은 지주를 세워주기도 하고, 키만 길게 자라고 풍만감이 없으면 바짝 잘라서 곁가지가 많이 생기게 유도해야 한다. 병에 걸리거나 벌레가 생기면 손으로 떼어 내거나 잡고 심해지면 농약을 뿌려야 한다. 그러나 집에서 음식이나 약으로 이용하는 것이라면 되도록 환경친화적인 방법을 써야 한다.

잎이 빨갛게 물든 포인세티아

잎이 지저분한 제라늄

이러한 일들을 반복하면 꽃은 아주 잘 자란다. 옆에서 꽃이 자라고 있는 모습을 보는 것만으로도 너무 행복하고, 더욱이 번식시킨 식물이 커 나가는 모습을 보면 더욱 대견스러워진다. 번식한 화분들을 주변 사람들에게 자랑하고 선물로 주고 지켜보는 일은 꽃을 기르는 최고의 기쁨이라 할 수 있다.

(2) 꽃을 잘 키우기 위한 환경

❖ 햇빛

햇빛은 식물이 자라는 데에 꼭 필요하다. 꽃은 종류와 품종에 따라 생육할 수 있는 적당한 광도가 다르다.

> **광도(빛의 밝기, light intensity)**
>
> 생육 광도에 따라 강한 햇빛(80,000~130,000Lux)에서 잘 자라는 식물을 양지식물(sun plant), 반음지 조건의 햇빛(50,000Lux 내외)에서 잘 자라는 식물을 반음지식물(neutral plant), 그리고 음지(10,000Lux 이내의 햇빛)에서 잘 자라는 식물을 음지식물(shade plant)이라 한다.

- 양지식물: 잎이 좀 두텁고 좁으며 꽃이 많이 피는 편이고 대부분 꽃을 관상하는 온대산 식물이다. 국화, 백일홍, 코스모스, 루드베키아, 채송화, 선인장 등이 있다. 이러한 식물은 햇빛이 잘 드는 창가나 베란다에서 길러야 한다. 햇빛이 부족한 실내에서는 기르기가 어렵다.
- 반음지식물: 음생식물과 양생식물의 중간 상태의 식물로 샐비어, 봉선화, 옥잠화, 라일락, 단풍나무, 철쭉나무 등이 있다.
- 음지식물: 잎이 비교적 넓고 그루 당 잎 수가 적으며 대부분 열대지방 원산의 잎을 주로 감상하는 관엽식물이 대부분으로 강한 햇빛을 보이면 잎이 작아지고 퇴색하거나 타버리므로 주의해야 한다. 야자류, 고무나무류, 드라세나, 디펜바키아, 산세비에리아, 베고니아, 헤데라류, 자금우, 백량금, 맥문동 등이 있다.

이러한 식물은 햇빛이 약하게 비치는 거실이나 방에서도 기를 수 있다.

광질

실내에서 식물을 키우기 위해서는 주로 인공광을 사용하므로 광질을 고려해야 한다. 인공 조명으로는 보통 백색의 형광등을 이용하며, 현재 이것은 다른 전등보다 광도가 높고 필요한 광질이 골고루 포함되어 있어 식물의 생육에 효과적이다. 음생식물이나 열대산 관엽식물은 대부분 형광등 아래에서 키울 수 있어 실내에서 관상이 가능하다.

광주기(햇빛이 비치는 시간, photoperiodium)

광주기란 낮의 길이가 길고 짧음에 따라서 구분하는 것으로 대부분의 식물에서 일조시간(햇빛이 비치는 시간)은 생육, 꽃눈 형성, 결실(열매 맺음)에 큰 영향을 미친다.

일장반응에 따른 식물의 분류(꽃 중심)

구분	정의	식물 종류
장일식물 (long day plant)	하루 중에서 낮의 길이가 긴 봄에 꽃이 피는 식물	피튜니아, 메리골드, 수레국화, 팬지, 프리물라(앵초), 데이지, 플록스, 금잔화, 철쭉, 글록시니아, 백합, 금어초 등
중성식물 (intermediate plant)	밤낮의 길이와 관계없이 생육 온도만 맞으면 꽃이 피는 식물	장미, 베고니아, 튤립, 달리아 등
단일식물 (short day plant)	하루 중에서 낮의 길이가 짧은 가을에 꽃이 피는 식물	국화, 칼란코에, 나팔꽃, 코스모스, 포인세티아, 샐비어, 과꽃, 봉선화, 분꽃, 맨드라미 등

❖ 온도

식물이 생육을 하는 데는 적당한 온도가 필요한데 식물의 종류와 환경에 따라서 상당히 다르다.

꽃 종류별로 발아(싹트기)에 적당한 온도

온도 (℃)	식물 종류
10 ℃	시네라리아, 금어초, 델피니움
20 ℃	아네모네, 과꽃, 카네이션, 맨드라미, 국화, 달리아, 루피너스
20~30 ℃	수레국화, 코스모스, 디기탈리스, 팬지
30 ℃	콜레우스, 오리엔탈포피

생육온도

대부분 식물이 자라기에 적당한 온도는 10~25℃이다. 열대성 식물은 이보다 높은 온도에서도 잘 견딜 수 있고, 한대성 식물은 이보다 낮은 온도에서도 잘 견딘다.

- 저온장해: 열대성 식물은 5~7℃ 정도가 되면 잎이 말리거나 낙엽이 지는 등 피해 현상이 나타나고 저온의 피해를 오랜 시간 받게 되면 고사한다. 저온에 잘 견디는 관엽식물로는 아라우카리아, 엽란, 송악(열대관엽식물인 아이비와 비슷한 우리나라 산의 암벽에서 자주 보는 자생 식물), 호야, 관음죽, 종려나무 등이 있다.
- 고온장해: 온도가 너무 높으면 과도한 증산작용을 일으켜서 식물에 피해를 보게 되고 호흡이 증가함으로써 저장 양분이 과도하게 소모되어 식물체가 허약해진다. 고온에 잘 견디는 식물로는 아나나스류, 선인장류, 드라세나 등이 있다.

> **Note • 춘화 처리**(vernalization)
>
> 식물이 꽃이 피기 위해서는 생육의 일정한 시간에 일정한 온도 조건을 경과해야 한다. 이를 위하여 온도 처리(저온 처리)를 하는 것을 춘화 처리라고 한다. 종자춘화형은 종자(씨) 때부터 저온에 감응하는 식물을 말하고 녹식물춘화형은 녹식물 상태에서 저온에 감응하여 꽃이 피는 식물을 말한다. 식물의 저온감응 부위는 생장점으로 알려져 있으며 버날린(vernalin)이라는 관여 물질을 가정하고 있다.

❖ 수분

열대식물, 특히 관엽식물과 양란, 선인장과 같은 다육식물 등은 공기 습도가 높으면 식물 지상부의 생장을 촉진시키지만, 공기 습도가 낮으면 잎끝이 마르는 현상이 일어난다. 식물은 적당한 토양 수분과 공기 습도가 공급되지 않거나 너무 과습한 경우에는 생육이 억제되거나 고사(말라 죽음)하게 되며 여러 가지 병충해가 생기게 된다.

❖ 토양

토양의 종류는 여러 가지가 있으나 기르는 꽃의 생육 특성, 생육 기간 등에 따라 적합한 토양이 다르다.

모래(Sand)

보수력(물을 가지려는 힘)과 보비력(비료를 가지려는 힘)은 없으나, 배수(물 빠짐)가 잘되고 통기성이 좋다. 따라서 삽목(꺾꽂이) 용토로 이용하기도 하고 부엽과 혼합하여 혼합토를 만드는 데 이용한다.

모래의 구입은 원예점에서 하는 것이 원칙이나 소량의 경우에는 집 근처의 공사장이나 놀이터의 것을 이용해도 된다. 단지 병균이 많거나 먼지가 많으면 좋지 않으므로 이런 경우에는 못 쓰는 프라이팬에 호일을 깔고 뜨거운 불에 볶아서 사용하는 것이 안전하다.

질석(Vermiculite)

760℃의 고온으로 가열하여 만든 운모 화합물로 칼륨 6%, 마그네슘 20%를 함유하며, 살균이 잘 되어 있다. 산도는 pH 7 정도이며 보수력이 좋다.

꽃씨 대부분은 질석에만 뿌려도 싹이 아주 잘 난다. 가까운 원예점이나 인터넷 몰에 들어가면 소량 단위로 판매하고 있다.

질석(버미클라이트)

펄라이트(Perlite)

진주암을 870℃ 정도의 고온으로 가열하여 만든 것으로 원래의 모양보다 4~20배 정도의 보수력이 있다. pH 6.5~7.5 정도이며 중화 능력이나 양이온 치환능력이 없으며 비료 성분도 전혀 없다. 꺾꽂이는 펄라이트에만 꽂아도 뿌리가 잘 내린다. 가까운 원예점이나 인터넷 몰에 들어가면 소량 단위로 판매하고 있다.

펄라이트

피트모스(Peatmoss)

늪지식물이 습지의 바닥에 퇴적되어 부식된 것으로 암갈색을 띤 가볍고 수분을 흡수하여 보유하는 힘이 크며 pH 3.2~4.5의 강산성을 띤 질소 성분이 약간 함유되어 있으며 인산과 칼륨은 거의 없다.

캐나다, 아일랜드, 독일, 미국, 러시아에서 많이 생산되고 있으며 우리나라에서는 대부분 수입에 의존하고 있다. 수입될 때 완전히 압축되어 딱딱하므로

피트모스

부수어서 잘게 만든 다음 이용한다.

한편 씨를 뿌리기 전에 미리 피트모스에 물을 축여 놓아야 씨를 뿌린 후 물을 줄 때 잘 흡수한다. 가까운 원예점이나 인터넷 몰에 들어가면 소량 단위로 판매하고 있다.

암면(Rock wool)

암석을 1,600℃에서 용해시킨 다음 섬유처럼 가늘게 뽑아 내거나 여러 형태로 만들어 낸다. 보수력과 통기성이 좋으나 비료 성분은 전혀 함유되어 있지 않다. 장미, 카네이션, 국화, 양란 키우기

암면

에 이용된다. 일반 가정에서는 이용하는 경우가 거의 없다. 구입은 원예점이나 인터넷 몰에서 한다.

수태(Sphagnum moss)

수태

물이끼를 건조시킨 것으로 고산지대의 한랭한 습지에서 생산된다. 건물중(완전히 마른 상태에서의 무게)의 10~20배까지 흡수하고 건조시키면 매우 가벼워 수송과 저장에 편리하다. 품질이 좋은 수태는 색이 하얗고 길게 뻗어 있지만, 좋지 않은 수태는 진한 갈색을 띠며 짧다. 수태는 양분을 많이 함유하고 있으므로 꽃씨를 뿌려 놓은 후 식물이 자랄 때 다른 토양에 심은 것에 비해 비료를 덜 주어도 된다. 또한 다른 토양에 비해 먼지가 날리거나 지저분하지 않기 때문에 베란다에 식물을 심을 때에 아주 편리하게 사용할 수 있다. 가까운 원예점이나 인터넷 몰에 들어가면 소량 단위로 판매하고 있다.

부엽(Leaf mold)

낙엽활엽수의 잎이 완전히 부숙된 것으로 섬유질이 많은 밤나무, 참나무, 플라타너스 등의 부엽이 좋다. 보수력과 보비력이 좋고 통기성이 양호하며 식물에 이로운 토양미생물의 활동이 왕성하다. 가까운 원예점이나 인터넷 몰에 들어가면 소량 단위로 판매하고 있다.

토양 피복 재료로 이용되고 있는 바크

바크(Bark)

전나무와 소나무 껍질을 잘게 부수어 만든 것으로 서양란의 심기 재료로 많이 이용되고 있다. 토양의 유실을 방지하는 피복 재료로도 이용되며 건조 시에는 수분 증발을 막기 위한 재료로도 이용된다. 바크를 물통에 넣고 바크 안으로 물이 완전히 스며들도록 한 다음 화분 위에 올려주면 오랫동안 집을 비워도 어느 정도는 안심할 수 있다. 수입된 통나무의 껍질을 벗겨서 이용된 바크는 염분이 많으므로 사용하기 전에 반드시 물에 담구어 염분을 빼야 한다. 가까운 원예점이나 인터넷 몰에 들어가면 소량 단위로 판매하고 있다.

배양토(Cultural medium)

각종 토양을 알맞게 혼합하여 식물에 알맞은 조건을 부여한 것으로 비옥하고 배수와 통기가 좋고, 보비력, 보수력 강하며, 잡초와 잡초 씨, 병충이 없어야 한다. 일반적으로 질석, 펄라이트, 버미큘라이트, 비료 등이 섞여 있다. 시중에서는 배양토를 상토라고도 부르며 여러 가지 제품이 나오고 있다. 가까운 원예점이나 인터넷 몰에 들어가면 소량 단위로 판매하고 있다.

기타

톱밥, 왕겨, 훈탄, 숯, 화산회토 등이 원예식물의 식물 재료로 이용되며 오수만다, 클레이볼, 하이드로볼, 스티로폼 등도 이용된다.

왕겨는 벼의 껍질을 말하며, 훈탄은 왕겨를 태운 것으로 왕겨나 훈탄을 토양에 섞으면 토양이 굳는 것을 방지할 수 있고 보습성과 배수성이 개선된다. 하이드로볼은 800℃ 전후의 온도에서 점토를 구운 것으로 다공질의 토양이다.

시중에서 판매되고 있는 여러 가지 배양토

하이드로볼

토양 반응(토양 산도)과 식물

산도 (pH)	식물 종류
산성(pH 5~6)	철쭉류, 베고니아, 아나나스, 아게라텀, 치자, 아디안텀, 크레마티스
약산성(pH 6~7)	국화, 장미, 백합, 시클라멘, 포인세티아, 후크샤, 금어초, 심비디움, 카네이션, 스토크, 페츄니아, 튤립
중성~약알카리성 (pH 7~8)	백일홍, 메리골드, 프리뮬러, 마가렛, 과꽃, 시네라리아, 제라늄, 거베라, 스위트피, 금잔화

❖ 비료

식물이 생육하기 위해 꼭 필요한 원소를 필수원소라 하는데 이들은 탄소(C), 산소(O), 수소(H), 질소(N), 인산(P), 칼륨(K), 칼슘(Ca), 마그네슘(Mg), 황(S), 철(F), 망간(Mn), 구리(Cu), 아연(Zn), 붕소(B), 몰리브덴(Mo), 염소(Cl) 등이다.

필수원소 중에서 토양 중의 함량으로는 부족하여 인위적으로 공급할 필요가 있는 것을 비료 요소라고 하며, 인위적으로 공급할 필요성이 가장 큰 질소, 인산, 칼륨을 비료의 3요소라고 한다.

잎을 주로 감상하는 식물은 잎 비료인 질소 비료를 주면 좋고 꽃이 피는 식물은 봄에서 여름까지는 질소 비료를, 늦여름부터 가을까지는 꽃과 열매 비료인 인산 비료를 주는 것이 좋다.

무기질 비료

- 흔히 화학비료라고 하며 비료의 효과가 단기간 내에 나타나기 때문에 속효성 비료라고도 한다.
- 지나치게 많이 사용하면 농도 장해를 일으키기 쉬우며, 장기간 계속 사용하면 염류가 토양에 과다하게 축적되어 장해를 일으키거나 토양이 산성화되어 식물이 잘 자라지 못하는 경우도 있다. 무기질 비료에는 유안(황산암모늄), 요소, 초안, 과석, 중과석, 용성인비, 각종 복합비료 등이 있다.

유기질 비료

- 식물체를 부숙시킨 식물성 유기질 비료와 골분, 가축의 분뇨 등을 부숙시킨 동물성 유기질 비료가 있다.
- 비료를 준 효과가 오랫동안 지속되며 염류 축적의 피해를 줄여 주고 토양의 물리적 조건을 개선해 주는 효과도 있다. 유기질 비료로는 깻묵, 쌀겨, 퇴비, 부엽, 낙엽, 우분, 돈분, 계분 등이 있다.

퇴비가 들어간 배양토

비료의 형태에 따른 분류

- 액제 및 수용제: 하이포넥스(Hyponex: 미국 제품), 북살, 캄프살(Campsal: 국내산), 비왕, 나르겐, 푸로겐
- 분제: 하이포넥스, 부리오, 타이모
- 고형비료: 홈그린, 마감프 K, 깻묵

하이포넥스와 나르겐

마감프 K

이러한 종류들은 구입하기가 어려운 것이 아니라 봄에 노상에서도 많이 팔고 있는 것이므로 유효 기간을 확인한 후에 구입하면 된다.

각종 식물의 비료 요구도

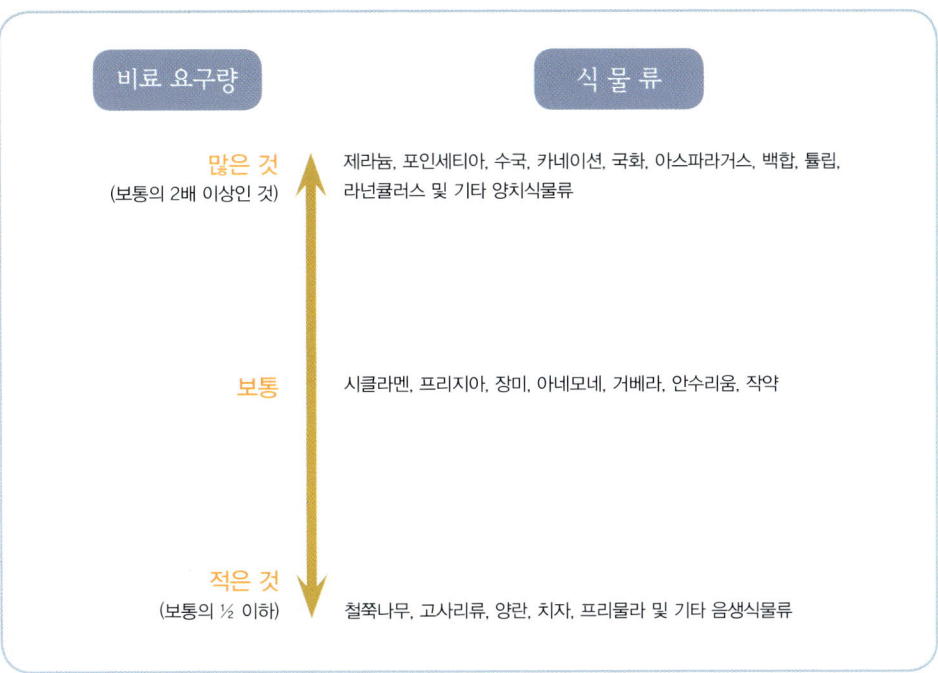

Note • 비료 주는 요령

실내에서 정상적으로 자라는 식물은 3~4개월에 한 번 비료를 주면 충분하다. 화분이 마른 채로 비료를 주는 것은 위험하므로 항상 물을 준 후에 비료를 주는 것이 좋다. 특히 실내 식물의 경우 잎을 감상하는 경우가 많으므로 질소질 비료를 주는 것이 좋다. 이때 질소질 비료로 대표적인 것은 요소비료로 보통 밭작물, 논작물에서 많이 사용하고 있다. 요소는 좁쌀만 한 크기의 고형비료로 고농도이기 때문에 많은 양이 식물에 흡수되면 잎이 타거나 죽어 안 주는 것만 못 한 경우가 생긴다. 요소를 주고 물을 주면 물에 완전히 녹아 위험할 수 있으므로 위험을 최소화하기 위해서는 물을 준 후 하루 정도 지난 후에 요소를 화분 위에 올려놓는 것이 바람직하다.

02
실내를 쾌적하게 만드는 화분식물과 꽃

전자파 제거에 효과적인 식물 | 음이온 발생에 효과적인 식물 | 실내의 악취 제거에 효과적인 식물
화장실 냄새 제거에 효과적인 식물 | 집 안의 해충 제거에 효과적인 식물
살균 및 방부 작용을 하는 식물 | 공기를 정화하는 식물 | 실내의 온도 및 습도를 조절하는 식물

현대인들은 바쁜 일상을 보내고 있다. 아침에 눈을 뜨면 식사를 할 새도 없이 부리나케 출근한다. 그런데 매일 이러한 일을 반복하다 보면 피로가 누적되어 큰 질병을 앓기도 한다. 그렇다면 직장에서의 스트레스와 피로감을 집 안에서라도 풀고 싶을 것이다. 그러나 그 집이라는 곳이 먼지에 찌들어 있고 좋지 않은 냄새가 난다면 집 안에 있고 싶지 않을 것이다.

집 안에서 쉴 때 편안함을 주는 것들은 여러 가지가 있겠지만, 그중 녹색의 식물이 있다면 훨씬 더 좋을 것이다. 거실에서 밖을 볼 때 베란다의 녹색 정원이 창 밖의 콘크리트 벽을 가려준다면 신선한 느낌이 들 것이다. 물론 거실이나 침실에 식물이 있다면 더할 나위가 없겠지만 말이다.

그러나 이러한 것은 쉽게 얻을 수 있는 것이 아니다. 가족 구성원들이 관심을 가지고 식물을 정성들여 키워야 가능하다. 식물은 눈의 피로감을 줄여 주고 만족감을 증가시키기도 하지만, 우리가 생각하지도 못한 더 좋은 보너스를 준다. 그건 바로 실내의 오염된 공기를 정화하여 쾌적하게 하고 병균도 없애 준다는 것이다. 눈으로 봐서 좋을 뿐만 아니라 또 다른 보너스를 준다니 이 얼마나 고마운 것일까?

그러면 지금부터 실내를 쾌적하게 해주는 식물이 무엇이 있는지, 어떤 효과가 있는

지, 어떻게 키우면 되는지에 대하여 알아보기로 하자.

(1) 전자파 제거에 효과적인 식물

식물은 내부에 많은 수분을 가지고 있다. 그런데 수분이 있는 것들은 전도성이 있어서 일부의 자기장을 흡수한다. 식물 내부의 수분이 마이크로파나 핸드폰 주파 등의 고주파를 흡수하는 것이다. 따라서 컴퓨터나 TV 주변에 선인장(다육식물)이나 필로덴드론, 디펜바키아, 몬스테라, 페페로미아, 고무나무, 야자류, 칼라테아, 렉스베고니아 등의 관엽식물을 놓아두면 전자파를 흡수하게 된다.

그런데 연구 결과에 의하면 잎이 없거나 적은 선인장이 전자파 방지에 효과가 더 크다고 한다. 또한, 시판되고 있는 각종 전자파 차단 제품보다는 오히려 잎 수가 많은 실내 관엽식물이 전자파를 감소시키는 데 훨씬 월등한 효과를 나타낸다.

그 예로 1m 이상의 잎이 많은 스킨답서스를 이용해 모니터의 보안기에 부착된 접지를 화분 용기의 흙 속에 접지할 경우 유해 전자파인 VLF(초저주파)는 60%, ELF(극저주파) 78% 정도를 흡수한다고 한다. 이 수치는 컴퓨터 전자파 규정치가 가장 엄격한 것으로 알려진 스웨덴의 노동사구 기준치보다 낮은 것이라고 한다.

이 밖에도 식물을 둠으로써 정신적인 스트레스나 눈에 대한 피로가 현격히 줄어들며, 공기 청정 기능 등으로 인한 쾌적한 실내 환경에도 도움이 된다.

전자파 제거에 효과적인 다육식물

❖ 게발선인장[크리스마스선인장] (Christmas cactus)

효능 및 기원

꽃피는 시기가 크리스마스 시즌인 11~12월에 집중되기 때문에 '크리스마스 캑터스'라고도 부른다. 봄부터 가을까지는 그다지 특별한 느낌을 주지 않지만 늦가을이 되면 줄기의 맨 끝에 봉오리를 매다는 모습이 매우 신기하고 한 달 후쯤 화려하게 피는 모습을 보면 누구나 감탄을 하곤 한다.

게발선인장과 비슷한 것으로는 가재발선인장(crab cactus)이 있는데 가재발선인장은 잎과 줄기를 겸한 줄기 마디가 이어져 있고 그 끝에 많은 통 모양의 꽃이 핀다. 게발선인장은 잎의 형태에 따라 줄기 마디 양쪽에 뾰족한 돌기가 있는 가재발선인장과 둥근 형태인 게발선인장으로 나눌 수 있다. 그러나 근래에는 교배가 많이 이루어져 원예품종에서는 이 둘을 구별하기 어려워 모두 게발선인장이라고 부르고 있다.

이용 방법

게발선인장은 중학교 1학년 기술 책에 소개되는 식물 중의 하나이다. 특히 번식 방법에 대해 소개되고 있다. 따라서 아이들과 함께 키우면서 관찰하여 관찰일지를 쓰고 식물그림을 그리거나 사진을 찍어보면서 식물의 자라는 모습을 관찰하면 훌륭한 생물 교육도 되고 식물을 번식하는 방법도 알 수 있을 것이다. 또한 크리스마스 때 호랑가시나무, 포인세티아와 함께 장식하면 식당, 커피숍, 카페에서 크리스마스 분위기를 한층 낼 수 있다. 호랑가시나무는 마르면 은색 스프레이를 뿌려 장식하고 포인세티아는 잎이 빨갛게 물든 채로 3~4개월 정도 유지되므로 오랫동안 장식할 수 있다.

특성

게발선인장의 줄기는 평평하고 녹색으로 옆으로 나오는 줄기는 많지만 잎은 없다. 줄기는 여러 방향으로 퍼지면서 아치 모양으로 휘어져 아름다운 자태를 보인다. 줄기 전체는 30㎝ 정도이고 폭은 1.2~2.5㎝로 5㎝ 길이의 작은 줄기들이 연결되어 있다. 선홍색의 꽃이 줄기의 끝에서 크리스마스 전후에 핀다. 아파트의 저층은 오후 2시면 해가 들지 않기 때문에 해가 오랫동안 비치는 고층에 비해 꽃이 일찍 핀다. 따라서 보통 11월 말이나 12월 초면 피고 지게 된다. 만약 아파트 고층에서 게발선인장 꽃을 일찍 피우려면 해가 잘 비치지 않는 장소에 두면 된다.

호랑가시나무

포인세티아

식물 관리 요령

- 옮겨심기: 식물의 크기가 커져 화분에 꽉 차게 되면 4~5월경에 큰 화분으로 옮겨 심는다. 이때 웃자란 줄기

개발선인장의 꽃봉오리 성숙 과정

마디는 따내어 균형을 잡아주고, 따낸 줄기 마디는 번식에 이용한다. 옮겨 심은 후에는 생육이 왕성해지므로 실외에서 충분히 물을 주면서 관리한다.

- 햇빛 및 온도: 햇빛이 잘 드는 실내의 창가에 둔다. 그러나 지나치게 직사광선을 받게 되면 줄기가 누렇게 되고 두께가 얇아지며 시들게 된다.
- 거름주기: 식물 생장이 왕성한 봄부터 초여름까지는 2~3주에 한 번 정도 하이포넥스 1,000배액(물 1L에 하이포넥스 분말 1g을 녹여서 사용함)을 준다. 그러나 햇빛이 충분한 창가에 두면 특별히 비료를 적게 주어도 된다.
- 번식 방법: 줄기의 마디 부분을 한 마디에서 네 마디 정도까지 떼내어 모래에 꽂는다. 줄기 마디에는 이미 공기 뿌리가 나와 있기 때문에 뿌리내리기를 아주 잘한다.
- 물 주기: 6월까지는 충분히 물을 주지만, 7~8월의 여름철에는 생육이 정지하므로 조금 마른 듯이 관리한다. 여름철에 물을 많이 주면 아랫부분이 썩기 쉽다.
- 심는 장소: 행잉바스켓(매달기 화분) 또는 화분 폭이 15㎝인 화분에 심는다.
- 식물 구입: 화분으로 구입하며, 씨는 판매하지 않는다.
- 화분 크기 및 깊이: 10~15㎝가 적합, 깊이는 크게 문제 되지 않는다.
- 식물 위치: 베란다가 적합하며, 겨울철 거실은 습도가 낮아 꽃이 쉽게 마른다. 꽃이 질 때쯤 꽃가루가 떨어져 조금 지저분하다.

> **Note**
>
> - **꽃봉오리가 떨어져 버리면**
>
>   게발선인장은 비교적 강한 식물이지만 길이 2㎝ 이하의 작은 꽃봉오리는 더위와 추위, 햇빛, 습도 등의 환

경 변화에 의해 꽃이 피지 못하고 떨어지기 쉬우므로 구입할 때 2cm 이상의 봉오리가 달린 것을 고르고 실내온도를 밤에는 10℃ 이상, 낮에는 30℃ 이하로 유지해 주어야 한다. 꽃봉오리가 작을 때에는 10~25℃로 관리해 주는 것이 좋다.

- **꽃봉오리가 달리지 않으면**

게발선인장은 낮 길이가 짧아야 꽃눈이 분화하여 나중에 꽃이 피는 단일성 식물로, 거실 등 밤늦게까지 불이 밝혀져 있는 곳에서는 꽃눈이 달리기 어렵다. 그러므로 자연광이 드는 장소에 두면서 키워야 꽃눈이 생겨 꽃이 많이 매달린다.

❖ 백년초(Opuntia, prickly pear)

효능 및 기원

백년초 즙을 마시면 구토를 일으키는 위통이 가라앉고 고통스러운 기침을 멎게 하고 체질도 개선시켜 준다. 변비에도 효과가 있다. 제주도 지방기념물 제35호로 지정(1976년)되어 보호되고 있는 부채선인장속의 한 종류로 북제주군 한림읍 월령리 해안가를 중심으로 자생하고 있다.

이 선인장은 멕시코가 원산으로, 옛날 멕시코에서 해류를 타고 제주 서쪽인 월령리 해안가에 밀려와 모래 틈과 바위 사이에 부착하여 번식한 것으로 추측된다. 이 선인장은 민간약으로 소염·해열제로 쓰이며, 월령리 마을에서는 집의 경계인 돌담에 무성하게 자라 뱀이나 쥐 혹은 도둑의 침입을 방지하는 데 이용되기도 했다.

손바닥선인장의 열매(Nopal)와 줄기(Nopalitos)는 모두 식용으로 사용하고 있으며, 예로부터 민간요법 및 한방에서 많이 이용되어 왔다.

절단 시 과육은 붉은 적색을 띠며, 이 적색의 색소는 베타시아닌 색소로 알려져 있다. 전초를 민간약으로 쓰며 관상용으로도 심는다.

이용 방법

제주도에서 백년초를 대표 농산물로 만들기 위한 노력은 이미 1990년대 초반부터 시작된 것으로, 북제주군에서는 1994년 선인장을 이용한 잼, 젤리, 술, 피클 등 7종에 대한 실증시험을 거친 데 이어 1995년에는 한국식품개발연구원에 선인장을 이용한 가공품 개발용역을 실시하여 그 결과를 토대로 선인장 열매를 이용한 적색 색소를 추출, 보존하는 방법, 선인장 잎과 열매로부터 다당류를 추출하는 방법, 과즙을 제조하는 방법 등에 특허출원 등 손바닥선인장을 특화시키기 위하여 노력하고 있다.

백년초를 이용하여 만든 카나페

백년초 즙으로 반죽하여 만든 떡

다이어트 식품으로도 알려져 있는 백년초는 식이성섬유, 칼슘, 철분 등 무기질 성분이 풍부한 것으로 알려져 있으며, 핑크빛이 도는 빨간 열매의 상큼한 맛은 많은 사람들에게 널리 애용되고 있다.

특성

매년 4~5월경에 작고 파란 열매가 열려 5~6월경에는 열매에 꽃이 핀다. 이후 꽃이 지면서 열매가 커져 11~12월경에 자주색으로 열매가 익어 수확하게 된다. 줄기 모양이 손바닥처럼 넓적한 형상을 하고 있어 손바닥선인장이라고 불리고 있으며, 제주도에서는 백년초로 부르고 있다. 5~6월에 2~3㎝ 정도의 황색의 꽃이 일시에 핀다.

내건성이 매우 강하여 가뭄에도 좀처럼 죽는 일이 없고 여름철에 노란 빛깔의 꽃이 핀다. 또한 내한성도 강해 서울 이남에서는 월동이 가능하다. 선인장에서 잎처럼 보이는 부분은 줄기이고 가시는 잎의 변형이다.

식물 관리 요령

- 햇빛 및 온도: 햇빛이 잘 드는 실내의 창가에 둔다.
- 거름주기: 식물 생장이 왕성한 봄부터 초여름까지는 2~3주에 한 번씩 하이포넥스 1,000배액을 준다.
- 번식 방법: 씨로 번식이 가능하나 꽃을 보기 위해서는 3~4년 걸린다. 줄기를 잘라서 심는다.
- 심는 장소: 화분에 주로 심는다.
- 식물 구입: 화분으로 구입한다.
- 화분 크기: 중·소형 화분(15~30㎝)
- 식물 위치: 베란다 및 거실이 적합하다.

❖ 알로에(Aloe)

효능 및 기원

고대 이집트의 도시였던 테베 지방의 무덤 속 미라 관에서 고문서(Papyrus Ebers)를 발견했는데, 이 문서에는 미라를 감싼 천에 알로에를 사용했다는 기록과 더불어 유향, 몰약, 아편, 벌꿀 그리고 알로에의 효과가 적혀 있다고 한다.

이밖에 알로에의 효능은 성경, 그리스의 의사가 지은 《그리스 본초》라는 책에도 나오며, 이집트의 클레오파트라 여왕이 즙액으로 목욕하고 화장도 하였으며, 예수의 시신에 알로에를 바르기도 했다고 한다.

대만의 《황한의약대람》, 일본의 《일본약국방》, 《본초강목계몽》 우리나라의 《동의보감》, 《본초강목》, 《전언방》 등 많은 책에서 소개되고 있다.

알로에는 아라비아 어로 '맛이 쓰다'라는 뜻으로 붙여진 이름이고, 우리나라에서는 '노회'라고 부르는데 노회는 Aloe의 '로에'를 한자로 바꿔 쓴 이름이다.

알로에는 세포 재생 능력이 있어 화상을 당했을 때 쓰면 상처가 빨리 치유가 되며 수렴작용, 수면 촉진, 위의 정화, 배변촉진, 황달치유, 구토 멈춤 작용을 한다.

건조된 알로에 분말은 상처, 종기, 염증이 난 부위에 뿌리면 효과가 있다. 포도주로 반죽하여 이용하면 모발이 빠지는 것을 방지하고, 벌꿀과 포도주에 개어 입에 면 편도선이나 잇몸 염증 등 모든 입 속의 병에 효과가 있다.

이용 방법

알로에는 알게 모르게 우리 주변에 많이 이용되고 있다. 화장품, 비누, 샴푸, 세제, 술에도 알로에가 이용되고 있다. 또한 알로에는 다이어트, 비듬, 가려움, 맑고 하얀 피부, 관절염, 숙취 제거에도 효과가 있다.

특성

알로에는 백합과의 알로에속 여러해살이풀이다. 원산지는 아프리카 대륙인데, 오늘날에는 열대와 온대 지방에 폭넓게 자생하고 그 밖의 지역에서도 많이 키우고 있다. 생명력이 강하여 잘라내어 일주일 이상 지난 후 심어도 잘 자란다. 늦가을에서 봄 사이에 긴 꽃대가 올라와 노랑 또는 주황색 꽃을 피운다. 흙과 붙어 있는 줄기 부위에서 새끼가 돋아나 포기 번식이 잘되고 성장이 빠르다.

식물 관리 요령

- 옮겨심기: 식물이 너무 자라 화분이 작아지면 큰 화분으로 옮겨 심는다. 아니면 포기나누기를 하여 여러 개의 화분으로 나누어 심는다. 40℃ 이상이면 잎이 타고 눈과 서리를 맞으면 죽는다. 그러므로 겨울철에는 베란다나 실내로 옮긴다.
- 햇빛 및 온도: 온도는 15℃에서 35℃ 사이가 가장 적당하다. 직사광선이 비치는 곳에서 잘 자란다.
- 용토: 배수와 공기 유통이 잘되는 굵은 모래땅이 좋다. 용토는 보통흙 30%, 부엽토 30%, 왕모래 30%, 퇴비 10%의 비율로 섞으면 된다.
- 물 주기: 물은 처음 심었을 때 듬뿍 주고, 그 뒤에는 용토의 겉부분이 바짝 말랐을 때 한 번씩만 준다. 꺾꽂이를 했거나 뿌리가 없는 것을 심었을 때는 뿌리가 난 뒤부터 물 주기를 시작한다.
- 번식 방법: 꺾꽂이나 포기나누기를 한다. 줄기를 10㎝ 이상으로 잘라 3일 이상 말렸다가 모래에

알로에 꽃

꽂으면 된다. 큰 포기의 아랫부분에 작은 포기가 생겨 10㎝ 이상 자라면 그것을 모종삽으로 잘 떼어내어 작은 화분에 옮겨 심는다.
- 식물 구입: 화분으로 구입하며, 씨는 판매하지 않는다.
- 화분 크기 및 깊이: 10~15㎝가 적합하며, 깊이는 크게 문제 되지 않는다.
- 식물 위치: 베란다, 거실이 적합하다.

❖ 필로덴드론 셀로움(Lacy tree Philodendron, *Philodendron selloum*)

효능 및 기원

필로덴드론 셀로움은 잎이 넓고 잎의 수가 많기 때문에 전자파 제거에 효과적이다. 또한 포름알데히드 제거 능력이 있다. 포름알데히드는 접착제, 커튼, 화장지, 장판, 가스난로, 페인트, 종이 타월 등에서 발생된다.

이용 방법

필로덴드론 셀로움은 꽃꽂이에서 많이 이용하고 있는 대표적인 잎이다. 잎의 모양이 특이하고 아름다우며 광택이 있어 수반 꽃꽂이에서도 많이 이용한다. 또한 꽃다발, 부케 등에도 이용한다. 줄기를 잘라 수경재배하여도 예쁘다.

필로덴드론 셀로움의 공기뿌리

햇빛이 부족한 잎(황색)

특성

천남성과에 속하며 원산지는 브라질, 파라과이인 잎을 감상하는 관엽식물이다. 잎은 두껍고 광택이 있으며 색깔이 아름답다. 처음 본 사람은 토란의 잎과 착각하기도 한다. 필로덴드론 셀로움은 덩굴성으로 다른 물체를 감아 올라가는 것과 짧은 줄기에 잎을 사방으로 펼치는 종류가 있다.

덩굴성은 고목, 수태 기둥 등에 붙여 심고 덩굴성이 아닌 것은 보통 분에 지주를 세우지 않고 심는다.

식물 관리 요령

- 옮겨심기: 식물의 크기가 커지면 4~6월경에 큰 화분에 옮겨 준다. 덩굴성의 경우 줄기가 너무 무성해지면 지저분해 보이므로 윗부분을 잘라서 번식에 이용한다.
- 햇빛 및 온도: 반그늘에서 잘 자라고 생육에 적당한 온도는 20~25℃이다. 겨울철에도 식물의 생육을 계속시키려면 13~15℃를 유지하는 것이 좋으나, 생육은 되지 않더라도 죽지 않을 정도로 유지만 시키려면 7~8℃는 맞춰준다. 이때 화분의 흙은 건조한 상태로 유지하는 것이 좋다.
- 배양토: 거름기가 풍부한 것이 좋다. 배양토로는 밭흙 60%, 부엽토 또는 부숙 왕겨 30%, 퇴비 10%의 혼합 용토가 적당하다.
- 비료 주기: 생육이 왕성한 여름에는 2개월에 1회씩 하이포넥스 1,000배액을 주는데 덩굴성인 것은 생장이 빨라 잎이 크고 마디가 너무 자라므로 주의한다.

- 물 주기: 다습한 조건에서 잘 자란다. 여름에는 거의 매일 물을 주도록 하고, 봄과 가을에는 일주일에 1~2회, 겨울에는 2주일에 1회 정도 준다. 물을 줄 때는 화분의 밑에 물이 흐를 정도로 충분히 준다.
- 번식 방법: 번식은 꺾꽂이, 휘묻이, 또는 신선한 씨로 번식시키나 대부분 꺾꽂이로 번식한다. 꺾꽂이는 4~8월에 한다. 줄기의 잎을 모두 떼어내고 이끼로 감싸서 세워두거나 인공 용토에 눕혀 놓으면 마디 부분에서 뿌리가 나온다. 그 후 잎이 나오면 화분에 옮겨 심는다.
- 식물 구입: 화분으로 구입하며, 씨는 판매하지 않는다.
- 화분 크기: 대형 화분(20~25㎝), 중형 화분
- 식물 위치: 거실이 적합하며, 직사광선에는 약하다. 큰 화분은 작은 집에 어울리지 않는다.

❖ 몬스테라(Monstera)

효능 및 기원

몬스테라는 실내공기의 오염원인 포름알데히드와 전자파를 제거하는 효과가 있다. 포름알데히드는 접착제, 커튼, 화장지, 장판, 페인트, 합판 등의 건축자재에서 많이 발생한다.

이용 방법

수반꽂이, 꽃바구니, 꽃다발에 몬스테라 잎을 많이 이용한다. 작은 꽃꽂이에서는 잎의 크기가 작은 아래쪽 잎을 사용하고 규모가 큰 꽃꽂이에서는 잎이 깊숙이 패인 큰 잎을 사용한다. 위쪽의 잎에 구멍이 많이 뚫려 있으며 크기가 커서 마스크로 쓰면 재미있는 소재가 될 수 있다.

잎에 구멍이 거의 없는 몬스테라 유엽

잎에 구멍이 크게 생긴 몬스테라 성엽

특성

천남성과에 속하는 덩굴성 대형 관엽식물로 원산지는 열대 아메리카이다. 매우 잘 자라는 식물로 크기가 6~7m까지 자란다. 줄기 사이에 굵은 공기뿌리가 생겨 다른 식물이나 물체에 부착하여 생육한다. 뿌리의 길이가 매우 길어 실내에서 키우면 바닥에 아주 길게 늘어져 있는 것을 볼 수 있다. 잎맥 사이에 타원형으로 구멍이 뚫려 있거나 잎이 파여 있다. 꽃이 피고 열매가 달리는데 바나나 파인애플과 유사한 향을 가지고 있다. 어린 몬스테라는 잎이 둥그렇게 생겼으나 생장하면서 잎에 구멍이 크게 생긴다.

식물 관리 요령

- 옮겨심기: 많은 공기뿌리가 생겨 지저분하게 되므로 공기뿌리를 잘라내거나 흙으로 잘 유인하여 준다.
- 햇빛 및 온도: 내음성 및 내한성이 강하며 생육적온은 20~30℃이다. 내한성이

몬스테라 공기뿌리

몬스테라 꽃

강하여 겨울철에도 5℃ 정도이면 월동이 가능하다. 햇빛이 부족해도 자란다. 하지만 너무 햇빛이 약한 곳에서는 새잎이 하얗게 나오므로 주의한다. 이른봄에 갑자기 햇볕을 쬐게 되면 잎이 타기 쉽다(잎이 까맣게 변하면서 마름). 반드시 직사광선을 쬐지 않도록 한다.

- 물 주기: 생육기간에는 건조하지 않도록 자주 물을 준다. 또한 헤고에 세워 키우는 경우에는 헤고에 물이 충분히 흡수되도록 한다.
- 한편 수태에 심은 것은 과습에 의한 뿌리썩음에 주의해야 한다. 계절별로 보면 5~9월은 물을 충분히 주고 겨울에는 건조한 듯이 관리한다.
- 용토: 황토 60%, 부엽토 20%, 강모래 20%의 비율로 섞고 큰 분에 고목을 세워 감기게 키운다.
- 거름주기: 일 년에 두세 번 정도 주면 된다. 생육이 왕성한 6~9월에 한 달에 한 번 정도 하이포넥스 1,000배액이나 요소 비료 5알 정도를 화분 위에 올려 놔 준다.
- 번식 방법: 꺾꽂이로 번식한다. 줄기는 3~4마디를 붙여서 잘라 모래에 꽂는다.
- 기르는 장소: 겨울철이 되면 실내로 들여온다.
- 식물 구입: 화분으로 구입한다.
- 화분 크기: 대형 화분(20~25㎝)
- 식물 위치: 거실이 적합하다. 직사광선에는 약하며 지하 커피숍에서도 생장이

이루어진다. 화분이 크므로 작은 집은 어울리지 않으며, 작은 집은 마디 3개 정도에서 잘라서 뿌리를 내리게 한 후 작은 화분에 옮겨 심으면 잘 어울린다.

❖ 페페로미아(Peperomia)

효능 및 기원

페페로미아는 그리스어로 '후추를 닮았다'는 뜻으로 잎이 두껍고 아름다운 후추과의 식물이다. 잎에 수분이 많아 전자파를 제거하는 능력이 있다.

이용 방법

꽃바구니나 수경재배에 이용 가능하다. 꽃바구니에 다른 관엽류의 잎 대신에 페페로미아의 잎이 붙은 줄기를 잘라서 장식하면 좋다. 또한 페페로미아는 실내에서 자라는 속도가 느려서 접시 정원이나 테라리엄에 많이 이용된다. 그러나 베란다와 같이 햇볕이 잘 드는 곳은 자라는 속도도 빠르고 생육도 좋아 큰 화분을 만들 수 있다. 잎은 두꺼우므로 오랫동안 집을 비울 때도 건조될 걱정이 없다.

특성

인도, 브라질, 페루가 원산지이며 늘 푸른 여러해살이풀이다. 페페로미아의 잎은 두툼하며 녹색이고 흰무늬나 반점이 들어간 녹색 잎을 가지고 있다. 또한 잎 모양이 원형에 가까우며 잎의 넓이가 약 5~8㎝ 정도이다. 꽃은 줄기의 끝에 달리는데 관상가치는 그다지 크지 않다. 원산지에서는 대부분 나무 밑의 그늘진 곳 또는 나무에 붙어서 살고 있다.

식물 관리 요령

- 옮겨심기: 잘 자란 식물은 큰 화분에 옮기거나 포기나누기를 하여 작은 화분에 옮겨 심는다. 한편 생육이 왕성하면 줄기의 길이가 길어져 늘어지는 경향이 있으므로 끝 부분을 잘라 곁가지가 많이 생기게 한다. 이때 잘라낸 줄기는 꺾꽂이에 이용하면 된다.
- 햇빛 및 온도: 강한 햇볕을 쬐면 잎의 윤기가 없어지고 색깔이 흐려지나 햇빛이 너무 부족하면 키만 커지고 줄기가 약하여 볼품이 없게 된다.

페페로미아 꽃

- 여러 식물과 같이 키울 때는 다른 식물의 아래에 두면 잘 자란다. 생육 적온은 20~25℃이고 겨울에는 10℃ 이상 유지해 주어야 한다. 욕실 등의 습한 곳도 좋다.
- 용토: 배수가 잘되는 토양이 좋다.
- 물 주기: 보통 여름에는 2~3일에 한 번 정도 물을 준다. 겨울에는 10~15일에 한 번씩 물을 주어 약간 건조하게 기른다.

수경재배되는 페페로미아　　　엽병삽 후 뿌리 내린 모습　　　발근 후 어린 포기가 나온 모습

- 거름주기: 한 달에 한 번 정도 하이포넥스 1,000배액을 주면 아주 잘 자란다.
- 심는 장소: 화분, 접시정원, 테라리엄, 물재배가 가능하다.
- 번식 방법: 줄기삽과 엽병삽으로 번식한다. 줄기삽은 잎이 붙은 줄기의 마디를 2~3개 정도 붙여 번식하며 엽병삽은 잎자루(엽병)를 붙여서 하나씩 번식한다. 줄기삽은 바로 뿌리가 내려 금세 모양을 잡지만, 엽병삽은 번식수는 많으나 뿌리가 늦게 내리고 식물체를 크게 만드는 데에 시간이 오래 걸린다. 엽병삽의 경우 잎이 두툼하고 잎이 큰 것이 좋고, 모래나 펄라이트를 넣은 토양에 꽂는다. 뿌리가 내리면 작은 화분에 나누어 심는다. 토양이 없는 경우에는 물 속에 줄기를 넣어도 뿌리가 잘 내리며 또한 장식용으로도 훌륭하다.
- 식물 구입: 화분으로 구입하며, 씨는 판매하지 않는다.
- 화분 크기: 소형 화분(10~20㎝)
- 식물 위치: 거실, 베란다, 어린이 방에 장식하면 좋다.

❖ 마란타(Malantha)

효능 및 기원

마란타는 밤에 잎이 세워졌다가 낮에는 다시 수평으로 돌아오기 때문에 prayer plant(기도하는 식물)라고 한다.

원래 키가 작은 식물이므로 어느 정도 자라면 키는 더 이상 자라지 않고 포기만 커진다. 10년을 키워도 키가 많이 크지 않으므로 키가 쑥쑥 자라는 모습을 보고자 할 때에는 그다지 권할 만한 식물은 아닌 것 같다.

가스 조리기에서 발생하는 자일렌이나 톨루엔 제거율이 높으며 포름알데히드 제거 및 전자파 제거 능력이 있다.

이용 방법

꽃 구조상의 차이만 있을 뿐, 잎 모양이 거의 비슷하여 '칼라테아'로도 불리는 마란타는 잎의 무늬가 아름다워 거실이나 침실에 장식하면 예쁘다.

집 안의 어두운 곳에서도 잘 적응하므로 햇빛에 대해 크게 걱정하지 않아도 된다.

그러나 건조에는 민감하여 잎끝이 마르는 경향이 있으므로 중간중간 분무기로 물을 뿌려주면 좋다.

특성

크기가 작은 여러해살이풀로 잎은 근생엽(뿌리나 줄기에서 직접 땅 위에 나온 잎)이다. 잎에 아름다운 색채 무늬가 있는 것이 많다.

식물 관리 요령

- 햇빛 및 온도: 강한 광선에서는 잎이 타므로 3~10월에는 70~80% 차광을 하고 (창에 발을 쳐주면 됨) 12~1월에는 차광을 하지 않는다. 최저 18℃, 최고 35℃, 최적 온도는 20℃이다.
- 물 주기: 일반적으로 2~3일에 한 번씩 물을 준다. 지나치게 건조하면 뿌리가 상한다. 습한 것을 좋아하므로 생육기에는 겉에 흙이 마르면 식물 전체에 충분히 물을 준다.
- 거름주기: 생육이 잘되는 시기인 봄~여름에는 2~3개월에 한 번 정도 화학비료나 유기질 비료를 주고, 한 달에 한 번 하이포넥스 1,000배액을 준다.
- 번식 방법: 포기나누기에 의해서 번식한다.
- 식물 구입: 화분으로 구입하며, 씨는 판매하지 않는다.
- 화분 크기: 소형 화분(15~20cm)
- 식물 위치: 거실, 베란다에 적합하며, 침실에서도 잘 자란다. 키 작은 화분이므로 작은 집에도 잘 어울린다.

마란타 꽃

마란타 잎

(2) 음이온 발생에 효과적인 식물

❖ 산세비에리아(Sansevieria)

효능 및 기원

산세비에리아는 잎의 무늬가 뱀같이 생겨서 snake plant(뱀식물)라고 부른다. 산세비에리아는 음이온 발생이 가장 많은 식물로 알려져 있다.

일본에서 음이온 발생으로 화제가 되어 크게 인기가 있었고, 최근 우리나라에서도 가장 인기가 좋은 식물이다. 다른 식물에 비해 환경에 민감하게 반응하지 않으므로 키우기가 편한 식물 중의 하나이다. 그래서 산세비에리아는 바빠서 식물을 돌볼 수 없는 사람에게 적당한 식물이다. 산세비에리아는 사람의 이름 San Seviero에서 유래되었다.

이용 방법

절엽으로 수반에 꽂거나 꽃다발에 이용할 수 있다. 한편 줄기가 길 경우 남자아이들의 칼싸움에도 이용할 수 있다. 줄기가 단단하고 잎끝이 뾰족하여 칼싸움 놀이를 할 때 이용하면 좋다. 쓰다가 휘어지거나 부러지면 잘라서 번식하면 된다. 아이들에게 식물을 괴롭히는 것을 가르치는 것이 아니라, 식물을 만져보고 느낌으로서 새로운 식물 공부를 할 수 있는 계기가 될 수도 있다.

특성

백합과에 속하며 원산지는 열대 아프리카, 남아프리카, 동남부 케냐 등이다. 음지에서도 죽지는 않으나 식물이 약해지므로 햇빛이 잘 드는 베란다나 창가에서 기른다. 그렇지만 집 안 어느 곳에서든 비교적 잘 자라는 식물이다. 잎의 길이가 1.2m 정도 자라며 폭은 5~10㎝ 정도이다. 잎은 두껍고 끝이 뾰족하며 광택이 난다. 무늬가 있는 이중 색의 산세비에리아는 잎가 양옆으로 1㎝ 정도 폭의 황색 세로줄 무늬가 있다. 꽃은 잎과 잎 사이에서 꽃대가 30㎝ 이하로 나와서 녹색 빛을 띤 흰색의 꽃이 핀다.

식물 관리 요령

- 옮겨심기: 화분에 뿌리가 꽉 차있으면 뿌리를 잘 풀어서 아랫부분은 잘라내고 죽은 뿌리 부분도 잘라내어 큰 화분으로 옮겨 심는다. 이때 옆에서 나온 어린 싹이 다치지 않도록 주의해야 한다. 만약 조금이라도 상처를 내면 나중에 잎이 커지면서 상처가 난 부분이 더 크게 보이기 때문에 관상 가치가 떨어지게 된다. 또한 뿌리가 길게 자라야 식물이 잘 크므로 화분의 길이가 긴 것이 좋다.
- 햇빛 및 온도: 반그늘 아래에서 잘 자라며 여름철에는 직사광선을 피해야 생

산세비에리아 수경재배

육이 잘된다. 온도가 높을 때 잘 자라고 저온에서는 약하므로 겨울에 주의하여야 한다. 겨울철에도 야간 온도가 10℃ 이상이면 순조롭게 크지만, 3℃ 이하로 내려가면 생육이 멈추고 썩는다.

- 용토: 유기질이 함유된 토양을 쓰는 것이 좋다. 황토 40%, 퇴비 20%, 부엽토 20%, 강모래 20%의 비율로 섞어서 쓴다.
- 거름주기: 한 달에 한 번 정도 하이포넥스 1,000배액이나 고형 비료를 준다. 또 생육이 왕성한 시기에는 10일에 1회 주고 15℃ 이하로 내려가면 주지 않는다.
- 물 주기: 겨울철에는 물주는 양을 줄이고 비교적 건조한 상태로 놓는 것이 좋다. 1개월쯤 물 주기를 잊어도 죽는 일은 없다. 특히 겨울철의 저온 시에는 물을 적게 주도록 한다. 이때 물을 많이 주면 썩는다.
- 번식 방법: 포기나누기와 꺾꽂이로 번식한다. 잎의 길이를 10㎝ 정도로 잘라 모래에 꽂으면 한 달 후쯤 뿌리가 내린다. 이때 절단면에서 새싹이 나와 길게 자라지만 무늬가 있는 종류는 모두 녹색으로 나온다. 그러므로 황색의 무늬를 유지하기 위해서는 포기나누기를 한다.
- 식물 구입: 화분으로 구입한다. 씨는 판매하지 않는다.
- 화분 크기: 중형 화분(20~30㎝)으로 깊이는 깊은 것이 좋다.
- 식물 위치: 집 안 어느 곳이나 좋다(거실, 베란다, 침실, 어린이 방 등). 키가 작은 것에서 큰 것까지 다양하며 집 안의 코너에 놓아도 잘 어울린다.

무늬종 꺾꽂이 시 무늬 없게 나옴

(3) 실내의 악취 제거에 효과적인 식물

예로부터 어머니들은 뒷마당 장독대 주변에 백합, 박하 등 향기로운 들풀을 심어 좋지 않은 냄새가 나는 것을 막았다고 한다. 하루에도 몇 번씩 들르는 장독대에 예쁜 꽃들을 심어서 냄새도 제거하고, 마음의 안정도 찾았으니 얼마나 지혜로운가!

❖ 클로로피툼[접란] (Chlorophytum)

효능 및 기원

접란은 새끼 포기로 매달려 있을 때 이미 뿌리가 많이 나와 있기 때문에 그대로 떼어서 물에 담그면 뿌리가 계속해서 잘 자란다. 새 가구를 구입하면 가구 특유의 냄새가 많이 나는데 접란을 물컵에 담가 가구 안에 두면 냄새가 제거된다. 또한 새집에 이사를 하면 페인트 냄새가 많이 나는데 이때에도 이용하면 냄새가 제거되어 건강에 좋다. 알레르기가 심한 사람의 경우에는 가구나 새 집의 페인트 냄새 때문에 피부가 벌겋게 부어 올라 피부과를 찾는데, 아마 접란과 친해지면 자연스럽게 이런 증상이 사라지게 될지도 모른다.

클로로피툼을 이용한 걸이화분

이용 방법

여름철 화분에 심어 창가에 매달아 두면 시원한 느낌을 맛볼 수 있다. 분심기, 걸이분심기로 가꾼다.

특성

백합과에 속하며 원산지는 남아프리카이다. 접란은 잎이 좁고 길게 생겼으며 녹색인 것과 녹색 잎에 노란색을 띤 흰색의 넓은 띠가 중앙에서 세로로 나 있고, 잎의 양 가장자리에 무늬가 있는 것도 있다. 가늘고 긴 잎 사이로 여러 개의 늘어진 새끼포기가 나오고 여기에 아주 작은 흰색의 꽃이 핀다.

이 꽃들은 얼마 안 가서 어린 식물체가 되기 때문에 적당한 화분에 심으면 독립된 식물이 된다. 늘어진 새끼 포기가 보는 사람에 따라 거미줄 모양으로도 보이고 리본 모양으로도 보이기 때문에 거미식물(spider plant)이나 리본식물(ribbon plant)로 불린다. 뿌리는 유백색으로 굵으며 마치 난의 뿌리와 비슷하게 생겼다.

식물 관리 요령

- 햇빛 및 온도: 겨울에는 실내의 밝은 곳으로 옮겨서 햇볕을 많이 쬐게 한다. 이것은 지나치게 자라 식물이 약해지는 것을 방지한다. 너무 그늘에 두면 식물의 길이만 커서 잎이 꺾이고 광택이 없으며 새로운 잎이 하얗게 나온다. 봄에서 가을에 옥외의 반그늘에 두면 얼룩무늬가 예쁘게 생긴다. 그러나 햇빛에 과다하게 노출되면 무늬가 없어지고 완전히 녹색

클로로피툼의 꽃과 새끼 포기

의 잎으로 변한다. 한 번 변한 잎은 다시 무늬가 있는 식물로 바뀌지 않는다.
- 물 주기: 생육기에는 충분하게 준다.
- 거름주기: 4~9월에 2주에 한 번씩 비료를 준다.
- 번식 방법: 번식은 포기나누기 또는 새끼포기 나누기로 한다. 포기나누기는 주로 갈아심기를 할 때 한다.
- 식물 구입: 화분으로 구입한다.
- 화분 크기: 소형 화분(10~20㎝)
- 식물 위치: 거실, 베란다에 적합하다.

분갈이 시기가된 클로로피툼

❖ 풍란(Aerides)

효능 및 기원

풍란은 자생지에서 다른 식물이나 바위에 부착하여 자라고 있다. 이러한 풍란은 집에서 키울 때 나무, 돌, 도자기, 숯 등에 뿌리를 부착시켜 기르고 있다. 이 중에서 숯은 식물의 뿌리를 잘 부착되게 하면서도 실내의 냄새를 제거하는 역할도 한다. 꽃의 향기도 매우 좋아 실내의 냄새를 제거하는 데 효과가 있다.

이용 방법

풍란 숯 부작

풍란은 뿌리가 공기 중에 노출되어도 잘 사는 식물로 주로 돌이나 숯에 부착하여 살고 있다. 크기가 자그마하기 때문에 사무실의 책상이나 탁자에 두면 좋다. 사무실 등의 장소에 아주 잘 어울리므로 승진 축하, 생신, 기념일 등의 선물로 좋고 특히 초보자도 잘 기를 수 있는 식물이다. 잎이 두툼하여 물을 잘 주지 않아도 잘 산다. 대신에 뿌리가 공중에 노출되어 있으므로 뿌리가 너무 마르지 않도록 시간이 날 때마다 물을 분무기로 뿌려주면 좋다.

특성

제주도, 홍도, 소흑산도에 자생하며 잎은 넓고 두꺼우며 포기당 3~5매 정도 달린다. 잎의 길이는 7~10cm로 끝이 뾰족하며 잎은 엇갈려 좌우로 갈린다. 꽃이 피는 시기는 5~6월이며 온실에서는 4~5월에 핀다. 꽃피는 기간은 한 달 정도이다. 유백색의 꽃을 피우는데 달콤한 향기가 방안에 가득하여 아주 좋다. 이런 향을 대부분의 사람들은 좋아한다. 자생지에서는 거의 멸종상태에 이른 희귀식물이나 씨의 무균배양으로 널리 보급되어 있다.

식물 관리 요령

- 햇빛 및 온도: 생육적온은 생장기에는 20~25℃, 휴면기에는 10℃ 정도를 유지시켜 준다. 반그늘에서 키운다.
- 용토: 수태에 감아 심거나 바크에 심는다. 또는 돌, 나무, 숯 등에 부착시켜 심는다.

풍란 화분　　뿌리의 끝이 뾰족하고 초록인 것이 생육이 왕성하다.

- 거름주기: 한 달에 두 번 정도 하이포넥스 1,000배액을 준다.
- 물 주기: 뿌리를 공기 중에 노출시켜 키우므로 주기적으로 분무기와 같은 도구로 자주 물을 주면 말라서 죽는 일은 거의 없다.
- 번식 방법: 새촉(새로운 줄기)이 나오면 떼어서 심는다.
- 식물 구입: 화분으로 구입한다.
- 화분 크기: 소형 화분(10~20cm), 플러그 묘
- 식물 위치: 베란다 적합하며 베란다에서 꽃을 피운 후 거실로 들여와 향기를 즐긴다.

(4) 화장실 냄새 제거에 효과적인 식물

요즈음 화장실은 서양식 욕조와 변기를 사용하므로 과거에 비해 불쾌한 냄새가 많이 나지 않지만 그래도 실내에서 가장 악취를 많이 발생하는 장소로 손꼽을 수 있다. 이러한 악취를 제거하기 위해 향을 발산하는 인공 제품이 많이 사용되고 있다. 하지만 눈으로도 즐겁고 장식품으로도 훌륭한 악취를 제거해주는 식물이 있다면 어느 방향제보다도 나을 것이다. 화장실 냄새 제거에는 제라늄, 관음죽, 건조한 세이지 등이 효과가 있다고 알려져 있는데 화장실의 조명과 공간의 크기 등을 고려하여 배치하는 것이 바람직하다.

❖ 제라늄(Geranium)

효능 및 기원

외국 영화를 보다 보면 베란다나 창가에 예쁜 꽃이 심어져 있는 화분들을 볼 수 있는데, 여기에 가장 많이 심어져 있는 것이 제라늄이다. 최근 우리나라에도 상점의 쇼윈도나 창가에 제라늄이 장식되어 있는 것을 자주 볼 수 있다. 그러나 제라늄은 월동이 불가능하므로 우리나라에서는 겨울에 실내로 옮겨 키워야 한다. 겨울에 햇빛이 잘 비치는 창가에 두면 계속해서 생장하며 꽃이 잘 핀다.

이용 방법

잎에서 강한 향이 나기 때문에 실내의 거실이나 침실에 두는 것은 피해야 한다. 사람에 따라서는 이 향을 악취로 생각해서 가까이하기를 아주 싫어한다.

특성

쥐손이풀과에 속하며 원산지는 남아프리카이다. 강한 햇빛이나 건조에 잘 견딘다. 줄기는 아주 두툼한데, 1년 이상 자라면 딱딱하게 변하며 30~80cm까지 자란다. 잎이 두껍고 털이 나 있으며, 아름다운 얼룩무늬가 있는 품종이 대부분이나 요즈음에는 덩굴성 품종도 많이 나오고 있다. 꽃색은 적색, 분홍색 등이 있다.

식물 관리 요령

- 옮겨심기: 작은 화분에 모종을 심어 베란다나 창가에 놓으면 꽃이 예쁘게 핀다. 덩굴성 제라늄은 줄기가 아래로 늘어지므로 높이 매달아 두어도 좋다.
- 햇빛 및 온도: 영하 2~3℃까지는 얼어죽지는 않지만 가능하면 그 이상이 좋다. 15~20℃에서 잘 자라고 꽃도 피므로 겨울이라도 실내에서 햇볕이 잘 드는 곳에 두면 꽃을 볼 수 있다.
- 용토: 부식질이 없는 점질양토에서 잘 생육하며 배수가 잘되는 곳이라야 한다. 햇빛이 잘 드는 장소에 흙의 깊이를 15㎝ 정도로 하고 바닥에 자갈을 깔아 물빠짐을 좋게 하여 기른다. 통풍이 잘되게 하고 건조한 상태를 유지시켜 준다.

[제라늄 꺾꽂이 순서]

- 거름주기: 비료는 깻묵을 위에 얹어주면 무난하다. 여러 성분을 배합한 고형비료 2~3개를 얕게 묻어 두면 물과 함께 녹아 들어간다.
- 물 주기: 물은 아침에 준 것이 저녁쯤에 마를 정도로 주면 좋다.
- 번식 방법: 꺾꽂이가 아주 잘 된다. 4~5월에 오래된 포기의 줄기 끝을 4~5㎝ 길이로 잘라 모래에 꽂아 둔다. 10일쯤 지나면 뿌리가 내리므로 이것을 작은 화분에 옮겨 기른다.
- 식물 구입: 화분으로 구입한다.
- 화분 크기: 소형 화분(15~20㎝)
- 식물 위치: 꽃이 피는 식물이므로 햇빛이 잘 드는 곳에서 관리한다.

❖ 관음죽(*Rhapis*, Bamboo Palmo)

효능 및 기원

관음죽은 일본 관음산에서 자생하는 대나무 같은 식물이라 하여 한국어로 붙여진 이름이다. 암모니아 냄새가 날 수 있는 화장실에는 암모니아를 잘 흡수하는 기능성 식물로 관음죽을 두면 좋다.

이용 방법

갈색 계열의 고가구와 잘 어울리는 식물로, 고전적인 느낌의 화분에 심으면 훨씬 보기에 좋다. 저온에도 잘 견디므로 아파트의 1, 2층에 적합하다. 또한 대나무의 느낌이 나서 중·장년층에게 인기가 좋다.

그러므로 어른들이 사시는 곳에서는 다른 관엽식물보다도 관음죽이 좋고 그 외에 소철, 종려나무 등이 좋다.

거실에 장식한 관음죽

특성

중국 남부가 원산지로 높이는 1~3m에 줄기 직경은 1.7~3㎝ 정도가 된다. 잎자루의 아랫부분에 있는 섬유질의 털 같은 망이 녹색의 줄기를 싸고 있다. 이것까지 하면 3~5㎝ 정도로 굵다. 잎은 광택이 나고 신녹색이거나 황색 무늬가 들어간 종류가 있다. 잎은 사이사이가 찢어져 한 잎당 6~8조각 정도가 된다. 꽃은 6월에 꽃이 피며 열매는 황록색 또는 연황색이다.

화장실을 장식한 소형 관음죽 화분

식물 관리 요령

- 옮겨심기: 화분에 식물이 꽉 차게 되면 봄에 좀 더 큰 화분에 옮겨 심는다. 아니면 작은 화분에 포기를 나누어 심는다.
- 햇빛 및 온도: 반그늘에서 잘 자라며 월동온도는 3℃ 정도이고, 최적온도는 20~22℃이며 30℃까지는 잘 생

관음죽 어린 포기(새끼 그루)를 잘 떼어내 작은 화분에 옮겨심음

육한다.
- 물 주기: 물을 많이 주는 것을 좋아하며 온도가 높고 공중습도도 높아야 한다. 공중습도가 낮으면 잎끝이 마른다.
- 번식 방법: 포기나누기를 한다. 5~7월에 새끼 그루 중 충실한 잎이 4~5매 있는 것을 원줄기 가까이에서 잘 잘라 물에 씻은 다음 깨끗한 모래에 심는다.
- 식물 구입: 화분으로 구입한다.
- 화분 크기: 중대형 화분(20~30㎝)
- 식물 위치: 거실, 베란다 적합하며, 아파트의 저층에 어울린다.

(5) 집 안의 해충 제거에 효과적인 식물

해충의 접근을 막는 대표적 식물로는 제라늄, 사이프러스, 유칼립투스, 레몬 그라스, 페퍼민트 등이 있다. 특히 로즈제라늄은 모기접근을 막는 데 효과적이다. 라벤더 꽃은 고대 로마시대 때부터 모기나 파리 등의 해충을 쫓는 데 이용되었다고 한다. 월계수는 쌀벌레 퇴치에 효과가 있다고 한다.

[모기 퇴치에 효과적인 식물]

대표적인 식물로는 로즈제라늄이 있고 그 외에 세이지 및 라벤더가 있다.

❖ **로즈제라늄**(Rose geranium)

효능 및 기원

잎, 줄기, 꽃은 포푸리, 관상, 향, 요리, 차, 미용 등에 쓰인다. 잎은 잼, 시럽, 음료에 맛을 내기 위해서 사용한다. 제라늄의 에센셜 오일은 향수와 향기치료에 사용하며 피부 피지를 조절하는 미용 크림으로도 사용된다. 진정, 우울 방지 및 항균, 방부 효과가 있다.

로즈제라늄 꽃

이용 방법

향유는 수용성(물에 잘 녹는 성질)으로 알칼리에 강하기 때문에 화장수, 클렌징크림 같은 화장품, 향수 등의 장미유로 쓰인다. 요리의 부향제로 주스, 잼, 차, 아이스크림, 과일 샐러드, 후르츠펀치, 셔벗 등에 쓰인다. 말린 것은 목욕재료, 포푸리, 베게 속 등 용도가 다양하다.

요즘에는 모기퇴치용 크림으로 일반 제품이 나오고 있다. 제라늄 오일이 혼합된 제품으로 모기퇴치는 물론 피부를 보호하기도 한다고 한다. 또한 성인 눈 부위 주름의 스킨케어용 전문 아이젤도 있는데 여기에는 제라늄, 라벤더 오일이 함유되어 있다고 한다.

특성

제라늄은 품종마다 각각 향이 다르며, 그 향기가 닮은 식물명을 붙여 이름이 지어져 있다. 로즈, 레몬 파인, 오렌지, 민트, 애플 제라늄 등이 있는데 그 가운데 대표적인 것은 로즈제라늄이라고 할 수 있다. 크기가 1m 정도 자라며 밑쪽에서 목질화된다. 잎은 부드러운 털로 덮여 있으며 잎, 줄기에 장미 같은 향기가 있어 이것을 추출한 것이 제라늄 오일이다. 장미유로 쓰이며 주성분은 제라니올(geraniol) 40~55%, 시트로넬롤(citronellol)이 15~35% 함유되어 있다. 꽃은 5~10송이가 뭉쳐서 피며 향기가 없고 꽃 색은 분홍색이며 위쪽 꽃잎 2장에 빨간 무늬가 있다. 꽃은 말라도 색은 탈색되지 않는다.

식물 관리 요령

- 햇빛 및 온도: 햇빛이 잘 드는 곳이 좋고, 1월의 평균기온이 6℃의 따뜻한 곳이면 밖에서도 키우기가 가능하므로 귤이나 양파 등이 심어져 있는 제주도나

남쪽 도서 지방이면 충분히 키울 수 있다. 온도가 높고 습도가 높은 여름에 키우기가 어렵다.
- 용토: 토양은 배수가 잘되는 양토나 사질양토로서 비옥한 땅이 좋다. 토양 산도는 pH 5.5~6.0 정도이며 비교적 산성토양에서도 강하다.
- 거름주기: 하이포넥스 1,000배액을 한 달에 두 번 정도 준다.
- 물 주기: 마른 듯하게 관리하여 썩는 것을 막아야 한다.
- 번식 방법: 씨와 꺾꽂이로 번식하나 씨가 잘 생기지 않으므로 대개는 꺾꽂이로 번식한다. 꺾꽂이 시기는 봄이 좋고 온도만 유지되면 연중 꺾꽂이 할 수 있다. 흙은 질석이나 모래를 쓴다. 어린줄기를 10㎝ 정도로 잘라 1/3쯤 밑쪽 잎을 따 버리고 꽂으면 된다. 뿌리가 내리고 잎이 5장 정도 나오면 튼튼한 것을 골라 화분에 옮겨 심는다.
- 식물 구입: 화분으로 구입한다.
- 화분 크기: 소형 화분(10~20㎝)
- 식물 위치: 베란다가 적합하다.

[파리 및 초파리 퇴치에 효과적인 식물]

파리 및 초파리 퇴치에 효과적인 식물로는 식충식물인 파리지옥, 끈끈이주걱, 네펜테스와 허브 식물인 세이지, 라벤더 등이 있다. 벌레잡이식물은 보통 식물과는 달리 생명력을 느낄 수 있기 때문에 사람들이 많이 좋아한다. 파리지옥, 끈끈이주걱 등 벌레를 잡아먹는 식충식물이 애완식물로 인기가 있다.

식충식물은 양분을 얻기 위해 작은 벌레를 독특한 향으로 유인하여 잡아먹는다. 파리지옥은 벌레가 잎에 앉으면 조개 모양의 양쪽 잎을 0.5초 만에 오므려 잡아먹는다.

끈끈이주걱은 잎 가장자리의 돌기에 붙은 벌레를 서서히 감아 잡아먹는 등 포획 방법도 다양해 아이들의 흥미를 끌 만하다.

잡아먹는 벌레의 양이 한 달에 서너 마리 정도지만 해충을 없애는 효과를 기대해도 좋다.

서울 강동구 길동의 식물원 대표는 '벌레들이 위험을 느끼고 피하는 것 같다'고 말했다. 네펜테스와 카펜시스를 함께 키울 경우 3개월이면 개미는 사라지고 바퀴벌레도 1년 후면 자취를 감춘다고 한다.

식충식물은 인터넷 쇼핑몰이나 일반 화원에서 구입할 수 있다. 가격은 크기와 종류에 따라 5천~3만 원선이다. 잘만 키우면 수명이 수십 년에 이르고 1년에 2~3회 꽃도 볼 수 있어 관상용으로도 좋다.

❖ 파리지옥(*Dionaea*, Flytrap)

효능 및 기원

파리지옥의 잎은 항암제, 면역조절제, 나병치료제, 불임치료제, 낙태약 그리고 키틴질 합성효소 억제제의 원료로서 여러 해 동안 이용되어 왔다고 한다.

이용 방법

아파트 베란다의 개수구 근처에 두면 많은 벌레를 잡을 수 있다. 또한 갓난아기가 있는 집에서는 화학적인 살충제 사용이 어려우므로 화분을 몇 개 두면 벌레를 잡은 데 효과가 있다.

덫에 걸린 파리

특성

식충식물로 여러해살이 풀이다. 파리, 나비, 거미 등의 곤충을 산 채로 먹으며 일단 먹이를 삼키면 소화가 완전하게 될 때까지(7~10일) 트랩(잎)을 닫아 놓는다.

생선이나 햄버거 등을 화분 주위에

소화가 끝난 파리지옥

놓으면 파리 등이 모인다. 그러면 이 파리지옥은 유인 냄새를 뿌려 파리가 덫으로 들어오게 하여 3개의 자극털을 2번 건드리거나 자극털 세 개 중 2개 이상을 건드리면 즉시 덫을 닫는다.

그리고 보통 일주일이나 10일간의 소화 기간을 갖는다. 소화가 끝나면 덫이 열리고 소화가 안 되는 뼈다귀 등이 나오며 이것들은 바람에 날려간다.

식물 관리 요령

온도가 높고 습도가 높은 조건에서 잘 자라며 겨울을 난다. 별도의 비료가 필요 없으며 보통 2~3년 자라야 벌레(파리, 나비, 개미, 달팽이 등)를 잡아먹는다. 볼펜 등으로 덫 부분을 자극하여 덫이 닫히는 것을 억지로 보려고 하는 것은 이 식충식물에게는 엄청난 에너지의 손실을 초래한다.

- 옮겨심기: 구입 시 모래나 흙에 심어져 있다든지 비록 물이끼에 심었을지라도

그것이 상해 있으면 구입한 직후 새로 심는 것이 좋다. 먼저 화분을 비롯해서 새 물이끼와 화분 조각이나 자갈, 철망이나 플라스틱 망을 준비해야 한다. 그리고 화분 밑으로 벌레가 들어오지 못하도록 망을 깔고 물이 잘 빠지도록 그 위에 깨진 화분 조각이나 자갈을 약간 넣는다. 그리고 물이끼 중에서 될 수 있는 대로 긴 것을 골라 바닥 위에 세로로 가지런히 놓는다. 그런 다음 식물체 뿌리가 똑바로 밑으로 자라도록 하고, 물이끼로 싼다. 이렇게 물이끼로 싼 파리지옥을 화분에 넣고 빈 곳이 있으면 가볍게 물이끼로 채운다. 이때 물이끼를 세로로 가지런히 하는 것은 물이 잘 빠지고, 뿌리가 곧게 자라도록 하기 위해서다.

- 햇빛 및 온도: 아침에는 햇빛이 들고 오후에는 그늘이 지는 곳에 두는 것이 좋다. 여름에는 반그늘이나 발을 쳐서 차광을 하고 통풍이 잘되게 하여 가능하면 20℃가 넘지 않도록 주의한다. 이 식물의 자생지는 우리나라와 비슷한 기후지역으로 월동에 별로 신경을 쓰지 않아도 된다. 그러나 화분을 밖에 그대로 놓아두면 건조한 상태에서 꽁꽁 얼어 죽는 수가 있으므로 베란다나 시원한 실내에 보관하는 것이 좋다.
- 용토: pH 5~6 정도의 산성토로 보수성이 좋은 것을 써야 한다. 보통 물이끼에 심는 것이 좋으나 배양토를 이용할 때 피트모스 1: 모래 1의 비율로 혼합하여 사용하는 것이 좋다.
- 거름주기: 물이끼에 심는 것에 비료를 주면 곰팡이가 발생하여 식물에 나쁜 영향을 끼치므로 비료를 주지 않는 것이 좋다. 그러나 피트모스에 심었을 경우 뿌리가 충분히 자라므로 생장이 왕성할 때 하이포넥스 1,000배액을 1개월에 한두 번 주거나 지

식충식물의 습도를 높여 주기 위한 안개분무

효성(효과가 천천히 나타나는)의 고형비료(고체로 된 비료)를 조금 주어도 좋다. 만약 식물체가 연약해졌다면 거름이 과다한 것이 원인일 수도 있으므로 거름을 중단하는 것이 좋다.

- 물 주기: 물을 좋아하므로 물을 담은 수조에 화분 밑이 물에 약간 잠길 정도로 가지런히 놓는 것이 좋다. 습도는 높은 곳을 좋아하므로 수시로 물을 뿌려주거나 습도가 높은 곳에 두는 것이 좋다.
- 번식 방법: 5~6월에 흰색 꽃을 피워 곤충에 의해 수분이 이루어져 검고 반짝이는 깨알같은 씨가 나타난다. 씨를 채취한 후 날짜가 지날수록 싹이 나오는 비율이 떨어지므로 바로 뿌리는 것이 좋다. 빈 화분이나 종이컵 등에 피트모스를 넣고 그 위에 씨를 뿌린 후 물을 흠뻑 흡수시킨 후 복토(씨를 뿌리고 그 위에 흙을 덮어 주는 것)는 하지 않는다. 표면이 마르지 않도록 물관리를 해준다. 씨를 뿌린 것이 큰 포기가 되어 꽃이 필 때까지는 3~4년이 걸리므로 집에서는 씨로 번식하기보다는 포기나누기나 비늘잎의 꺾꽂이가 효과적이다. 포기나누기는 3월이 적기인데 분갈이를 겸해서 5월까지도 가능하지만 너무 늦는 것은 좋지 않다. 포기나누기는 분갈이하듯이 살며시 뽑아내어 토양을 깨끗이 제거하고, 뿌리가 붙은 새끼 포기를 잘 떼어내 분갈이를 해주면 된다.
- 식물 구입: 화분으로 구입하며, 씨로도 판매한다.
- 화분 크기: 소형 화분(10~15cm)
- 식물 위치: 베란다가 적합하다.

> **Note • 식충식물을 키울 때 주의해야 할 점**
>
> 식충식물을 키울 때 가장 주의해야 할 점은 습도 조절인데 식충식물은 대부분 습지식물이기 때문에 온도가 높고 습도가 높은 환경이 좋다고 한다. 아침이나 저녁에 분무를 해주고 화분 받침에 물을 담아 화분이 2~3cm 잠기게 하거나 페트병을 잘라 윗부분을 식물 위에 덮어두는 등 습도 유지에 신경 써야 한다.

❖ 끈끈이주걱(*Drosera*, Sundew)

효능 및 기원

끈끈이주걱의 연한 잎이나 잎의 추출물은 외형적으로는 사마귀, 티눈, 화상 등을 치료하는 데 이용되었다.

예로부터 잎의 추출물이나 잎으로 만든 차는 결핵, 천식, 백일해, 콧물감기, 동맥경화증, 눈과 귀의 염증, 간의 통증, 부종, 다양한 위의 질병, 매독, 치통, 장의 질병 치료와 안정제, 이뇨제 등으로 사용되었고 성욕을 항진시키는 힘이 있는 것으로 믿었다. 과학자들은 끈끈이주걱의 몇몇 종에서 항경련제를 발견했다.

이용 방법

화단심기, 분심기, 걸이분심기로 가꾼다. 끈끈이주걱의 선모에서 분비되는 액에 날파리(하루살이)가 많이 잡힌다. 여름철 포도를 먹으면 날파리가 많이 생기는데 포도를 좋아하는 집이나 포도 농가에서 키우면 좋을 것으로 보인다.

특성

우리나라의 대표적인 식충식물로 원산지는 한국, 일본, 호주, 뉴질랜드이며 끈끈이주걱과의 여러해살이 풀이다. 잎의 표면에 적색의 긴 선모가 있고, 작은 벌레가 선모에 닿으면 붙어서 움직이지 못하고 선모에서 분비되는 소화액에 의해 잎 위에 반짝이는 액체에 속아 곤충이 딱 붙어버린다. 끈끈이주걱은 변형된 잎에서 스며 나온 반짝이는 끈적끈적한 분비물로 먹이를 잡는다. 반짝이는 끈끈이 액에 걸려 붙은 곤충은 식물의 소화 효소에 의하여 분해되고 만다. 충분한 빛과 산성의 습한 토양이나 완전히 젖은 토양에서도 잘 자란다.

확대한 끈끈이주걱

식물 관리 요령

- 햇빛 및 온도: 햇빛을 좋아하는 식물이므로 충분한 광선을 요구하며 햇빛이 부족하면 약해지며 삭아버리기도 한다. 많은 양의 햇빛이 필요하므로 햇빛이 잘 들지 않는 방안에서는 형광등을 비추어 주는 것도 좋다. 그러나 한여름에는 30~50% 정도의 차광을 해주어야 한다. 봄이나 가을에는 직사광선이나 창문 너머로 들어오는 햇빛도 좋다. 온도는 여름에는 21~38℃, 겨울에는 3~7℃가 적당하며, 일부 종은 영하의 온도에서도 살아남는다.
- 용토 및 화분: 마사토(산의 바위가 부서져 생긴 것으로 굵은 입자의 토양)와 피트모스, 피트모스와 펄라이트를 1:1로 혼합한 토양이 좋으면 물이끼를 이용하는 것도 좋다. 식물체가 작으므로 얕은 화분이면 된다.
- 거름주기: 식충식물은 원칙적으로 거름을 주지 않는 것이 보통이나, 곤충을 잡지 못하는 봄과 가을에는 하이포넥스 1,000배액을 준다. 그러나 거름을 주지 않아도 별 지장이 없으므로 3월경에 분갈이로 양분을 보충해주는 것도 효과적이다.

- 물 주기: 물을 좋아하며 많은 물을 필요로 한다. 물은 화분에 직접 주는 것이 아니라 커다란 화분 받침에 물을 3㎝가량 채워 두어 흙이 항상 촉촉해지도록 유지해 준다. 그리고 분무기로 자주 물을 뿌려 주어 습도를 유지하도록 하는 것이 중요하다. 습도를 높이기 위해서는 플라스틱 병을 잘라서 덮어주거나 작은 어항 속에서 키우는 것도 좋다. 장마철에 맞는 비는 끈끈이주걱을 말라 죽이는 원인이 되므로 절대로 맞춰서는 안 된다.
- 번식 방법: 번식법으로는 씨, 꺾꽂이, 포기나누기 등이 있다. 씨를 받아 바로 배양토에 씨를 뿌린 다음 투명비닐로 싹트기 전까지 덮어주어 높은 습도를 유지해준다. 씨를 뿌리면 많은 양의 식물체를 얻을 수 있으나 꽃이 피기까지는 여러 해가 걸리므로 포기나누기, 꺾꽂이가 효과적이다. 포기나누기는 생육기간에는 피하고 겨울눈이 생긴 것을 나누어서 옮겨 심는다. 꺾꽂이는 잎을 따서 표면을 위로 한 다음 용토 위에 늘어놓고, 습기가 충분히 스며들게 하면서 햇빛을 충분히 받게 한다. 이때 이미 심어진 화분의 가장자리를 이용해도 좋다.
- 식물 구입: 화분으로 구입하며, 씨로도 판매한다.
- 화분 크기: 소형 화분(5~15㎝), 플러그 묘
- 식물 위치: 베란다가 적합하다. 그늘지고 습도는 높게 한다.

끈끈이주걱 꽃

적극적인 끈끈이 주걱

잎이 병 모양으로 변한 물병 – 특히, 네펜테스는 곤충을 잡기에는 편리하지만 소극적인 장치이다. 끈끈이주걱이 사는 환경은 토양에 양분이 적고 건조한 삼림지대나 황무지이다. 어떤 종류는 덩굴을 이루어 지면을 기거나 나무줄기를 타고 오른다. 잎 가장자리 끝 1㎝가 넘게 온통 털(선모)로 뒤덮여 있다. 이 잎에는 꿀 같은 액체가 없는데도 곤충들이 모이는 것을 보면 잎의 모양이 곤충들에게도 매력적으로 보이는 듯하다. 곤충이 잎 위를 지나갈 때, 하나 이상의 털(선모)에 닿기 마련이다. 곤충이 벗어나려고 몸부림을 치면 칠수록 다른 털(선모)들에 닿아 더욱 엉켜 들게 된다. 건들지 않은 이웃 털(선모)들도 이러한 접촉 사실을 감지하여 걸려든 곤충 쪽으로 굽는다. 몸집이 큰 곤충이 잎의 가장자리에 걸렸을 경우에는 털(선모)들이 기울어지면서 사냥감을 잎의 가운데로 운반한다. 잎의 중앙에 도달하면 모든 털(선모)들이 사냥감을 감싼다. 반짝이는 액체에는 점성물질뿐만 아니라 소화액도 포함되어 있어 곧 곤충의 몸을 녹이기 시작한다. 이어서 털(선모)들은 희생물의 성분을 흡수하기 시작한다. 잡은 곤충이 유난히 클 때는 잎이 접혀 곤충을 둘러싼 다음 소화를 완료한다.

이러한 털(선모)들의 운동은 한쪽 세포가 반대쪽 세포들보다 더 빠르고 신속하게 자람으로써 가능하다. 이 운동은 빠르게 시작되면 빠르게 진행된다. 바깥쪽을 향하고 있던 털(선모)들은 1분도 안 되어 180도 휘어서 안쪽으로 굽는다. 끈끈이주걱의 운동은 털(선모)이 길게 자람으로써 이루어지기 때문에 무한정 되풀이될 수가 없다. 세 번이 가능한 최다 횟수로 보인다.

❖ 네펜테스[벌레잡이통풀] (Nepenthes)

효능 및 기원

네펜테스는 아이들이 흥미를 느끼고 재미있어하여 자연 학습에 좋은 식물이다. 네펜테스는 파리지옥과 함께 대표적인 벌레잡이식물 중 하나인데 주머니 모양의 포충낭 안벽은 매끄럽고 왁스 같은 물질로 덮여 있어 곤충이 내려앉으면 미끄러져 아래로 굴러떨어진다. 포충낭 바닥에는 습윤제 및 소화효소를 포함하는 소화액이 있고, 여기에 빠진 곤충은 익사하여 분해되고 영양분은 포충낭 벽을 통해 흡수된다. 많은 종이 포충낭 위쪽에 덮개를 가지고 있으며, 이 덮개는 빗물 등이 포충낭 안으로 들어가 소화액을 희석하는 것을 방지해주는 재미있는 식물이다. 아직 열리지 않는 포충낭(주머니) 안의 무균 액체는 완화제, 화상, 기침, 눈병, 여러 가지 피부병 등의 치료 약으로 사용되었다. 뿌리는 해열제로 사용되었다. 또한 식물의 여러 부분은 소화불량, 가슴앓이 그리고 이질 등의 치료 약으로 사용된다고 한다.

이용 방법

네펜테스의 포충낭이 주렁주렁 달리므로 걸이화분으로도 좋다. 베란다의 그늘에 매달아 두거나 음식물 찌꺼기를 모아 두는 장소에 두면 장식도 되고 벌레도 잘 잡는다.

특성

덩굴성인 것이 많은데 지생종(뿌리가 땅속에 있는 것), 착생종(뿌리가 바위나 나무에 붙어있는 것)도 있고 직립되는 것도 있다.

꽃 자체는 아름답지 않으나 여러해살이풀로서 온도가 높고 습도가 높은 조건에서 잘 자란다. 잎의 선단부에 주머니가 있으며 종류에 따라 모양, 크기, 색깔이 다르다.

주머니 속에는 단백질 분해효소가 분비되어 주머니 속에 들어간 곤충을 소화 분해해서 영양원으로 흡수한다.

종은 많으나 시중에 출하되는 것은 몇 종에 불과하다. 대부분의 종류는 온도가 높은 것을 좋아하므로 겨울철 난방이 없이는 곤란하다. 그러므로 겨울철에는 따뜻한 거실에서 키우는 것이 좋다.

식물 관리 요령

- 햇빛 및 온도: 네펜테스는 자연 서식지에서 하루 중 최소한 어느 정도는 직사광선을 받으면서 자란다. 그러므로 가급적 오전에 햇빛을 충분히 받게 하면 포충낭은 착색이 잘되며 잘 자란다. 햇빛이 부족하면 잎의 색상이 선명하지 못하고 식물이 연약하게 자란다. 5월 중순~9월에는 20~30% 차광을 한다. 생육적온은 25~30℃이고 겨울철 생육을 계속하려면 15~16℃ 이상이 필요하고 관상 상태를 유지하려면 13~15℃ 이상이 되어야 하며, 식물체를 생존만 시키려면 흙을 건조시킨 후 8~10℃ 이상을 유지한다. 30~35℃에서도 잘 자란다.
- 용토 및 화분: 배수가 잘되어야 하며 어느 흙에서나 잘 자란다. 마사토와 피트

덩굴성 식물이므로 지주를 세워 기름

모스를 1:1로 혼합한 토양이 좋다. 이러한 혼합 용토에 소량의 바크가 첨가되어도 좋다. 용토의 표면에 하이드로볼을 얹어주면 보기에도 좋고 물을 주기에도 편리하다. 어린 식물은 화분 직경이 10㎝, 성숙한 식물은 15~20㎝가 적당하다. 플라스틱 화분이나 나무 상자가 좋으며 금속 화분은 해롭기 때문에 사용해서는 안 된다.

- 거름주기: 네펜테스는 비료를 좋아한다. 생육이 잘되는 여름에는 하이포넥스 1,000배액을 한 달에 1~2번씩 잎 또는 토양에 뿌려주고 봄과 가을에는 포충낭 안에 넣어주는 것이 효과적이다. 가급적 스스로 포충할 수 있는 여건을 마련해 주어야 하나 여의치 않으면 적절한 크기의 귀뚜라미, 파리, 개미, 유충을 먹이로 줄 수 있다. 말린 곤충도 좋은 먹이가 된다.

- 물 주기: 포충낭이 잘 자라기 위해서는 습도가 70% 이상으로 항상 높게 유지해야 한다. 토양은 생육기의 따뜻한 계절에는 축축하게 유지해야 하고 춥고 서늘한 계절에는 건조하게 유지해야 한다. 물이 잘 빠지도록 화분을 매달아 놓거나 선반에 놓는 것이 좋다. 창가에서 키울 때는 얕은 화분 받침에 화분을 놓고 화분 받침에 물이 증발하자마자 곧 물을 채워주는 것이 좋

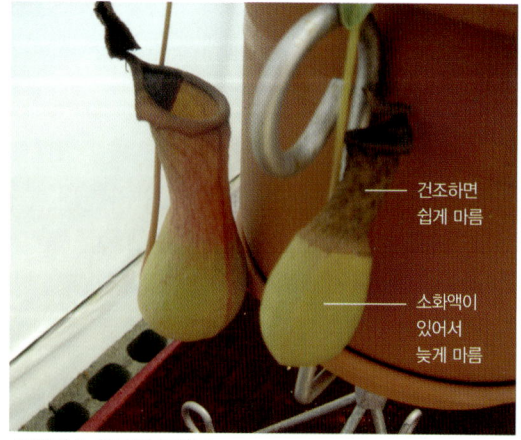

네펜테스 건조한 포충낭

다. 화분 받침의 물은 약 2~5㎝ 정도의 높이를 유지해 주는 것이 좋다. 오랫동안 깊은 물에 화분을 놔둬서는 안 된다. 만일 토양이 건조하면 잎과 줄기는 살아 남을지라도 포충낭은 매우 빨리 시들고 갈색으로 변한다. 그러므로 하루에 두 번 이상 분무해 주면 아주 잘 자란다.

- 번식 방법: 번식은 꺾꽂이, 휘묻이, 씨로 가능하나 꺾꽂이가 가장 일반적이다. 잎이 2매 붙은 줄기를 3~5㎝ 크기로 잘라서 수태를 넣은 화분에 직접 꽂는다. 꺾꽂이는 8℃ 이상이면 가능하나 겨울에는 피한다. 꺾꽂이 후에는 물을 충분히 주고 차광을 해준 다음 다습상태로 관리하면 약 1~2개월이면 뿌리가 나온다.
- 식물 구입: 화분으로 구입한다.
- 화분 크기: 소형 화분(10~20㎝)
- 식물 위치: 베란다가 적합하다. 그늘지고 습도는 높게 한다.

벌레잡이 식물인 사라세니아

[좀벌레 제거에 효과적인 식물]

좀벌레를 없애는 데 효과적인 식물로는 허브 식물인 캐모마일, 루, 민트, 타임, 라벤더 등이 있다.

❖ 캐모마일(Chamomile)

효능 및 기원

노란색 꽃이 피는 다이어즈 캐모마일과 흰색의 꽃이 피는 로만 캐모마일이 있으며 1, 2년초인 저먼 캐모마일이 있다. 볼륨감을 연출하며 군식하면 모양이 매우 아름답다. 로만 캐모마일이나 저먼 캐모마일은 꽃잎을 차로 쓸 수 있다.
불면증, 구강염, 인후염의 소염제, 소화계통에 항염작용과 발한작용, 신경통 류마티스, 강장작용, 습진, 여드름, 피부 거칠음 등에도 효과가 있다.
몸이 찬 사람은 캐모마일 꽃을 외국 영화의 한 장면에 나오는 것처럼 목욕물에 넣고 사용하면 몸이 따뜻하게 되며 피부가 매끄러워진다. 유럽에서는 탕약이라고 하면 캐모마일을 연상할 정도인데 '마트리카리아'라는 속명도 자궁에 효과가 있어서 생긴 말이다. 한방에서도 쓰이는데 염증, 방부, 구충, 경련을 가라앉히는 데 좋다. 특히 건위 약제로 유명하다.

감기 초기에 캐모마일 삶은 즙을 마시고 땀을 내면 열을 내리는 데 효과가 있다. 꽃이 핀 후 2, 3일째가 꽃의 향기가 좋고 맛이 있다. 캐모마일 향은 마음이 초조하고 화가 나거나 심한 정신적 긴장을 완화시킨다.

캐모마일은 꽃꽂이, 포푸리, 목욕제 등에 다양하게 쓰인다. 침출액을 더운물에 넣어 더운 김을 얼굴에 쐬면 효과가 좋다. 피부의 살균 정화에도 유용하며 달인 물을 목욕제로 쓰면 심신의 긴장을 풀어 주며 전신 미용에 효과가 크다.

이용 방법

캐모마일은 꽃이 피기 시작하면 꽃봉오리를 하나하나 계속 솎아내어 수확을 하고, 수확된 꽃봉오리는 통풍이 잘되는 응달에서 겹치지 않도록 펼쳐 놓고 충분히 말린다. 드라이 플라워나 포푸리를 만들 때에는 가능한 오전 중에 꽃을 따서 말린다. 충분히 말린 꽃은 병에 건조제를 넣어 밀폐하고 빛이 닿지 않는 곳에 잘 보관하면서 차로 즐길 수 있다.

다이어즈 캐모마일은 드라이 플라워나 황색의 염료로 이용되고 있다. 건조한

  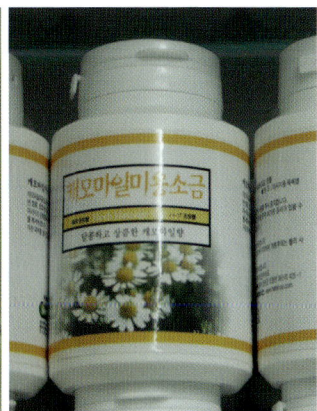

캐모마일 샴푸   캐모마일 비누   캐모마일 소금

캐모마일 씨앗

꽃은 미용 효과가 뛰어나 목욕제로도 이용한다. 또 민감한 피부용 스킨케어의 원료로 쓰이며 마사지 오일에 소량을 넣으면 운동 후 피로 회복에 좋다.

특성

꽃피는 시기를 보면 다이어즈 캐모마일은 6월 중순에서 7월 하순까지, 로만 캐모마일은 7, 8월이다. 캐모마일은 낮에는 피고 밤에는 오므라져 있는데 대개 일주일 정도 꽃이 핀다. 씨받이는 매우 쉬우며 싹도 잘나기 때문에 직접 씨를 받는 것이 좋다. 양지바르고 배수가 좋은 사질토에서 아름다운 꽃을 피운다. 5월경에 꽃이 피기 때문에 적당한 꽃을 수확하여 통풍이 잘되는 응달에서 말려 저장한다.

식물 관리 요령

- 햇빛 및 온도: 햇빛이 부족하거나 밀식될 때, 과습할 때, 질소과다가 될 때에

는 포기가 연약해지기 쉬우므로 주의한다. 줄기의 제일 윗부분을 따주어(손으로 꺾어도 되고 가위로 잘라도 됨) 곁가지를 많이 치게 하면 1년에 여러 번 꽃을 피워서 수확할 수 있다.

- 저온에 강하여 가을에 파종한 줄기가 서리를 맞아도 새해를 맞이할 때까지 살아 있다. 반면에 온도가 높거나 건조에는 약하기 때문에 화분에서 키울 때는 시원한 장소로 옮겨 주고 충분히 물을 준다.
- 거름주기: 한 달에 여러 번 묽게 비료를 주는 것을 잊지 않도록 한다. 진딧물이 달라붙으면 우유를 뿌려 없앤다.
- 용토: 햇빛이 잘 들고 배수가 잘되는 곳이 이상적이다. 비교적 내한성은 강한 편으로 토질은 별로 가리지 않는다.
- 번식 방법: 씨가 작기 때문에 파종 상자(두부상자처럼 널찍하고 깊이가 낮은 상자)에 뿌렸다가 옮기고, 씨는 4월에 뿌리면 6월에 꽃이 피며, 9월 하순에서 10월 초순에 뿌려 얼지 않게 비닐을 씌웠다가 월동시킨 것은 4월 말에 꽃이 핀다. 씨가 날아가기 쉬우므로 얇게 흩어 뿌린 후 모래를 살짝 덮어준다. 보통 20℃로 1주일이면 싹이 튼다.
- 식물 구입: 화분으로 구입한다.
- 화분 크기: 소형 화분(15cm)
- 식물 위치: 베란다가 적합하다.

캐모마일 화분

[진딧물 및 총채벌레 퇴치에 효과적인 식물]

진딧물이 발생하면 주변에 메리골드를 놓아주면 없어지고 총채벌레는 로즈마리를 주변에 두면 없어진다고 한다.

❖ **메리골드**(Marygold)

효능 및 기원

여름부터 가을에 도로변이나 화단 장식으로 가장 많이 이용되는 식물이다. 많은 사람들이 알고 있지만 정작 이름을 물어보면 아는 사람이 드물다.

이용 방법

화단 장식용으로 가장 많이 이용하는 식물이다. 이름에서 보듯 gold라는 용어로 꽃의 색을 짐작할 수 있다. 대부분 노란색 계통으로 주황, 진노랑색 등이 있다.

특성

멕시코가 원산지로 아프리카를 거쳐 유럽에 퍼졌다. 잔물결 같은 꽃잎 모양이나 화려한 색상이 보기가 좋으나, 가까이 가보면 잎의 기름샘에서 나는 독특한 향이 있다. 서양사람들은 그 향을 좋아하나 우리나라 사람의 기호에는 맞지 않으므로 화단에 심고 멀리서 보는 것이 더 즐거운 꽃이다.

종류가 많은 꽃으로 크게는 꽃 크기가 작으며(직경 3~4㎝) 키가 작은

주위에서 흔히 볼 수 있는 메리골드

(30~40㎝) 프렌치 품종과 꽃 크기가 크고(직경 10~13㎝), 키가 큰(60~90㎝) 아프리칸 품종이 있다. 프렌치 메리골드(Tagetes patula)의 이름에서 볼 수 있듯이 옆으로 퍼져 나가며(patula) 자란다.

또 아프리칸 메리골드(Tagetes erecta)는 곧바로 서서(erecta) 자란다. 흔히 보는 겹꽃 외에 홑꽃도 있고, 꽃잎 끝에 줄무늬가 있는 품종도 있다. 초여름부터 서리가 내리기 전까지 긴 기간 동안 꽃이 피기 때문에 프렌치 품종에는 만수국(萬壽菊)이라는, 아프리칸 품종에는 천수국(天壽菊)이라는 별칭이 있다.

눌러서 만든 메리골드 압화

식물 관리 요령

- 씨 뿌리기: 씨는 초봄(3월 초)부터 초여름(6월 말) 사이에 뿌린다. 싹트기에 적당한 온도는 15~20℃로서 낮에는 25℃ 이상이 되지 않도록 환기를 해 준다. 씨를 뿌린 후 4~5일이면 싹이 나온다.
- 햇빛 및 온도: 햇빛이 잘 드는 양지바른 곳에서 잘 자란다. 생육에 좋은 온도는 15~25℃이고 내한성이 약하여 서리를 맞으면 죽는다.
- 용토: 약간 건조한 상태에서 잘 자란다. 따라

서 배양토를 만들 때 물 빠짐이 좋게 하기 위하여 굵은 모래나 펄라이트의 양을 많게 하여 만든다.

- 배양토로 흙을 사용할 경우 밭흙 50%, 모래 20%, 부엽 10%, 퇴비 20%의 비율로 하고, 시판되는 인공배양토를 사용할 경우 펄라이트의 비율이 많은 것을 선택한다.
- 물 주기: 물을 자주 줄 필요는 없고 겉흙이 완전히 마르면 물을 충분히 준다. 꽃이 피었을 때는 꽃에 물이 닿지 않게 준다.
- 거름주기: 밑거름으로 퇴비를 15~20% 포함시키고, 웃거름으로는 생육이 왕성한 초여름에 고형 비료나 복합비료를 화분 위에 준다.
- 번식 방법: 씨 뿌리기 외에 싹이 튼 후 꺾꽂이로 번식하기도 한다. 줄기 끝을 7~8cm가량 잘라 축축하고 부드러운 흙에 꽂아두면 1주일이면 뿌리가 내린다.
- 식물 구입: 씨(가장 저렴하고 많이 번식할 수 있음), 플러그 묘, 소형비닐분(꽃핀 모습을 바로 보고자 할 때)으로 구입한다.
- 화분 크기: 소형 화분(15cm)
- 식물 위치: 베란다가 적합하다. 저층은 햇빛 부족으로 곤란하다.

메리골드를 이용한 담장 꾸미기

[해충 방지]

❖ 코리안더[고수] (Coriander)

효능 및 기원

지금까지 알려진 허브 중 가장 오랜 역사를 가지고 있는 코리안더는 특유한 향 (줄기와 어린잎에서 독특한 냄새가 나는데 사람에 따라서는 악취로 느껴진다)으로 해충을 방지하는 효과가 있으며 우리나라에서는 흔히 고수라고 부른다.

코리안더는 지중해 연안이 원산지인데 우리나라에서는 사찰에서 많이 키우고 있다.

한방에서는 고수 씨를 호유자라 하여 고혈압, 거담제, 이뇨제, 해열제, 강장제, 소화불량 치료 및 기침약, 건위제(소화액의 분비를 도와 위장을 튼튼하게 해주는 것), 구취나 구토 방지약으로 쓰고 있다.

고수 씨를 갈아서 만든 습포약은 류머티즘, 관절염의 통증 완화에 사용되며 차로 마시면 진정작용, 소화 촉진에 효과가 있다. 고수 씨는 볶은 후 부수어 깨소금 쓰듯이 이용한다. 잘게 부순 고수 씨 15g에 물 700mL를 넣고 달인 후 액을

코리안더 어린잎(잎이 넓음)　　코리안더 성엽(꽃이 나오는 시기가 되면 잎이 가늘어짐). 표시된 부분은 꽃이 형성된 모습

반으로 나누어 아침, 저녁으로 복용한다.

우리나라에서는 지역에 따라서 고수 잎을 따서 돼지고기를 싸먹기도 하고 김치를 할 때 넣어서 먹기도 한다. 고수가 들어간 김치는 숙성과정을 거치면서 고수의 독특한 향은 덜한 대신 김치가 구수하고 시원한 맛을 낸다고 한다.

특성

코리안더는 일년생 식물로서 키가 2m까지 자라고 잎이 넓은 당근 잎같이 생겼다. 옮겨 심으면 성장이 늦어지고 옮겨 심는 시기가 적당하지 않으면 빈약한 꽃이 피기 때문에 봄이나 가을에 씨를 노지나 화분에 직접 뿌린다. 싹트는 온도는 5~20℃이고 한여름을 피해 3~4월이나 9월에 씨를 뿌린다. 씨를 뿌리고 2~3개월이면 꽃이 핀다. 중부지방에서는 봄에 씨를 뿌리면 장마가 오기 이전에 꽃이 피고 결실을 하지만 남부지방에서는 가을에 파종하면 월동해서 다음 해 늦봄에 꽃이 핀다. 식물은 화분으로 구입하며 씨로도 번식 가능하다. 화분 크기는 소형(15㎝)으로 식물 위치는 베란다 및 거실이 적합하다.

식물 관리 요령

- 햇빛 및 온도: 반양지식물인 코리안더(고수)의 생육 최적온도는 20℃이다.

- 용토: 보수력이 있고 양지바르며 배수가 잘되는 비옥한 토양을 좋아하므로 파종하기 전에 유기질 비료를 토양에 많이 뿌려 둔다.
- 거름주기: 생육이 왕성할 때 한 달에 한 번 하이포넥스 1,000배액을 준다.
- 물 주기: 화분의 겉흙이 말랐을 때 흠뻑 물을 준다. 여름에는 2일에 한 번, 겨울에는 3~4일에 한 번 물을 준다.
- 번식 방법: 씨로 번식하는 1년생 식물이다. 3월에 화분에 직접 씨를 뿌리면 7~8월에 꽃이 피어 씨가 생긴다. 또한 9월에 씨를 뿌리면 봄에 꽃을 볼 수 있다.

Note • 코리안더의 진한 향기

코리안더(고수)는 수천 년 전부터 세계의 곳곳에서 다양한 용도로 이용되어 왔다. 이집트인들은 고수를 무덤에 넣어주는 부장품 중의 하나로 이용하였고, 또한 고수로 술을 만들어 마셨는데 이 술을 마시면 행운이 오고 편안한 잠을 잘 수 있다고 하였다. 이집트에서 고수를 수입한 로마인들은 고기를 오래 보존하는 일종의 방부제로 이용하였다.

녹색의 윤기가 있는 코리안더 줄기는 곧고 위에서 많은 곁가지를 친다. 줄기의 아래에 나는 잎(유엽)은 연한 녹색이고 줄기가 있으며 통잎이거나 세 쪽으로 나뉘어져 있다. 잎줄기는 줄기의 위로 올라갈수록 점차 짧아져 잎줄기가 아주 없는 것도 있다. 꽃대가 나오기 시작하면 코리안더 꽃대 주변의 잎(성엽)은 완전히 코스모스 잎처럼 가늘어지는 특징을 지닌다. 하나의 잎줄기에는 4~12개의 꽃이 핀다. 코리안더 꽃잎은 흰색이거나 아이보리색이다. 밝은 갈색인 씨의 크기는 2~5mm이고 작은 구슬과 같이 둥글게 생겼다.

줄기와 어린잎에서 나는 독특한 냄새 때문에 사람에 따라서는 악취로 느끼기도 하는데 식물이 커지면 향기가 달라진다. 처음 먹는 사람은 향기 때문에 싫어하나 자주 먹으면 나름대로 그 향기에 적응하여 자주 찾게 된다.

고수 씨는 오렌지 껍질과 비슷하게 쓴맛을 포함한 단맛이 있어서 과자, 스튜, 카레 등의 요리에 폭넓게 쓰이고 있다.

건조한 고수의 열매

(6) 살균 및 방부 작용을 하는 식물

미생물의 번식을 막는 식물로는 레몬밤, 코리안더 등이 있고 살균, 방부작용을 하는 식물로는 실버타임, 오레가노, 탄지 등이 있다. 이외에도 라벤더, 로즈마리, 민트류, 세이지, 타임도 있다.

[미생물의 번식을 막는 식물]

❖ 레몬밤(Lemon Balm)

효능 및 기원

차를 끓여 마시면 뇌의 활동을 높여 기억력을 증진시키며 우울증을 물리친다. 우울증, 신경성 두통, 기억력 저하, 신경통, 발열 등에 잘 듣는다. 노화 예방에 효과가 뛰어나 불로장생의 향유로서 소화를 돕고 식욕을 촉진, 위장의 강장제로 효과가 있으며 식전 식후의 음료수로 많이 사용한다.

밤(Balm)은 향유를 뜻하는데 옛날 이스라엘에서 향유는 귀중한 향료로서 종교 의식에 쓰였으며, 약제로서도 귀중하게 여겼는데 그 상품적 가치는 금과 맞바

꿀 정도의 귀중품이었다고 한다. 레몬향이 나는 '멜리사'에 명예롭고 귀중한 '밤(balm)'을 붙여 '레몬밤'이라고 이름 붙여진 것이다. 멜리사는 2,000년 전부터 재배하여 온 역사가 오래된 귀중한 밀원식물이면서 또한 약초로서도 가치가 높았으므로 그 약효나 꿀의 가치가 향유에 버금간다 하여 'Balm'을 붙였다 한다.

화분에서 키우고 있는 레몬밤

학명의 '멜리사(Melissa)'는 라틴어의 '꿀벌'을 뜻하며, 이 꽃은 꿀이 많아서 꿀벌이 많이 모여들기 때문에 붙여진 것이라 한다. '비밤(Bee balm)'이라는 애칭으로도 불린다.

그리스 신화에는 올림푸스산의 신인 제우스를 양육한 반신반인인 소녀들의 이름에서 비롯되었다고 하는데 언니는 산양의 젖을 먹였고, 동생인 멜리사는 꿀을 먹여 키웠으므로 그 동생의 이름을 따서 이 식물의 이름을 멜리사라고 하였다고 한다. 기원전 1세기에 고대 아랍인들에 의해 기록된 의서에 멜리사의 약효가 올라 있는데 그 내용은 전갈이나 독거미와 같은 독충에 물렸을 때 해독제로, 치통에는 양치질 약으로, 이질에 잘 듣는 관장제로, 잎을 초석과 함께 먹으면 독버섯의 해독제로, 소금과 버무려서 외과용의 궤양에 바르면 효과가 있으며 관절염에 문지르면 아픔을 없앤다고 적혀 있다.

아랍인이 멜리사의 약효를 유럽에 전했다고 하는데 이 식물은 진정, 소화, 발한, 해열 등의 작용이 있다고 하였다.

이용 방법

일반적으로 생잎을 더 많이 사용하므로 키우면서 수시로 따서 이용할 수가 있다. 생육이 아주 잘되기 때문에 가을에 저장을 위해 많은 양을 수확할 수 있다.

레몬밤 사탕

저장용은 줄기와 잎을 아래쪽에서 잘라서 통풍이 좋고 그늘진 장소에서 말린다. 건조가 되면 밀폐용기에 넣는다. 장마 때는 줄기가 약해지므로 수확을 겸해서 가지를 쳐주어 통풍이 잘되게 하여 줄기가 튼튼하게 되도록 한다.

레몬밤은 샐러드, 수프, 소스, 오믈렛, 육류나 생선 요리 등의 맛을 내는 데 이용된다. 어린잎에서 나는 독특한 레몬향은 토마토나 상추 샐러드에 잘 어울린다. 질산칼륨과 함께 잎을 복용하면 독버섯 해독이나 복통에 좋고 소금과 함께 복용하면 궤양에도 효과가 있다. 통증에 약효가 있어 생리통을 억제해 주고 생리촉진에도 효과가 있다.

레몬밤 오일을 린스로 쓰면 탈모 방지에 도움이 되고 목욕제로 쓰면 원기가 회복되어 몸이 따뜻해지며 피부의 세정 효과도 높여 준다. 차를 끓여 마시면 뇌의 활동을 높여 기억력을 증진시키며 우울증을 물리친다. 그러나 레몬밤은 끓는 요리에 이용하면 향기를 잃게 되므로 끓여서 이용하면 안 된다. 그래서 치료로 이용할 때도 끓는 물을 식힌 후에 잎을 넣고 3~4분 정도 지난 다음에 꺼내어 이용한다.

노화예방에 효과가 뛰어나고 소화를 돕고 식욕을 촉진, 위장의 강장제로 효과가 있으며 식전식후의 음료수로 아주 좋다.

레몬밤차는 1.5~4.5g의 레몬밤 잎에 150mL의 끓는 물을 부어서 10~15분가량 우려낸 뒤 마신다. 필요에 따라서 하루에 여러 잔을 마신다.

특성

근동이 원산지이며 고대 로마시대부터 향신료로 인정받고 성서에도 언급된 허브이다. 레몬밤은 여러해살이풀로서 가지가 무성한 식물로 1m까지 자랄 수 있고 잎은 계란 모양의 타원형(길이 약 8㎝, 넓이 약 3㎝)이며 잎과 줄기에 연한 털이

레몬밤 꽃

나 있으며, 잎의 가장자리에는 톱니 모양이 나 있다. 잎의 표면에는 작고 연약한 유선이 있는데, 여기에 주성분이 함유되어 있는 정유가 들어있다. 잎을 건조할 때 상당량의 정유가 날아가 버리기 때문에 말린 잎은 약효가 미미하지만, 레몬의 향은 더욱 강해진다. 6~7월경인 초여름부터 하얀 색의 작은 꽃이 핀다. 유백색 또는 붉은 색인 꽃은 돌려나기의 형태로 피어난다.

레몬밤 꽃(확대)

레몬밤 잎은 수시로 수확할 수 있으나 꽃이 피기 시작할 때가 에센셜 오일의 함량이 가장 많으므로 이때 포기 아래쪽에서 잘라내어 5~6대씩 묶어 그늘진 서늘한 곳에서 거꾸로 매달아 건조시킨다. 이때 주의할 것은 온도가 60℃ 이상이 되면 향기가 없어지고 잎의 색이 변색되므로 주의한다. 일반용일 때는 생잎이나 건조한 것이나 용도에 차이가 없다. 냉동도

가능하므로 가정에서는 냉동 저장을 해도 좋다.

식물 관리 요령

- 햇빛 및 온도: 여름에 일교차가 심하면 잎이 타는 경우가 있으므로 반음지를 만들어 주고 물을 충분히 준다. 또한 통풍을 좋게 하기 위하여 받침 위에 올려놓고, 건조에 의해 병이 생기는 것을 막기 위해 잎과 화분 주위에도 물을 준다.
- 용토: 해가 잘 들고 배수가 잘되면서도 보수력이 있는 비옥한 땅이 좋다. 토양에 비료분이 적거나 지나치게 건조하면 잎이 누렇게 되며 너무 과습하거나 그늘이 지면 향기가 좋지 않으므로 반 그늘진 곳까지는 좋아도 그늘진 곳은 부적당하다. 표토가 깊은 유기질이 많은 비옥한 땅이면 토질은 가리지 않는 편이다.
- 거름주기: 생육이 왕성한 4~6월에는 한 달에 두 번 하이포넥스 1,000배액을 준다.
- 번식 방법: 씨와 꺾꽂이, 포기나누기 등으로 번식한다. 씨는 3~4월과 9월에 뿌리며, 씨가 작으므로 묘상이나 화분에 3~4개씩 점뿌림한다. 대개 20℃ 전후에서 1주일이면 싹이 트고, 본잎이 4~6장 때 20~30㎝ 간격으로 심는다. 꺾꽂이는 여름에 다소 굳어진 가지줄기를 5~7㎝ 길이로 잘라 꽂으면 10일이면 뿌리가 난다. 포기나누기는 2~3년 지난 묵은 포기를 가을이나 이른봄 싹트기 전에 파내어 3~4포기로 쪼개어 60㎝쯤 포기 사이를 띄어서 심는다.
- 식물 구입: 화분으로 구입하며, 씨로도 번식 가능하다.
- 화분 크기: 소형 화분(15㎝)
- 식물 위치: 베란다 및 거실이 적합하다.

[살균 및 방부 작용 식물]

❖ 타임[백리향] (Thyme)

효능 및 기원

타임은 고대부터 다양한 치료 효과 때문에 그 가치를 인정받아 왔다. 타임은 강한 향과 방부작용이 있어 시체를 보관하는 데도 사용하였다. 또한 타임은 강한 항균작용 때문에 '가난한 이들의 항생제'라고 불리워졌다. 고대 그리스인들은 타임의 용기와 우아함 그리고 스타일을 상징하여 타임의 오일을 몸에 발랐다. 그리스산 타임 꿀의 달콤한 맛은 전세계적으로 명성이 자자하다. 또한 타임은 자궁치료에 효과적이며 최음제로 사용되었다.

타임의 정유는 기관지의 경련을 해소하고 거담작용을 한다. 타임의 정유는 폐를 통해서 배출되기 때문에 폐와 기관지에서 항균작용을 하기도 한다. 기관지염이나 자극해소 등에 타임차는 좋은 효과를 나타낸다. 또한 정유가 구취제거 작용을 하기 때문에 양칫물로도 이용할 수 있다.

타임 화분

이용 방법

타임차는 옛날부터 약효가 뛰어난 음료로 널리 이용된 것 중의 하나이다. 실제로 타임은 강장효과가 있어서 두통, 우울증 같은 신경성 질환이나 빈혈, 피로 등을 고칠 뿐 아니라 소화를 돕고 식욕을 증진시켜 위장기능을 강화한다. 타임에서 추출한 티몰(thymol)이라는 정유는 살균, 방부작용 뿐만 아니라 그램(gram)양성균에도 항균작용이 있어서 감기나 기침 등 호흡기 질환에도 효과가 있으며 외과의 소독약으로도 이용된다. 옛날 영국의 엘리자베스 왕조 때는 마루바닥에 뿌려서 전염병이나 해충을 예방했다고도 한다. 또한 건조한 꽃을 봉지에 넣어서 장롱에 넣어두어 방충·방향제로 이용했으며 특히 모

골든타임

실버타임

피제품이나 겨울용 모직물 의류를 보관하는 데에도 요긴하게 쓰인다. 또 치약이나 비누 등의 향료로도 쓰인다. 톡 쏘는 자극성이 짙은 풍미는 요리에 깊은 맛을 주는데, 주로 고기의 냄새를 없애기 위해 이용되었다. 특히 생선, 달팽이 요리에 효과적이다. 타임 정유는 치약, 드링크제, 화장품에 이용된다. 타임은 방부 살균력이 있기 때문에 햄, 소시지, 치즈, 소스, 토마토케첩, 피클 같은 저장식품에도 보존제로 쓰며, 수프, 스튜, 샐러드 등에도 이용된다.

특성

원산지는 지중해 연안, 서아시아, 북아프리카이다. 타임은 키가 대략 30㎝까지 자라는 꿀풀과에 속하는 식물이다. 잔뿌리가 많이 나 있는 뿌리에서 줄기가 나오는데 이 줄기는 위로 올라갈수록 곁가지를 많이 친다.

잎의 길이는 5~9㎜이며 넓이가 약 3㎜인 타원형인 잎의 가장자리는 안으로 굽어져 있고 촘촘히 잔털이 나있다. 짧은 꽃줄기에서 3~6개 정도의 보라색 또는 담홍색 꽃이 5~10월에 피며 5월과 6월 사이에 꽃이 달린 가지를 수확한다.

식물 관리 요령

- 햇빛 및 온도: 더위와 추위에는 강하므로 우리나라 중부 이남의 어느 지역에서나 기를 수 있다. 또한 베란다나 거실에서도 아주 잘 자란다.
- 용토: 햇빛이 잘 비치고 물빠짐이 좋은 건조한 토양에서 잘 자라며 월동이 가능하다. 고온 및 저온에도 강하다. 산성화된 땅이나 과습한 토질은 싫어하므로 배수가 잘되고 바람이 잘 통하는 곳에 키우는 것이 요령이다.
- 번식 방법: 씨와 꺾꽂이, 포기나누기 등으로 쉽게 번식된다. 씨가 작으므로 파종 상자에 뿌렸다가 옮기는 것이 좋다. 20℃에서 싹이 트므로 봄 4~6월과 가을 9~10월에 뿌릴 수 있다. 대개 1주일이면 싹이 튼다. 꺾꽂이는 새로 나온 가지가 다소 굳어지는 6~7월과 가을에 10㎝ 길이로 잘라서(꽃봉오리는 제거한다) 아랫잎을 따버리고 꽂으면 쉽게 뿌리를 내린다. 포기나누기는 봄이나 가을에 포기를 3~4개로 칼로 잘라 손으로 잡아당겨 쪼개어 심으면 된다.
- 식물 구입: 화분으로 구입하며, 씨로도 번식 가능하다.
- 화분 크기: 소형 화분(15㎝), 플러그 묘
- 식물 위치: 베란다 및 거실에 적합하다.

독성

보통의 경우 부작용은 없으나 양칫물로 오랜 기간 사용할 경우 간혹 갑상선 기능에 영향을 끼칠 수 있다. 여타의 거담작용 치료제와 병행해서 사용하면 효과가 좋다.

❖ 오레가노(Oregano)

효능 및 기원

방부, 진통, 진정, 강장효과, 오환, 소화촉진 등에 효과가 있다. 반내한성에서 내한성까지 종류가 다양하며 재배환경 또한 다르다. 와일드 마조람은 약용으로 사용되며, 소화촉진이나 살균 등의 효과를 가지고 있으며, 요리에 이용되는 것은 향이 좋은 클릭 오레가노와 이탈리안 오레가노 등이 있다. 오레가노라고 하면 일반적으로 와일드 마조람을 칭한다.

미국 농무부의 주 연구기관인 농업연구청(Agricultural Research Service, 우리나라의 농촌진흥청과 유사한 기관)의 최근 연구에 따르면 음식에 맛을 내는 데 쓰이는 많은 과일이나 채소보다 항산화력이 더 크다고 한다. 허브는 항산화제가 풍부한 것으로 잘 알려져 있지만 종(種)과 재배 조건에 따라서 그 능력이 달라질 수 있다. 그래서 메릴랜드주 벨스빌에 있는 미농무성 과수실험실 연구자들은 다양한 식용 및 의료용 허브를 평가했다. 농업 및 식품 화학 잡지(Journal of Agricultural and Food Chemistry) 2001년 11월호에 연구자들이 보고한 바에 따르면 세 가지 오레가노(향신료) 즉, 멕시코, 이탈리아, 그리스산 오레가노가 항산화 활성이 가

오레가노 꽃

오레가노 잎

장 높았다. 이 오레가노들의 활성은 비타민 E보다 강했고 지방산화 방지 효과가 식품 방부제인 BHA와 비슷했다. 로즈제라늄(rose geranium), 월계수(sweet bay), 딜(dill), 자주 아마란스(purple amaranth), 윈터 세이보리(winter savory) 가운데서 여러 다른 식용허브들도 강한 항산화 활성을 보였다. 하지만 오레가노의 활성과 비교한다면 1/2 또는 1/3정도였다. 오레가노는 강력한 항산화성 로즈마린산(rosmarinic acid)을 높은 수준으로 가지고 있었다.

이용법

향이 강하므로 생잎보다는 마른잎을 사용하는 것이 좋다. 토마토소스, 피자, 파이, 치즈, 육류, 생선, 샐러드 등에 많이 이용된다. 줄기, 잎, 꽃은 요리, 목욕제, 포푸리, 염색, 장식품 등에 사용되며 향이 좋아 부엌의 리스(wreath – 동그랗게 만드는 꽃장식)로 많이 쓰인다. 꽃은 강장, 이뇨, 건위, 식욕증진, 진정, 살균작용이 있다. 차는 남성들이 좋아하는데 오한, 소화촉진, 배멀미에 효과가 있다. 뱀, 전갈의 해독제로 유명하며 집안의 개미 침입 방지에도 좋다. 오레가노 오일은 거친 피부, 피부염증, 신경성 두통, 불면증 치료에 도움을 준다.

특성

지중해가 원산지이며 줄기가 90㎝까지 자라고 줄기에 털이 많으며 목질화된다. 잎은 계란 모양이고 보라색, 분홍색의 꽃이 핀다. 뿌리는 수평으로 퍼지는 성질이 있어 줄기도 지면을 기는 것처럼 자라난다. 6월 하순경에 엷은 보라색이나 적색의 꽃이 핀다.

식물 관리 요령

- 옮겨심기: 씨를 뿌려서 키우면 1년째는 꽃이 피지 않고 다음 해 7~8월경에 꽃이 핀다. 싹트는 온도는 20~25℃가 좋으며 4월에 씨를 뿌리고 흙을 얇게 덮는다. 싹이 나고 잎이 4~5장 정도 나오면 30㎝ 정도의 간격으로 심는다. 꽃 피는 시기가 되면 정유분이 많아지므로 서둘러 수확을 한다.
- 햇빛 및 온도: 더위나 추위에 강하고 너무 그늘진 곳만 아니면 어디서든지 가꿀 수 있다. 건조하고 따뜻한 지역에서 클수록 향이 강하다. 겨울에는 부엽토나 짚으로 덮어준다. 고온다습에 약하므로 장마 전까지 뿌리가 충분히 뻗도록 키운다.
- 용토: 토질이나 장소를 가리지 않는다. 오레가노는 배수가 좋고 햇빛이 잘 드는 토양이라면 그 어떤 야생초보다도 잘 살아난다. 아무리 비옥한 토양에서 번성한 가지라 할지라도 고온 다습한 장마에는 아래쪽 잎부터 썩을 수가 있으므로 통기와 배수에 각별히 신경을 써야 한다. 특히 성장기 때의 원뿌리는 토양의 통기성에 주의를 해야 한다.
- 거름주기: 거름은 한 달에 한 번 가볍게 주는데 화분에 심을 때에는 성장에 맞추어 흙을 바꾸어 주든지 큰 화분에 옮겨 심어야 한다. 이때 복잡하게 얽힌 뿌리나 오래된 가지를 많이 잘라 정리하면 건강한 허브로 키울 수 있다.
- 번식 방법: 씨와 꺾꽂이, 포기나누기 등으로 번식이 잘 된다. 씨는 아주 작으므로 모래를 아주 얇게 덮어 주고, 싹이 날 때까지 건조하지 않도록 한다. 싹이 나면 솎아내기를 바로 실시한다. 좋은 향의 오레가노를 키우기 위해서는 씨보다는 꺾꽂이나 포기나누기로 번식한다. 꺾꽂이는 봄에 새로 나온 싹을 10㎝ 정도 잘라 용토에 꽂는다. 포기나누기는 2~3년에 1회 정도 행한다.
- 식물 구입: 화분으로 구입하며, 씨로도 번식 가능하다.
- 화분 크기: 소형 화분(15㎝), 플러그 묘

- 식물 위치: 베란다 및 거실에 적합하다.

(7) 공기를 정화하는 식물

실내공기에는 500개가 넘는 독성을 지닌 휘발성 유기물들이 발견된다. 이러한 물질은 페인트·카펫·접착제 등으로 인해 생긴다고 한다. 미국 항공우주국(NASA) 등의 연구에 따르면, 단순히 실내 관엽식물을 거주환경에 배치하고 적절히 관리하는 것만으로도 효율적으로 이들 실내 오염물질이 제거되는 것으로 밝혀졌다.

식물이 기공을 통해 실내 이산화탄소를 흡수할 때, 이들 휘발성 기체도 흡수하여, 뿌리에 있는 흙의 미생물 등이 오염물질들을 무기물로 분해시키기 때문이다. 황야자, 대나무야자(Chamaedorea seifrizii), 잉글리쉬 아이비(헤데라), 국화, 네프롤레피스(보스톤 고사리) 등이 기능성 식물로서, 실내 환경조절에 매우 효과적이다. 이와 같은 효과는 식물을 전체 실내 용적의 3~10%를 배치하면 가능하다. 특히 이사를 하거나 실내를 새롭게 단장한 곳에는 실내 오염물질 농도가 더 많아 식물이 절대적으로 필요하다.

우리가 생활하고 있는 실내에는 여러 가지 건축자재, 생활용품, 담배 연기, 전열기구에서 나오는 물질이 있는데 이 물질들 때문에 눈이나 머리가 아프고 기침을 하게 된다. 이러한 물질로는 포름알데히드, 자일렌, 톨루엔, 벤젠, 트리클로로에틸렌, 클로로포름, 암모니아, 알코올, 아세톤 등이 있다.

포름알데히드는 자극적인 냄새가 있는 무색의 기체로서 살균제나 방부제로 쓰이는 것이다. 실내에서는 건물을 지을 때 많이 사용되는 우레아수지폼 단열재, 합판, 전열기구, 가구의 칠, 담배 연기, 옷감, 의약품, 접착제, 화장티슈, 종이타월, 장판 등에서 나온다. 또한 오래된 건물보다는 신축건물에서 많이 나온다. 포름알데히드는 눈, 코, 목이 아프며 동물에서는 발암성이 있고 유전변이, 호흡기성 질환, 알레르기성 질환, 중추신경성 질환, 여성의 월경불순을 일으키는 것으로 밝혀졌다. 특히 우레아수지폼 단열재를 사용한 주택에 살고 있는 주민 등을 대상으로 조사한 결과, 장기간 포름알데히드에 노출되었을 경우에 정서적 불안정, 기억력 상실, 정신집중 곤란 등을 나타내었다.

유기용제로 통칭되는 휘발성 유기화합물은 실온에서 액체로 휘발하기 쉬우며 물질을 녹이는 성질을 가지고 있다. 특히 유기용제는 유지류를 녹이고 또 그것에 스며드는 성질이 있으므로 피부로부터 흡수되기 쉽고, 체내에 흡수된 후에도 중추신경 등 주요 기관을 침범하기 쉽다. 유기용제의 일반적인 발생원은 건축재료, 세탁용제, 가구류, 살충제, 카펫접착제, 페인트 등이다. 중요 유기용제 중 벤젠은 저농도에 장기간 노출되어 만성중독을 일으킬 경우 가장 위험한 것으로 빈혈, 혈액응고장해, 그리고 백혈구를 파괴하여 감염에 대한 저항력을 떨어뜨린다. 유기용제는 지방이나 콜레스테롤 등 각종 유기물질을 녹이는 성질이 있기 때문에 유기용제가 오랫동안 반복하여 피부에 접촉하게 되면 피부염을 일으킨다. 또한 종류에 따라서는 알레르기성 피부염을 일으키는 것도 있고 점막에 대한 자극이나 눈의 자극, 신경장해, 소화기와 호흡기장해를 호소하기도 한다.

무색, 무취의 기체인 이산화질소는 가정에서 프로판 가스 사용, 가스 및 석유 곤로와 같은 난방 연료의 연소가 될 때 혹은 흡연이나 건축자재에서 방출되며 외부에서 실내로 유입되기도 한다. 이산화질소의 농도가 높을 때에는 단시간 흡입해도 호흡이 빨라지는데 이는 폐에 이상이 생겨서 다량의 공기를 흡수할 수 없기 때문이며 낮은 농도에서도 장기간 흡입하면 만성 폐질환을 일으킬 수 있다. 또한 저농도의 이산화질소도 몇몇 천식환자들에게 해로운 영향을 끼친다고 한다.

[표 2-1] 포름알데히드 제거율이 높은 식물

보스톤고사리 〉 테이블야자 〉 네프롤레피스 〉 고무나무 〉 아이비 〉 벤자민고무나무 〉 스파티필름 〉 아레카야자 〉 드라세나 〉 관음죽 〉 쉐플레라 〉 드라세나 와네키 〉 덴드로비움 〉 디펜바키아 카밀라 〉 튤립 〉 아잘레아 〉 클로로피툼(접란) 〉 필로덴드론 에루베스센스 〉 디펜바키아 마리안느 〉 스킨답서스 〉 아라우카리아 〉 꽃베고니아 〉 마란타 〉 게발선인장 〉 안스리움 〉 포인세티아 〉 시클라멘 〉 팔레놉시스 〉 아크메아 〉 크로톤 〉 산세비에리아 〉 알로에 베라 〉 칼란코에

* 가장 높은 식물부터 낮은 식물 순으로 배열함

[표 2-2] 실내식물에 의한 포름알데히드 제거율

화훼식물 종류	제거율(%)	화훼식물 종류	제거율(%)
드라세나 데레멘시스	100	접란(클로로피툼)	50
인도고무나무	86	필로덴드론 에루베스센스	43
벤자민고무나무	71	디펜바키아 카밀라	36
스파티필럼	71	필로덴드론 도메스티컴	36
아레카야자	71	스킨답서스	36
드라세나 맛상게아나(행운목)	71	꽃베고니아	36
관음죽	64	마란타	29
쉐플레라	64	게발선인장	29
드라세나 마지나타	57	필로덴드론 셀로움	29
드라세나 와네키	57	안스리움	29
디펜바키아 콤팩타	57	산세비에리아	14
테이블야자	50	알로에 베라	14

[표 2-3] 실내식물에 의한 암모니아 제거율

화훼식물의 종류	화훼식물의 종류
관음죽	100
안스리움	53
포트멈	46
칼라테아	42
테이블야자	32
싱고니움	26
벤자민고무나무	21
스파티필럼	21
드라세나 맛상게아나(행운목)	16

* 밀폐 생장상에서 제거율, 관음죽 7,356 ㎍/hr를 100% 기준으로 삼음, 광도 1150 룩스

[표 2-4] 스파티필럼의 휘발성 유기화합물질 제거능력

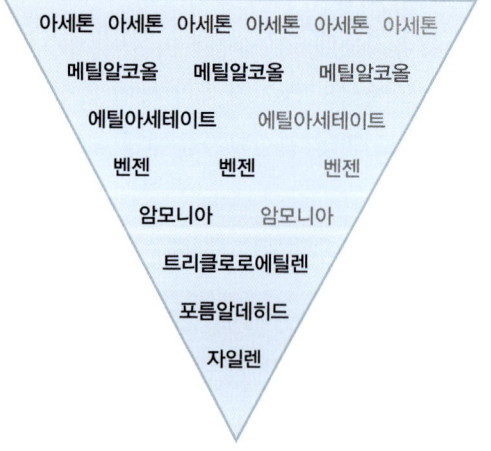

[표 2-5] 실내에서의 휘발성 유기화학물질 발생원

발생원	포름알데히드	자일렌/톨루엔	벤젠	트리클로로에틸렌	암모니아	알코올	아세톤
접착제	v	v	v			v	
천정타일	v	v	v			v	
마루바닥재	v	v	v			v	
파티클보드(삭편판)	v	v	v			v	
합판	v						
벽지		v	v			v	
복사기				v		v	
팩시밀리		v	v	v	v		
컴퓨터, 스크린		v					
사진복사기		v	v	v	v		
페이셜티슈	v						
종이타월	v						
의자덮개	v						
화장품						v	v
가스조리기	v						
융단						v	
커튼류	v						
비닐봉투	v						
페인트	v	v	v			v	
청소용세제					v		
인쇄서류							v
스테인리스	v	v	v			v	
담배 연기			v				

* 체크 표시 부분에 해당하는 유해화학물질 배출함

공기를 정화하는 행운목 수경재배

계단의 장식으로 사용된 꽃베고니아

실내공기를 정화하는 식물들, 그중에서도 특히 포름알데히드나 암모니아를 제거하는 능력이 탁월한 식물(표 2-1, 2-2, 2-3 참조)을 선택하면 장식과 공기정화라는 일거양득의 효과를 거둘 수 있다. 이 밖에도 관엽식물 중 순백색의 불염포가 아름다운 스파티필럼은 집들이 선물로도 안성맞춤인데 그 스파티필럼은 휘발성 유기화합물질 중에서도 특히 아세톤이나 벤젠을 제거함으로써(표 2-4 참조) 주택이나 사무실의 공기를 개선하는 것으로 알려졌다.

'유기용제'로 통칭되는 휘발성 유기화합물은 실온에서 액체로 휘발하기 쉬우며 물질을 녹이는 성질을 가지고 있다. 특히 유기용제는 유지류를 녹이고 또 그것에 스며드는 성질이 있어서 피부로 흡수되기 쉽고, 체내에 흡수된 후에도 중추신경 등 주요 기관을 침범하기 쉽다. 유기용제의 일반적인 발생원은 건축재료, 세탁용제, 가구류, 살충제, 접착제, 페인트 등이다(표 2-5 참조).

❖ 스파티필럼(*Spathiphyllum*, White anthurium, Peace lily)

효능 및 기원

스파티필럼은 공기정화 능력이 매우 뛰어난 것으로 특히 아세톤 제거 능력이 뛰어나며 또한 메틸알코올, 에틸알코올, 벤젠, 암모니아, 트리클로로에틸렌, 포름알데히드, 자일렌을 제거하는 능력이 있다. 아세톤은 화장품, 매니큐어 리무버, 수정액 등에서 발생된다. 알코올의 발생원도 다양한데 접착제, 양탄자, 건축이음매 물질, 화장품, 장판, 페인트 등이다. 암모니아는 청소용제, 프린터기, 자일렌은 컴퓨터 스크린, 장판, 페인트 등에서 발생된다. 스파티필럼은 넓은 잎과 하얀 불염포가 잘 어울리는 식물로 그리스어인 spathe(불염포)와 phyllon(a leaf)인 잎 모양의 포엽에서 유래되었다.

이용 방법

실내에서도 잘 자라므로 실내조경용으로 이용하면 좋다. 실내조경 시 몇 개의 식물을 모아서 심으면 푸르름을 더해준다. 회사의 구내식당에서 칸막이용의 녹색 가리개로도 이용된다. 실내 공간의 빛이 너무 모자라면 잎의 크기가 작아진다.

불염포가 나와 있는 스파티필름   수경재배되고 있는 스파티필름

특성

천남성과 식물로 불염포(꽃처럼 보이는 큰 잎)가 흰색으로 아름답다. 꽃(육수화서, 길쭉하게 봉처럼 생긴 것)은 불염포와 함께 나오며 원통형으로 유백색, 황갈색이다. 여러해살이 관엽식물로 생육적온은 12~30℃이며 5℃ 이상이면 월동 가능하다.

식물 관리 요령

- 햇빛 및 온도: 반그늘이 좋으며 직사광선은 쬐지 않는 것이 좋고 고온 다습하게 관리한다. 생육적온은 20~25℃이고 겨울철 생육을 계속하려면 13~15℃를, 관상상태를 유지하려면 8~10℃를, 식물체를 생존시키는 데는 7~8℃를 유지한다.
- 거름주기: 비료는 봄~가을에 2주에 한 번 정도 하이포넥스를 물에 타서 준다. 꽃이 잘 피게 하기 위해서는 20℃를 유지해 주는 것이 좋다.
- 병충해 발생: 잿빛곰팡이병이 발생할 수 있다. 잿빛곰팡이병은 갈색의 부정형 반점이 잎끝에서 시작하여 심하면 잎전체가 말라버리는데 주로 잎과 잎자루에 발생한다. 잎에서는 암갈색의 작은 반점으로 나타나고 일정한 형태가 없이 확대되면서 잎이 마른다. 잎자루에 발생하면 잎이 갈색으로 변하여 죽는다. 고온 다습

을 좋아하지만 과습은 피한다.
- 용토: 스파티필럼은 물가꾸기(수경 재배)가 가능한 식물이다. 물가꾸기는 잎뿐만 아니라 뿌리가 뻗는 상태를 관찰하면서 뿌리의 아름다움도 관상할 수 있기 때문에 일석이조다. 식물이 잘 자라고 있는 기간에 만드는 것이 가장 좋다. 기온이 높아지면 자연히 수온도 높아지므로 식물의 뿌리가 내리기 쉽게 된다.
- 번식 방법: 포기나누기로 하는데 3~4개의 싹을 붙여서 크게 나눈다.

성숙된 씨앗

- 기타: 포기는 좋은데 꽃이 피지 않는 경우는 식물을 어두운 곳에 오래 놓아두었거나 갈아심기를 게을리했기 때문이다. 어두운 곳에서도 생육하나 오랫동안 놓아 두어 키운 포기는 얼른 보아 실하게 자라고 있는 것 같아도 꽃을 피게 할 체력(식물 내부에 영양분이 아주 적음)이 없다. 또 갈아심기를 게을리하면 생육이 쇠약해진다. 그 경우도 꽃 맺음이 나빠진다. 스파티필럼은 연이어 새 그루가 불어나 갈라져 나오는 성질이 강해 분에서 뽑아 각기 포기로 나누거나, 2~3의 포기로 나눈다. 적기는 5~6월이다.
- 식물 구입: 화분으로 구입한다.
- 화분 크기: 중소형 화분(15~25㎝). 식물의 높이는 작다.
- 식물 위치: 거실이 적합하다.

> **Note • 물가꾸기로 뿌리를 잘 내리는 식물**
>
> 에피프레넘, 아이비, 호야, 필로덴드론, 페페로미아, 제브리나, 필레아, 디펜바키아, 스파티필럼, 아글레오네마, 안수리움, 드라세나, 크로톤, 벤자민 고무나무 등이 있다.

❖ 아레카야자[황야자] (*Chrysalidorcarpus lutescens*, Areca)

효능 및 기원

깃털 형태로 넓게 퍼지는 잎은 이국적인 정취를 풍긴다. 많은 야자류 중에서 잎의 색이 연하고 줄기가 황색을 띠고 있어 아주 부드러운 느낌을 주며 실내 분위기와 잘 어울린다. 노란 줄기 색 때문에 흔히 '황야자'라고도 부른다. 대기 중으로 수분을 방출하는 능력이 탁월한 식물이다. 또한 공기정화 능력도 뛰어나다.

이용 방법

넓은 공간에 다른 식물들과 장식해주면 아주 좋다. 조명장치를 하여 화분 밑에서 빛을 비추면 인테리어 효과를 높일 수 있다.

특성

아레카야자는 가시가 없는 야자의 일종으로서 잎은 40~60개의 작은 잎으로 이루어져 있는 우상복엽이다. 아레카야자는 줄기가 비교적 가늘고 매끄러우며, 녹색 내지 황록색이다. 작은 잎은 마주 나며 우아하게 퍼진다. 잎의 축은 황색으로 검은 얼룩이 있다. 내한성은 약하지만 10℃ 이상이면 월동 가능하다. 성장은 느리다. 화분에 심어진 것을 구입하면 된다.

줄기가 노란색을 띠는 아레카야자

식물 관리 요령

- 관리 방법: 아래쪽 잎이 시들면 잘라주어 아름다운 상태를 유지해 준다.
- 햇빛 및 온도: 강한 직사광선을 피하고, 실내의 밝은 곳에 놓아둔다. 월동 온도는 10℃ 정도이므로 겨울철에는 아파트의 거실에서 월동이 쉬우며 한옥 등의 난방이 잘 안 되거나 햇빛이 부족한 곳에서는 어렵다.
- 물 주기: 물을 좋아하므로 잎에 수시로 분무기로 물을 뿌려 준다. 물은 화분의 흙이 말랐을 때 흠뻑 준다.
- 번식 방법: 포기나누기를 한다.
- 식물 구입: 화분으로 구입한다.
- 화분 크기: 소형 화분(15㎝)이나 대형(30㎝) 화분으로 구입한다.
- 식물 위치: 거실 및 베란다에 적합하다.

거실 장식용으로 사용된 아레카야자

❖ 드라세나(Dracaena)

효능 및 기원

현재 일본을 비롯한 선진 국가에서의 관엽식물의 인기 성향은 벤자민 고무나무, 드라세나 그리고 스킨답서스가 3대 품목을 형성하고 있고 이어 유카와 스파티필럼 등이 뒤를 따르고 있다. 이러한 종류들은 모양이 아름다울 뿐만 아니라 공기 정화 능력이 있어 우리 주변에 두면 좋은 식물이다.

이용 방법

줄기를 잘라 접시에 담아두면 소품으로 훌륭하다. 식물의 윗부분을 포함하여 20~30cm 길이로 잘라 꽃꽂이에 이용하면 좋다.

특성

드라세나는 아시아 및 아프리카의 열대에 대부분 자생한다. 잎이 길고 폭이 넓으며 강직한 것부터 부드러운 것까지 변화가 많고, 간혹 무늬가 들어있는 것도 있다. 우리나라에서는 행운목이라 하여 알려져 있으며 최근에는 더 다양한 품종들이 외국에서 들어오고 있다. 그 동안 우리나라에서는 잎이 넓은 것이 많았으나 최근에는 '콘신나 트리칼라' 혹은 '마지나타' 등의 품목들이 도입되어 널리 보급되고 있다.

식물 관리 요령

- 햇빛 및 온도: 여름의 강한 직사광선에서는 잎이 타는 경우가 많으므로 여름에는 반드시 반그늘에 두어야 한다. 또한 겨울에는 햇빛이 잘 드는 곳에 두어야 오히려 색깔이 잘 나타난다. 햇빛이 부족하면 잎이 덜 달리고 색깔도 나빠진다. 생육적온은 20~25℃이다. 무늬가 있는 종류는 추위에 약하므로 15℃ 이상, 일반종은 12℃ 정도를 유지해 준다. 추위에 강한 품종들은 8℃에서 충분히 겨울을 난다.
- 물 주기: 고온다습을 좋아하므로 물을 충분히 준다. 물이 부족하면 잎의 무늬에 기미가 끼어 보기에 흉하므로 여름에는 하루에 두 번 정도, 겨울에도 하루에 한 번 잎에 물을 뿌려준다. 건조하면 응애의 발생이 심하므로 주의해야 한다. 그러나 흙이 항상 과습하면 뿌리가 부패하여 죽는 경우가 있으므로 겉흙이 마르면 물을 주는 정도로 한다.
- 거름주기: 비료는 물을 줄 때마다 하이포넥스 1g을 물 1L에 넣어 녹여서(아기 약 스푼이 5g 정도이므로 1/5 수준으로 덜어서 물에 타 주면 됨) 엽면 시비(잎에 스프레이로 직접 분무해 주는 방법)해 주는 것이 효율적이다. 8℃ 이하에서는 냉해에 민감하게 반응한다. 공중 습도가 낮으면 잎 가장자리를 따라 조직이 심한 괴사현상을 보인다.
- 번식 방법: 꺾꽂이나 휘묻이로 번식한다. 꺾꽂이는 단단한 줄기를 5~6㎝ 절단하여 모래에 꽂거나 줄기를 15㎝ 정도로 길게 잘라서 모래에 반만 묻어 두었다가 새싹이 트고 2개월 후 뿌리가 나면 잘라서 옮겨 심는다. 꺾꽂이 시기는 5월이 가장 좋으나 온실에서 키울 경우에는 연중 온도만 맞으면 언제나 가능하다. 그러나 너무 고온이고 통풍이 안 되면 썩어 버리므로 주의해야 한다. 꺾꽂이의 흙은 펄라이트나 모래가 좋다. 옮겨심기의 적기는 새 뿌리가 약 4~5㎝ 정도 자랐을 때이다. 옮겨 심을 때는 새 뿌리가 끊어지지 않도록 주의하고 또한 옮겨심기 적기를 놓쳐 뿌리가 노화(뿌리색이 누렇고 질겨짐)되지 않도록 한다. 오래된

포기는 아래쪽 줄기의 잎이 떨어져 보기 흉하므로 직경의 2~3배를 껍질을 벗겨내고 물이끼(수태)를 주먹만하게 감고 비닐로 싸두면 새 뿌리를 낸다(높이떼기).
- 식물 구입: 화분으로 구입한다.
- 화분 크기: 소형 화분(15cm), 대형(30cm)
- 식물 위치: 거실, 베란다, 어린이방, 침실에 적합하다. 대형 화분은 큰집에 적합하다.

◆ 드라세나 프라그란스 맛상게아나(*Dracaena fragrans* cv. Massangeana)

드라세나 프라그란스 맛상게아나

열대 동남아프리카 원산종의 원예변종으로 대형종이다. 잎은 길이가 약 50~90cm, 폭이 5cm 내외이다. 잎의 폭은 넓고 끝이 뾰족하며 늘어지는데 마치 옥수수 잎을 연상시킨다(영명이 corn plant). 이 품종의 원종은 노란 무늬가 들어있다. 시중에서 '행운목'이라는 이름으로 판매되고 있다.

◆ 드라세나 와네키(*Dracaena deremensis* cv.Warneckii)

드라세나 와네키

열대 아프리카에 자생하는 '데레멘시스'의 줄기 변이종으로 이 품종으로부터 많은 원예품종이 생겼다. 와네키의 직립된 줄기는 높이가 2~3m 되고 잎의 길이는 20~50cm, 폭 2~5cm 정도 된다. 드라세나 중에서도 무늬가 아름다워 비교적 인기가 있는 관엽식물이다.

잎색은 진녹색 바탕에 세로로 백색 및 황색의 넓은 무늬가 있다.
꽃은 1~3㎝ 정도 꽃대가 나와 백색의 꽃이 피며 뒷면은 암적색이고 냄새가 난다. 새로운 잎은 반듯하게 서고 오래된 잎은 늘어지며 반그늘을 좋아한다. 여름철에는 다습한 환경을 좋아한다.

◆ 드라세나 마지나타(Dracaena marginata)

드라세나 마지나타

전체적인 모양은 콘신나와 비슷하나 잎의 색깔과 늘어지는 모양에서 차이가 난다.

잎이 옆선을 따라서 적색의 선이 나 있고 늘어지는 모양이 매우 예쁘다. 특히 잎이 가늘고 곁가지가 잘 뻗어서 실내 인테리어 식물로서 최근 각광을 받고 있다. 내음력(음지에서 견디는 힘)도 매우 강해서 오랫동인 실내에서 질 건디머 실내 어느 곳에 놓아도 살 조화를 이룬다.

◆ 드라세나 산데리아나 비렌스(Dracaena sanderiana cv. Virens)

드라세나 산데리아나 비렌스

일명 행운의 대나무(lucky bamboo)라고 하며 중국에서는 개운죽(開運竹)이라 한다. 시중에 많이 나와 있으며 소품으로 많이 이용되고 있다.

최근 유리병에 심어 수경재배로 인기를 끌고 있는 품종이다. 줄기는 가늘고 30~40㎝로 자란다.

Note • 행운목은 꽃이 피면 죽는다?

드라세나 맛상게아나(행운목)는 꽃이 피려면 2m 이상의 매우 큰 식물이어야 한다. 꽃대는 식물 위쪽의 잎 사이에서 나와 땅에 늘어지는 정도로 1m가량 자라기도 한다. 밤에는 수백m 밖에서도 진한 향기가 날 정도로 향기가 강하다. 향기는 3~7일 정도 지속되며, 실내에서는 약간 더 오래간다. 꽃이 피면 죽는다는 속설이 있지만, 꽃이 피어도 계속 자란다. 꽃이 핀 후, 식물의 중심부(생장점)는 더 이상 생장점 역할을 하지 못한다(왜냐하면 꽃은 생장점이 변하기 때문이다). 새로운 생장점이 꽃대가 있던 바로 옆의 잎 중심에서 나오게 된다. 마치 식물을 자르면 자른 부분의 아래에서 새로 순이 나오는 것과 비슷하다. 여러 개의 생장점이 생길 수도 있다. 두 개의 생장점이 발달하게 되면 줄기가 갈라져 자란다. 꽃피는 동안에는 모든 영양분이 꽃으로 이동하고 식물의 다른 부분에는 거의 이동하지 않으므로 꽃대를 자르는 게 좋다.

❖ 에피프레넘(Epipremnum)

효능 및 기원

주요 공기오염 물질인 포름알데히드 제거에 아주 효과적인 식물이다. 초록색의 잎에 금색과 크림색의 무늬가 들어간 잎이 아름답다. 에피프레넘과 상당히 비슷한 형태를 가지고 있는 근연종으로써 스킨답서스가 있다.

매달기 화분으로 기르면 생장이 빠르고, 멋진 모양의 화분을 만들 수 있다. 또한 식물의 관리가 쉽고 병충해에 잘 걸리지 않아 식물을 처음 기르기 시작하는 사람에게 적합한 식물이다.

매달기 화분을 이용한 에피프레넘   에피프레넘 수경재배

물을 좋아하므로 물을 자주 주고 직사광선은 피하면서 실내의 밝은 곳에 놓아야 한다. 매달기 화분에 많이 이용되는 식물로는 제브리나(달개비 종류), 필로덴드론, 아이비, 피튜니아 등이 있다. 일반 꽃집에서는 '스킨'이라고 부르는 식물이다. 얼마 전 연구에서는 에피프레넘이 담배 연기를 흡수하여 공기를 정화하는 능력이 탁월하다고 한다. 그러므로 기르기도 쉽고, 가격도 싸고, 번식도 잘되는 에피프레넘를 집 안에 두는 것이 지혜롭지 않을까?

이용 방법

매달기 화분으로 키우면 예쁘다. 줄기를 잘라 물에 꽂아 두어도 뿌리가 잘 내려 물가꾸기에 좋다. 큰 건물의 몇 층이 뚫려 있는 곳, 특히 도서관, 백화점, 호텔 등에 가보면 에피프레넘의 덩굴성을 이용하여 꼭대기 층에서 1층까지 늘어뜨려 시원하고 이국적인 느낌이 들게 장식하고 있다. 물을 매우 좋아하므로 수경재배가 가능하며 유리병 속에 식물을 넣고 자갈을 넣어주면 더욱 예쁘게 장식할 수 있다.

특성

덩굴성 상록 여러해살이풀이다. 덩굴이 아래로 자라는 성질을 가지고 있으며 수

십 미터까지 자라고 주로 잎을 감상한다. 잎 표면에 광택이 있고 마디마다 공기 뿌리가 내린다. 생장력이 매우 강하고 햇빛이 부족하면 무늬가 없어지기도 한다. 초보자가 기르기에 아주 좋은 식물이다. 한편, 없어진 무늬는 다시 햇빛이 쪼이는 곳에 옮겨 두어도 다시 무늬가 생기지는 않는다. 그러므로 무늬가 있는 종은 관리에 주의해야 한다.

무늬가 있는 에피프레넘

식물 관리 요령

- 햇빛 및 온도: 생육적온은 16~30℃이며 월동 온도는 5℃ 이상이면 된다. 직사광선을 피하고 반그늘에 두는 것이 좋다. 겨울철에는 햇빛이 잘드는 실내의 창가에 둔다.
- 물 주기: 고온 다습하게 관리하며 여름에는 충분히 물을 주고 겨울에는 약간 건조하게 관리한다.
- 거름주기: 비료는 봄~가을에 한 달에 두 번 정도 하이포넥스 1,000배액을 주고 화분 위에 깻묵덩이를 둔다.
- 번식 방법: 번식은 5~7월경 꺾꽂이로 하는 것이 좋으나 온도만 높으면 연중 가능하다. 마디의 공기 뿌리가 붙은 줄기를 한마디씩 잘라 모래를 넣은 상자나 화분에 꽂는다. 무늬가 없을 때에는 물병에 꽂아두어도 뿌리가 잘 내린다. 투명한 유리병에 몇 개의 식물을 자연스럽게 꽂아 두면 보기에도 좋고 뿌리가 내린 후에는 화분에 옮겨 심어도 좋다.
- 식물 구입: 화분으로 구입한다.
- 화분 크기: 소형 화분(10~20㎝)
- 식물 위치: 거실, 베란다가 적합하다. 햇빛이 부족하면 금방 누렇게 변한다.

❖ 안수리움(Anthurium)

효능 및 기원

안수리움은 토란과의 식물로 그 꽃은 특이한 모양을 하고 있다. 안수리움은 속명으로 '꽃'이라는 안토스(anthos)와 '꼬리'라는 의미의 오라(oura)가 조합된 말로 '꽃의 꼬리'라는 뜻을 가지고 있다.

꽃잎처럼 보이는 하트 모양의 새빨간(여러가지 색이 있음) '불염포'(꽃이 아님)는 1개의 봉 모양의 꽃축을 가지고 있고 이 꽃축 위에 작은 꽃이 밀집해 핀다. 이러한 꽃은 우리 눈에는 잘 띄지 않는다. 결국 우리가 감상하고 있는 것은 꽃이 아닌 불염포이다.

대학교 1학년 때 꽃집에 진열되어 있는 안수리움이 너무 예쁘고 이국적이어서 사온 적이 있다. 어디에 둘까 생각하다가 베란다에서도 거실 창가 쪽 해가 제일 잘 드는 장소에 두면 잘 자랄 것 같아 두었다가 말라 죽였다. 처음엔 윤이 반짝반짝한 것이 정말 예뻤는데. 식물에 대해 조금씩 배워 갈 무렵, 베란다의 그늘에만 두었어도 죽진 않았을 텐데 하는 아쉬움이 남았던 식물이다.

빨간 불염포　　　　　　　　　　　　하얀 불염포

이용 방법

불염포가 아름다우며 오랫동안 감상할 수 있어 매력적이다. 이것은 꽃꽂이로 매우 인기가 좋다. 소재의 독특성과 금속성의 질감으로 개성이 강하므로 동양적인 꽃장식보다는 감각적이고 현대적인 서양식 꽃장식으로 많이 사용된다. 안수리움을 처음 본 사람은 진짜 꽃이 아닌 줄 안다. 만져 봐도 딱딱하고 윤이 나는 것이 마치 인위적으로 만들어 놓은 꽃 같다는 것이다. 꽃이 특이하고 크기 때문에 꽃장식에서 포인트를 주기위해 주로 이용된다. 수경재배로도 키울 수 있다.

특성

열대 아메리카에 약 600종이 분포되어 있으며, 필로덴드론과 마찬가지로 천남성과 식물이다. 안수리움은 꽃을 관상하는 종류와 잎을 관상하는 종류로 나누어진다.

꽃을 관상하는 종류에는 많은 원예품종이 있다. 여기에서 꽃이라고 부르는 것은 사실은 불염포라는 부분으로 그 포가 붉은 색이나 분홍색, 흰색으로 마치 꽃잎과 같이 보이는 것을 말한다. 실제의 꽃은 중앙에 돌출된 원통상의 것으로 여기에 많은 꽃이 붙어 있다.

식물 관리 요령

- 햇빛 및 온도: 생육적온은 25℃이고 가을 이후 흙을 건조시키면 13~15℃에서 월동이 가능하다. 고온을 좋아하기 때문에 15℃ 이하의 저온에 두게 되면 심한 스트레스를 받아 아래쪽 잎이 누렇게 되고 회복하는 데 시간이 필요하다.
- 물 주기: 안수리움은 반착생 또는 착생식물(바위나 나무에 부착하여 사는 식물)이므로 자연상태에서는 나무에 붙어서 자란다. 공기 중에서 수분을 빨아들일 수 있는 공기뿌리를 가지고 있으므로 이러한 특성에 맞게 고온다습한 조건을 유지시켜 주어야 한다. 그러므로 물을 자주 주어야 하고, 화분의 흙의 표면이 말랐을 때 실내온도가 되는 물을 주는 것이 좋다. 물은 생장기인 5~9월에는 매일 주고 잎에 매일 1~2회 정도 분무한다. 가을과 겨울에는 약간 건조하게 관리한다. 뿌리가 계속해서 젖어 있으면 뿌리가 썩으므로 주의해야 한다.
- 번식 방법: 씨로도 번식할 수 있지만 포기나누기를 주로 한다. 충분히 물을 주고 습도는 다습하게 한다.
- 키우는 장소: 그늘이 반쯤 지거나 해가 들지 않는 장소인 부엌, 욕실, 현관이 좋다.
- 거름주기: 비료는 한 달에 한 번 정도 하이포넥스를 준다.
- 식물 구입: 화분으로 구입한다.
- 화분 크기: 소형 화분(10~20㎝)
- 식물 위치: 거실 및 베란다에 적합하다.

안스리움 화분

❖ 싱고니움 (Syngonium)

효능 및 기원

영화나 드라마를 보면 곳곳에 자주 등장한다. 영화 '나도 아내가 있었으면 좋겠다' 포스터에도 나온다.

이용 방법

물에 꽂아 물가꾸기를 하면 좋다. 또한 행잉바스켓(매달기 화분)으로 만들어 몇 개 베란다에 매달아 놓아도 운치가 있다. 햇빛이 없는 욕실에서도 생육이 가능하고 수경재배를 할 수도 있어서 실내 원예식물로 다양하게 이용된다. 잎의 모양이 오리발같이 생겼으므로 아이들과 놀이를 할 때 오리발 내밀지마! 라고 하면서 싱고니움 잎을 들이대면 재미있을 것 같다.

특성

유엽(식물의 아래부분)은 화살모양이나 성엽(나중에 나오는 잎)은 새의 발 모양으로 갈라진다. 식물은 엽맥을 따라 반엽(잎에 금빛이나 은빛 무늬가 들어가 있는 것)이 형성되어 있다. 화분 가운데에 두꺼운 지주를 세워 타고 올라가도록 키우면 좋다. 아니면 높은 데에 매달아 아래로 늘어지게 해도 좋다. 실내의 반그늘에 놓는다. 겨울에 10℃ 이하가 되지 않도록 주의한다. 덩굴성이며 줄기에서 공기뿌리가 나오고 다른 물체에 부착하여 자란다. 줄기를 자르면 절단면에서 유액이 나온다.

오리발 모양의 싱고니움 잎

식물 관리 요령

- 햇빛 및 온도: 반그늘을 좋아한다. 겨울에는 비교적 밝은 곳에 관리하고 햇빛이 부족하지 않도록 주의한다. 너무 그늘에서 키우면 잎의 색이 아주 연하고 잎의 두께도 얇아 잎이 찢어지기 쉽다. 생육적온은 20~25℃이다. 겨울철 생육을 계속시키려면 13~15℃를, 관상상태를 유지하려면 8~10℃를, 식물체 생존을 위해서는 흙을 건조시킨 상태에서 7~8℃를 유지한다.
- 물 주기: 생육이 잘되는 시기에는 잎에 자주 물을 뿌려 주고, 겨울철에는 흙이 마른 후 3~4일 정도 지나서 물을 준다. 공기가 건조하면 잎이 마르기 때문에 일주일에 2~3회 정도 기온이 높은 낮시간 동안 잎에 분무해 준다.
- 번식 방법: 꺾꽂이로 번식한다. 이미 줄기뿌리가 나와 있기 때문에 길게 잘라도

싱고니움 공기뿌리

시들음병에 걸린 싱고니움

되고 보통은 2~3마디(10㎝가량) 정도로 줄기를 잘라 모래에 물에 꽂아 두면 뿌리가 내린다. 화분에 옮겨 심어도 좋고 물에 꽂아서 길러도 좋다.
- 식물 구입: 화분으로 구입한다.
- 화분 크기: 소형 화분(10~20㎝)
- 식물 위치: 거실 및 베란다에 적합하다.

❖ 디펜바키아(Dieffenbachia)

효능 및 기원

디펜바키아는 포름알데히드, 자일렌 및 톨루엔 제거에 효과가 있다. 포름알데히드는 실리콘, 접착제, 타일, 커튼, 화장지, 장판, 페인트, 실내장식 덮개 등에서 주로 발생된다.

식물체내에 칼슘옥살레이트 결정이 있어 잎을 씹으면 일시적으로 말을 하지 못할 정도의 통증이 있어 영명으로 dumb plant(벙어리 식물)라고 한다.

이용 방법

물가꾸기로 가장 많이 이용되고 있는 종류 중의 하나로 병원이나 약국 등에서 자주 볼 수 있다. 하나만 심기도 하고 경우에 따라서는 다른 식물과 모아서 한꺼번에 수경재배를 하는 경우도 있다.

잎은 부케나 코사지에 많이 이용된다. 시중에서는 디펜바키아라는 이름보다는 마리안느라는 이름으로 많이 불리고 있다. 그래서 화원에서 구입한 사람들은 이 식물을 키우기 위해 도감이나 인터넷을 찾아보면 잘 찾아지지 않아 어려움을 겪는 식물 중의 하나이다.

디펜바키아 화분

특성

천남성과의 디펜바키아속의 여러해살이풀로 원산지는 열대 아메리카이고 잎은 주로 긴 둥근꼴이며 잎맥에는 아름다운 얼룩무늬가 들어간다.

식물 관리 요령

- 햇빛 및 온도: 5~9월에는 생육이 왕성한 시기로 건물 외부에 둘 경우에는 그늘에 둔다. 가을 이후에는 실내의 햇빛이 잘 드는 곳으로 들여놓는다. 8℃ 이하의 온도에서는 식물의 생장이 정지되고 저온에 의한 피해를 받을 수 있으므로 늦가을에는 주의하여 관리해야 한다.
- 옮겨심기: 생장속도가 매우 빠르므로 매년 분갈이를 해주는 것이 좋다.
- 물 주기: 생육기에는 물을 듬뿍 주고 9월 하순부터는 흙이 마르면 준다.
- 용토: 물빠짐이 잘되는 것이라면, 그다지 흙을 가리지 않는다.
- 거름주기: 옮겨심기를 할 때 밑거름으로 완효성(효과가 천천히 나타나는 비료)의 화학비료를 주고 6~9월에는 월 1회 정도 깻묵을 화분 위에 준다.

- 번식 방법: 꺾꽂이나 포기나누기로 번식한다. 꺾꽂이는 굵고 싱싱한 줄기를 3~5㎝ 길이로 잘라 모래에 ⅔쯤 묻고 물을 흠뻑 준다.
- 식물 구입: 화분으로 구입한다.
- 화분 크기: 소형 화분(10~20㎝)
- 식물 위치: 거실 및 베란다에 적합하다.

차폐효과가 큰 디펜바키아

독성

줄기에 있는 즙액에는 맹독성으로 알려진 알카로이드가 있다. 이 즙액을 먹으면 말을 하기 어렵고 피부에 닿으면 벌겋게 부어오른다. 그러므로 부케를 만들거나 꺾꽂이를 할 때에는 즙액이 손에 닿지 않도록 장갑을 끼고 다루는 것이 좋다. 김성중의 《중독백과》의 동식물편에 보면 독버섯과 나란히 디펜바키아에 대해 언급하고 있다. 그만큼 식물의 '독'하면 디펜바키아가 손에 꼽힌다는 것을 짐작할 수 있다.

> **Note • 부케와 코사지**
>
> - 부케(bouquet): 꽃이나 잎을 다발로 묶은 꽃다발을 의미하며 주로 장식용이나 증정용으로 이용된다.
> - 코사지(corsage): 프랑스에서 유래한 말로 원래의 의미는 의상의 허리 부분 또는 상반신을 가리킨다. 처음에는 여자의 의상 상반신에 다는 꽃장식이었는데 지금은 그 활용범위가 머리에서부터 구두까지 장식하는 것으로 변하였다. 또한 남성이 다는 것은 부토니아(boutoniere)라고 하는데 현재는 부토니아도 코사지와 혼용하여 브르고 있다.

❖ 고무나무(Rubber plant)

고무나무 모음

고무나무는 줄기니 잎자루를 자르면 하얀 액이 나오는데 이것을 굳힌 것이 생고무이고 여기에 유황을 첨가시킨 것이 탄성고무라고 한다. 처음에는 공업용 고무를 채취하기 위해 많이 키웠지만 최근에는 집 안에서 감상하기 위한 용도로 많이 키운다. 또한 주부들이 매일 부엌에서 사용하는 목재용 도마, 그중에서도 수입산 나무도마의 재질이 대부분 고무나무라는 사실을 아는 사람은 많지 않다.

고무나무는 공기정화능력이 아주 뛰어난 식물로 알려져 있다. 그러므로 집 안에 몇 그루의 고무나무를 둔다면 건강에 좋을 것이다. 포름알데히드 제거 능력이 매우 뛰어난 식물이다. 포름알데히드는 실리콘, 접착제, 천장타일, 커튼, 직물, 화장지, 장판, 가스난로, 쇼핑비닐, 페인트, 종이타월, 삭편판, 합판, 실내장식 덮개 등에서 발생된다. 또한 복사기나 사진복사기에서 발생되는 트리클로로에틸렌 및 접착제, 이음매물질, 프린터, 장판, 페인트, 삭편판, 광택제, 담배 연기에서 발생되는 벤젠 제거능력도 뛰어나다.

고무나무와 잘 어울리는 식물로는 팩시밀리에서 발생하는 암모니아, 실내 건축자재에서 발생되는 포름알데히드 제거에 효과가 클 뿐만 아니라 저온에서도 비교적 잘 자라는 관음죽이 좋다. 한편 화분의 빈 공간은 트라데스칸티아나 페페로미아 등을 심어도 관상 가치를 더한다.

관리 키포인트

고무나무는 생장속도가 매우 빨라 5년 정도 키우면 집 안의 재산이 될 만큼 멋지게 자란다. 물은 화분의 흙을 손가락으로 만져보아 물기가 없을 때 흠뻑 주고, 잎의 먼지를 제거하기 위해서는 한 달에 한 번 정도 강한 샤워기로 분무해준다. 또한 열대의 큰 나무 그늘에서 자라는 관엽식물이므로 직사광선을 피하되 실내의 밝은 곳에 놓아두어야 한다. 만약 너무 어두우면 광합성을 제대로 하지 못해 하단의 잎이 누렇게 변하며 낙엽이 되기 쉽다. 화분으로 구입하되, 화분은 대형(20~25㎝)이 좋다. 식물 위치는 거실이 적합하며 직사광선에 약하므로 주의를 기울여야 한다. 화분이 크므로 작은 공간은 잘 어울리지 않는다. 우리 주변에서 흔히 볼 수 있는 고무나무는 큰 잎을 가진 인도고무나무, 벤자민고무나무, 잎이 아름다워 큰 건물의 중요한 부분을 장식하는데 쓰이는 떡갈잎고무나무, 덩굴성인 왕모람, 즉 푸밀라가 있다.

◆ **인도고무나무**(Ficus elastica)

우리가 가장 많이 보아온 대표적인 고무나무로 윤기가 있으면서 잎이 멋진 식물이다. 어느 시인이 고무나무의 잎을 두툼하고 반질한 잎이라고 표현했듯이 실제로 커다란 잎을 지니고 있으며 생육이 왕성하고 당당한 모습

이다. 비교적 반음지에서도 잘 자라며 얼룩이 있는 것, 잎의 모양이 희귀한 것도 있는데 어느 경우든 잎이 무성하고 크기가 고른 것을 선택한다. 큰 화분의 식물은 잘 키우면 1년에 50~100㎝가량 자란다. 구입은 보통 화분으로 키운 것을 이용하는데 60~100㎝ 정도인 것이 좋다.

여름철에 햇빛을 많이 쬐어준 것은 식물에서 광택이 나지만 너무 강한 직사광선에서는 잎이 누렇게 변하고, 잎이 타며

고무나무 수경재배

작아지므로 약간 그늘진 곳으로 옮겨준다. 이러한 식물을 겨울이 되어 실내에 들여놓으면 심하게 낙엽이 지므로 실내에 들여놓기 2개월 전에는 점차로 어두운 곳으로 옮겨주어야 한다. 또한 겨울에 실내에서 자란 것을 밖으로 옮길 때는 서서히 햇빛으로 옮겨 줘야 잎이 데는 현상을 막을 수 있다. 이러한 관리법은 대부분의 관엽식물에 적용된다. 인도고무나무는 집 안에서 키울 경우 창이 막힌 아파트형 베란다에서 월동이 가능하다.

생육기인 5~10월에는 비료도 신경을 써서 주는데 하이포넥스 1,000배액은 월 2회, 복합비료라면 월 1회 정도로 준다. 잎에 먼지가 앉으면 광택이 없어질 뿐만 아니라 식물의 호흡작용과 공기교환도 방해를 받는다. 그러므로 가끔씩 욕실이나 베란다에서 샤워기로 세게 잎을 씻어주거나 젖은 헝겊으로 닦아준다.

식물 관리 요령

- 햇빛 및 온도: 인도고무나무는 인도나 말레이반도에서 자생하는 식물로 25℃ 정도의 고온다습할 때에 가장 잘 생장한다. 대체로 내한성이 강해서 5~8℃에서 월동이 가능하다. 그러나 무늬가 있는 종류는 15℃ 이하가 되면 낙엽이 지기도 한다.

- 용토: 배수가 잘되는 기름진 토양에서 생육이 좋다. 토양재배뿐만 아니라 수경재배도 가능하다.
- 거름주기: 비료는 비교적 날씨가 더운 여름철 몇 개월 동안만 정기적으로 주어도 좋다. 병에 강한 편이지만 응애와 깍지벌레에 주의한다. 이러한 충이 생기면 가까운 화원이나 농약상에 가서 문제점을 말하고 농약을 구입하여 방제하는 것이 좋다. 응애와 깍지벌레가 생겨도 증세가 심하지 않을 경우에는 우선 집 안에서 쓰고 있는 스프레이 모기약을 멀리서 조금 분무해줘도 괜찮다. 그러나 확실하게 방제하기 위해서는 농약을 구입하는 것이 가장 바람직하다. 또한 겨울에 지나치게 난방이 잘되어 건조해진 환경에서는 다갈색 반점이 생기는 탄저병이 발생하기 쉽다.
- 물 주기: 여름이나 가을까지는 토양이 약간 건조해진 느낌일 때 정기적으로 물을 주되 겨울에는 물을 많이 주지 않아야 식물이 건강하다.
- 번식 방법: 꺾꽂이는 보통 5~6월에 하는 것이 가장 좋으며 인도고무나무의 줄기를 20~25㎝ 길이 정도로 잘라서 액을 물로 닦아내고 모래나 마사토에 5~10㎝ 깊이로 꽂고 그늘에 두면서 물을 자주 준다. 그렇게 한 달 이상이 지나면 뿌리를 내리고 3~4개월이 지난 후부터는 자라기 시꺾꽂이는 보통 5~6월에 하는 것이 가장 좋으며 인도고무나무의 줄기를 20~25㎝ 길이 정도로 잘라서 액을 물로 닦아내고 모래나 마사토에 5~10㎝ 깊이로 꽂고 그늘에 두면서 물을 자주 준다. 그렇게 한 달 이상이 지나면 뿌리를 내리고 3~4개월이 지난 후부터는 자라기 시작한다. 충분히 자란 식물은 화분에 옮겨 심어 관리한다.

인도고무나무 삽수 채취

고취법(높이떼기법)

휘묻이의 한 방법으로 번식이 까다로운 식물에서 주로 이용하며 나무줄기의 일부에 상처를 주고 그곳을 수태로 싸서 두면 약 20~40일 후에 뿌리가 내린다. 뿌리가 내리면 잘라 심는다.

상처 내는 방법은 깊이는 줄기 두께의 1/3~1/4, 길이는 6~10㎝ 위치를 예리한 칼로 밑에서 위로 향해서 칼을 넣는다. 혀 모양으로 잘려진 겉껍질과 가지 안쪽에 수태를 넣고 묶어준 후 비닐로 감싸고 끈으로 다시 묶는다. 뿌리가 내릴 때까지 때때로 물을 주고 충분히 뿌리가 내리면 잘라서 화분에 심는다.

겨울에는 30~40일, 여름에는 20~30일이면 뿌리가 내려 수태부분에 하얀 뿌리가 나온다. 그때 취목 부위를 절단하여 화분에 옮긴다.

[고무나무 고취법 과정]

◆ **벤자민고무나무**(Ficus benjamina)

최근에 실내 원예의 인기품종으로 각광을 받고 있는 식물이다. 작은 잎과 부드럽게 휘는 가지, 하얀 줄기가 여성적인 우아한 모습을 하고 있어서 줄기가 뻣뻣한 인도고무나무와는 대조적이지만 가지를 자르면 역시 아주 소량의 하얀 물질이 나오는 고무나무이다.

벤자민 고무나무는 마루바닥재나 합판, 타일, 커튼, 페인트, 화장지 등에서 많이 발생하는 포름알데히드 제거에 효과가 크고, 접착제, 타일, 벽지, 컴퓨터, 가스조리기, 페인트 등에서 발생되는 자일렌이나 톨루엔 제거율이 높다.

또한 팩시밀리나 사진복사기에서 발생되는 암모니아를 억제하는 효과도 있다. 아울러 오존, 아황산가스 흡수도 아주 잘하는 식물이므로 실내의 오염이 심한 장소에 두면 좋다.

1985년도 즈음에 세간에는 고무나무가 공기를 정화하는 것으로 소개된 적이 있었다. 정신을 집중시켜 공부가 잘 된다고 알려져 있었다. 필자 개인적인 경험으로, 고무나무 특히 벤자민고무나무를 보면 친구의 아버님이 생각난다. 어느 날 친구 집에 갔는데 거실에 큰 화분 두 개가 있었다. 이것이 무슨 나무인데 두 개나 거실 가운데에 있냐고 했더니 고등학교 때 공부 잘하라고 어느 날 밤 아버님이 무거운 벤자민고무나무 화분을 들고 오셨다는 것이다. 물론 그때는 친구의 방안에 있었지만 대학생이 된 후에는 거실로 옮겨져 있었다. 집 안의 공기를 조금이라도 정화시켜 공부에 집중할 수 있도록 배려하는 부모님의 마음을 알 수 있었다.

하얀색 무늬가 들어간 반입종 벤자민고무나무

식물 관리 요령

벤자민고무나무는 키가 큰 것보다는 줄기가 두텁고 잎의 간격이 촘촘해서 무성하게 자란 것이 좋다. 벤자민고무나무에는 하얀색 무늬가 들어가 있는 반입종이 많은데 반입종의 경우 직사광선을 쬐면 햇볕에 데는 현상을 일으키므로 반그늘에 두어 약한 해를 쬐도록 한다. 벤자민고무나무는 자라는 대로 방치해 두면 모양이 흐트러지는 수가 많다. 가지의 잎이 2~3장일 때 가지의 끝을 잘라 둥글고 무성한 형태로 잘라 모양을 만든다. 줄기가 가늘어서 기울어지는 경우에는 반듯하게 설 수 있도록 나무나 철사로 지지대를 세워 받쳐준다. 벤자민고무나무는 인도고무나무보다 그늘에 강하므로 일년 내내 실내에서 길러도 크게 문제가 되지 않는다. 겨울에는 창가에 두어 빛을 쬐게 해주어 튼튼하게 기를 수 있다. 한편 벤자민고무나무는 인도고무나무보다 추위에는 약해서 최저 10℃ 이상을 유지해야 한다.

흰가루병이 발생한 벤자민고무나무

◆ 떡갈잎고무나무(Ficus pandurata)

떡갈잎고무나무는 잎이 떡갈나무 잎처럼 생겼으며 잎이 크고 많이 붙어 있다. 다소 더디게 자라는 단점이 있기는 하지만 인도고무나무보다 탐스러워 보인다. 흔히 볼 수 있는 종류는 아니다. 키가 크게 자라 잎이 멋있기 때문에 장식용으로 아주 좋다. 추위에는 약하므로 따뜻한 실내에서 키우는 것이 좋다. 번식은 꺾꽂이로 한다. 5~6월에 물빠짐이 좋고 거름기가 적은 땅에 꺾꽂이를 할 가지의 절반가량을 묻어 물을 하루에 한 번씩 주면 2~3개월 후부터 뿌리가 내리기 시작한다. 키가 어느 정도 자라면 가지를 쳐서 모양을 바로 잡아주어야 한다. 또 한 가지를 친 것은 꺾꽂이를 하여 뿌리가 내리면 작은 화분에 옮긴다.

◆ 왕모람[푸밀라고무나무](Ficus pumila)

우리나라보다는 서양 가정의 실내에서 많이 기르는 덩굴성 고무나무로 다른 종류에 비해 크기가 아주 작다. 실내 조형물을 파는 상점에 가보면 원형으로 만든 모조 식물을 볼 수 있는데 대부분 푸밀라를 본떠 만든 작품이다.

잎은 암녹색으로 작고 둥글며 잎의 넓이가 1.5㎝ 정도이다. 언뜻 보면 허브의 일종인 파인애플민트로 보이기도 한다. 왕모람은 잎을 만져보면 뻣뻣하고 약간 두툼하며 향기가 없으나 파인애플민트는 부드럽고 얇으며 향기가 있다. 가지를 6~7㎝ 길이로 잘라서 흙에 꽂아 쉽게 번식시키는데, 제주도산 왕모람은 생장 속도가 느리지만 서양에서 들어온 종은 빨리 자란다. 특별히 신경을 쓰지 않더라도 실내에서 잘 자라는 종류이다.

❖ **꽃베고니아**(Wax begonia)

효능 및 기원

꽃베고니아는 실리콘, 접착제, 천장타일, 커튼, 직물, 화장지, 장판, 가스난로, 쇼핑비닐, 페인트, 종이타월, 삭편판, 합판, 실내장식 덮개 등에서 발생되는 포름알데히드 제거에 효과가 있다. 일본 농림 수산성 주최 '식용화 시식회'에서 가장 인기가 있었던 것은 베고니아였다고 한다. 수분을 함유하여 아삭아삭하는 씹는 맛과 새콤한 맛이 난다. 아울러 몸이 나른할 때 먹으면 효과가 있고 상처가 난 부위나 염증 치료에 탁월한 효과가 있다.

이용 방법

새빨간 베고니아는 베고니아 술을 만들거나 소스에 넣으면 붉은색이 우러나와 매우 아름답다. 샐러드를 만들면 신선한 맛이 있어 식욕을 돋워준다. 또 베고니아 꽃과 같은 양의 설탕에 백포도주 약간과 펙틴을 넣어 조리면 보기에도 아름다운 맛있는 잼을 만들 수 있다. 주로 샐러드, 샌드위치 등에 이용한다.

이 식물과 잘 어울리는 식물로는 디펜바키아 카밀라, 필로덴드론 셀로움, 알로에 베라, 칼란코에 등이 있다. 디펜바키아 카밀라는 접착제, 타일, 벽지, 컴퓨터, 가스조리기, 페인트 등에서 발생되는 자일렌이나 톨루엔 제거율이 높고 필로덴드론 셀로움은 마루바닥재나 합판, 타일, 커튼, 페인트, 화장지 등에서 많이 발생하는 포름알데히드 제거에 효과적이다. 알로에 베라와 칼란코에는 식물체 내에 수분이 많아 전자파 제거에 효과적이다. 꽃이 피는 식물은 빛이 많아야 꽃이 피므로 가능한 한 집 안의 밝은 곳에 두는 것이 좋다.

특성

베고니아는 세계의 열대 및 아열대 지방에 약 2,000종 이상이 있다. 여러해살이 풀 또는 반목본성의 키 작은 나무도 있는데 대부분은 다육질이다. 씨는 상당히 미세하고 잎의 모양도 매우 다양해서 둥근 모양, 심장형, 창 모양, 손바닥 모양의 복엽형 및 단엽형 등 변화가 많고 색채나 무늬도 여러 가지인데 이 모두가 관상의 대상으로 되어 있다.

우리가 식용하는 베고니아는 꽃베고니아로 꽃이 계속해서 피는 것을 말한다. 잎은 녹색 잎과 구리빛 잎 및 반입 잎이 있다. 꽃도 빨간색, 분홍색, 백색 외에 복숭아 빛이 도는 것도 있다. 또한 홑꽃과 겹꽃이 있으며, 화분식물로서 연중 생산되고 있는 외에 화단용으로도 많이 이용되고 있다.

식물을 구입하기 위해서는 종묘상에서 씨를 구입하거나 화원에서 화분으로 구입한다. 화분의 크기는 대부분 소형(15㎝)이 적당하다. 식물 위치는 햇빛이 들어오는 베란다가 적합하다.

식물 관리 요령

- 햇빛 및 온도: 반양지식물인 꽃베고니아는 온도가 10~25℃만 되면 순조롭게 자라며 낮의 길이에 관계없이 꽃이 핀다. 늦봄이나 여름철에는 반그늘 상태를 유지한다. 봄과 가을에는 생육이 좋으나 비가 계속 오는 장마철에는 습기의 해(害)를 받는다. 강한 햇빛에서도 잘 자라지만 한여름에 아주심기를 했을 경우에는 뿌리가 내릴 때까지 반그늘 상태에 놓는다.

실내 화분에 길러진 모습

- 용토: 토양의 성질을 가리지 않고 잘 자라지만 물 빠짐이 좋은 토양에서 특히 잘 자란다. 습도가 많은 것을 싫어한다. 화분에 심을 경우 배양토는 밭흙 5: 모래 2: 부엽 또는 부숙 왕겨 2: 퇴비 1의 비율로 한다.
- 거름주기: 밑거름으로 퇴비를 10~15% 포함시키고 웃거름은 고형비료를 한 화분당 2개월에 한 번 티스푼으로 준다.
- 물 주기: 씨를 뿌린 직후에는 저면관수(화분 밑에 물통을 놓고 화분을 올려두면 화분 밑에서부터 서서히 스며들어 위까지 물이 올라오는 방법)를 하고 자주 물을 주지 않다가 식물이 커짐에 따라 물을 많이 준다. 추운 겨울에는 새벽이나 저녁을 피하여 따뜻한 한낮에 물을 준다.
- 번식 방법: 주로 씨로 번식시키지만 꺾꽂이를 하기도 한다. 꺾꽂이는 꽃눈이 형성되어 있지 않은 줄기를 4~5㎝의 길이로 잘라 모래에 1~2㎝ 깊이로 꽂는다. 만약 꽃눈이 형성되었거나 꽃이 피어있는 것을 꺾꽂이하게 되면 꽃을 잘라내고 토양에 꽂으면 된다. 20℃ 이상만 되면 15~20일이면 충분히 뿌리가 내리므로 뿌리가 내린 후에는 9㎝ 화분에 옮긴다. 씨를 뿌리는 시기는 봄(4~6월)이며, 싹트기에 좋은 온도는 15~25℃이다. 씨앗이 매우 작기 때문에 상자나 화분에 뿌렸다가 옮겨 심는다. 씨를 뿌린 후 4~5개월이면 꽃이 핀다.

(8) 실내의 온도 및 습도를 조절하는 식물

실내에서 생활하기에 적합한 상대습도는 30~60%라고 한다. 상대습도가 75% 이상 되면 곰팡이 발생이 많아진다. 상대습도가 높으면 먼지진드기가 빨리 번식하여 천식이나 알레르기성 질환을 유발하고 상대습도가 낮으면 감기가 많이 생긴다고 한다. 먼지진드기는 실제로 눈으로 볼 수 없을 만큼 미세한 데 집 안의 먼지에 기생한다. 즉, 사람 몸에서 떨어지는 피부 조각을 먹고 살면서 카펫, 커튼 및 가구에 알을 낳는다. 또한 이들이 매일 20회에 걸쳐 배설하는데 이 배설물이 바로 우리가 알고 있는 "진드기 알레르기"라고 하는 호흡기병의 근원지인 셈이다.

식물의 잎, 줄기, 꽃잎에는 기공이라는 것이 있는데, 기공은 식물 내부의 수분을 밖으로 배출하는 작용을 하여 실내습도를 증가시킨다. 또한 식물은 실내 온도가 높을 때 식물 내부의 물을 밖으로 내놓는 증산에 의해 실내의 온도를 낮출 수 있고, 반대로 적정온도 이하에서는 잠열을 이용하여 실내 온도를 증가시킬 수 있다.

쉐프렐라(홍콩야자), 고무나무, 행운목을 이용한 실험에 의하면 방의 남쪽 끝에 일렬로 배치된 쉐프렐라는 약 1.5℃의 대기 온도 증가와 20% 이상의 상대습도를 증가시킨다. 남쪽 끝에 일렬로 배치된 행운목에 비해 쉐프렐라가 배치된 방의 상대습도가 20% 정도 높았는데 이 효과는 쉐프렐라의 높은 증산율 때문이라고 한다.

종려나무, 드라세나, 벤자민 고무나무를 이용한 실험에서도 이들 식물을 실내에 두었을 때, 여름철에는 2~3℃의 실내온도를 떨어뜨린다고 한다. 반면에 겨울철에는 그 정도로 실내온도를 높인다. 또한 식물이 없는 실내는 대부분 습도가 40% 이하로 건조한 반면, 쉐프렐라 등 잎이 많은 식물을 배치하면 습도가 60%로, 사람이 생활하기에 가장 쾌적한 상태로 유지된다.

따뜻한 실내에서 자라고 있는 종려나무

이와 같은 효과는 실내공간에서 식물의 잎 면적이 클수록 더욱 뚜렷해진다. 또한 식물의 배치에 의해서도 달라지는데, 봄철에 쉐프렐라를 창 쪽에 일렬로 두면 습도가 26% 올라가고, 실내에 드문드문 배치하면 12%만 올라간다. 그렇다면 습도가 높은 여름철에는 어떨까? 실험에 따르면, 드라세나 맛상게아나(행운목)를 실내 여러 곳에 배치시킨 경우 습도의 상승을 3%나 억제하는 것으로 밝혀졌다. 한편 아디안텀은 실내의 습도가 최적인지 아닌지를 알려주는 지표식물로, 아디안텀의 잎과 줄기가 마르지 않도록 잘 기른다면 습도가 쾌적하게 유지되고 있다는 것을 의미한다.

❖ **아디안텀**(Adiantum)

효능 및 기원

영명으로 'Maidenhair fern'이라고 하는 것처럼 여성의 두발미를 뜻하며 물을 뿌리거나 물 속에 담가도 물을 튕겨버리는 특성 때문에 붙은 것인데 그리스어로 '젖지 않는다'란 뜻의 아디안토스에서 유래된 것이다.

철사 같은 줄기

건조한 아디안텀

이용 방법

다른 관엽식물과 같이 심으면 예쁘다. 깔끔한 맛이 있는 식물로 현대적인 이미지를 풍긴다. 젊은 사람들에게 인기가 있다.

특성

고사리과 양치류 중에서는 가장 많이 보급되어 있는 종류로서 열대에서 온대에 걸쳐 약 200종이 있으며 대부분은 열대아메리카가 원산이다. 잎은 은행나무 잎을 축소한 것 같은 작은 잎을 가지고 있고, 성숙함에 따라 밝은 초록색을 띤다. 잎자루는 철사처럼 딱딱하고 광택이 있는 흑갈색이고, 뿌리는 가늘게 갈라져 있다.

식물 관리 요령

- 햇빛 및 온도: 생장하는 동안에는 높은 공중 습도와 충분한 토양 수분을 필요로 하며 생육적온은 20~25℃이다. 겨울철에는 최저 10~15℃로 유지해 준다. 너무 어두우면 식물은 가늘고 키만 자라게 되고 반면에 직사광선에서 키우면 잎이 말라죽게 된다. 그러므로 직사광선을 피하여 반그늘에서 키워야 한다.
- 용토: 화분에 심을 때에는 밭흙 30%, 부엽 50%, 모래 20%의 비율로 혼합하여 이용한다.
- 화분 선택: 보통 12~15cm 플라스틱 화분이나 토분을 이용하는 것이 좋다.
- 물 주기: 토양이 젖어 있도록 수분을 유지하고 배수가 잘되도록 한다. 습도를 높

베란다를 장식한 아디안텀

게 하는 것이 좋으므로 잎에 분무하여 주는 것이 좋다. 건조하면 잎이 말리면서 완전히 건조되어 회복이 어렵다. 이때에는 아예 화분 바로 위에서 바짝 잘라 새로운 잎이 나오도록 해야 한다. 찬바람에 닿게 해도 좋지 않다. 아디안텀은 실내 식물 중 가장 습도에 민감하여 습도의 지표식물로 이용된다.

- 비료 주기: 생육기인 5~10월에는 화학비료를 2~3회 주거나 하이포넥스 1,000배액을 1개월에 2~3회 정도 준다.
- 번식 방법: 포기나누기나 포자번식을 하는데, 포기나누기를 가장 많이 하며 포자번식을 할 때는 잎 뒷면에 형성된 흑갈색의 포자(벌레가 알을 낳아놓은 것처럼 검은색 알갱이가 있음)를 뿌려서 번식한다. 또한 늦겨울에 잎을 제거한 식물체를 사용하여 수평으로 뻗은 땅속줄기를 잘라서 번식하기도 한다.
- 식물 구입: 화분으로 구입한다.
- 화분 크기: 소형 화분(10~20㎝)
- 식물 위치: 거실 및 베란다에 적합하다.

03 건강을 증진시키는 꽃과 식물

감기 예방과 치료에 효과가 있는 식물 | 고혈압에 효과가 있는 식물
우울증에 효과가 있는 식물 | 신경안정에 효과가 있는 식물 | 기억력 증강에 효과가 있는 식물
당뇨에 효과가 있는 식물 | 생리통에 효과가 있는 식물 | 입 냄새 제거에 효과가 있는 식물
토혈에 효과가 있는 식물

(1) 감기 예방과 치료에 효과가 있는 식물

감기에 효과가 있는 식물로는 허브식물인 민트, 레몬밤, 나스터튬(한련화), 캐모마일, 컴프리, 타임, 라벤더, 선인장인 백년초, 화목류인 치자, 유칼립투스, 수국, 초본류인 앵초가 있다.

❖ 민트[박하] (Mint)

민트는 잘 자라며 튼튼하고 잎을 살짝 건드리거나 바람이 불기만 해도 상쾌하고 청량함이 느껴지는 향기가 난다. 애플민트, 페니로열민트, 페퍼민트, 스피아민트, 블랙페퍼민트, 오데코롱민트 등 종류가 매우 많다. 과일향, 박하향 등 각기 다른 향을 지니고 있어 용도에 알맞게 사용할 수 있다.

오데코롱민트

◆ 애플민트(Apple mint)

효능 및 기원

민트의 변이종으로 사과에서 나는 듯한 향기가 나며 각종 요리나 향기 보존용으로 사용되고 있다. 감기, 콜레라, 위장병, 두통, 진통, 발한, 히스테리에 효과가 있다.

이용 방법

잎을 떼어내어 뜨거운 물이나 차가운 물에 넣어 우려내어 마시면 된다. 좋은 잎을 채취하기 위해서는 맑은 날 오전 중에 윗 부분을 잘라 건조하여 다 마르면 부서지지 않게 잎을 하나씩 따서 밀폐용기에 보존한다. 이때 시판하고 있는 조미 김에 들어 있는 실리카겔(건조제)을 같이 넣어주면 습기가 차지 않아서 오랫동안 보관할 수 있다.

차, 과자, 기호음료, 화장품, 비누, 목욕제품, 포푸리로 이용 가능하다. 차로 마시면 소화불량이나 피로회복에 좋다. 이때 스피아민트나 레몬밤 등과 섞어 마셔도 좋다. 고기, 생선, 계란요리의 향료로 쓰이며 정원이나 베란다의 화분에 심어 두고 이용한다.

특성

사과와 박하를 섞은 듯한 순한 향기가 나며, 잎이 계란형으로 둥글며 연하게 느껴지고 흰 털이 나있다.

식물 관리 요령

• 햇빛 및 온도: 반음지에서 약간 습한 상태로

애플민트 씨앗

비옥하게 기르면 생장이 아주 빠르다. 내한성이 강하며 겨울에도 뿌리는 죽지 않는다.

- 번식 방법: 번식은 꺾꽂이나 포기나누기로 한다.
- 식물 구입: 화분으로 구입한다.
- 화분 크기: 소형 화분(15cm), 플러그 묘
- 식물 위치: 베란다나 거실에 적합하다.

◆ 스피아민트(Spear Mint)

효능 및 기원

허브 강의가 있는 날 학생들에게 화분에서 자라고 있는 스피아민트 잎의 향기를 맡게 하거나 씹어보게 하면 학생들은 하나같이 "스피아민트 껌하고 똑같아."라고 하며 환호성을 지른다. 식물에게서 자신이 씹고 있는 껌의 향과 똑같은 향이 난다는 사실에 너무 놀라고 반가와 한다. 이러한 식물에 반응하는 학생들이 많을수록 그 수업은 일단 성공이다. 이미 학생들은 그 수업에 흥미를 가지고 뭔가 또 다른 것은 없는가 하고 눈을 크게 뜬다. 물론 스피아민트라는 식물은 훨씬 더 오래전부터 있던 것인데 모 회사에서 껌에 향을 가미하여 넣었을 뿐만 아니라 상품명까지 식물의 이름으로 한 것이다. 우리 생활과 익숙한 식물을 알아 가는 재미는 컴퓨터와 친한 20대에게는 신선한 충격을 주기도 한다. 처음 이 식물의 이름을 들으면 대부분의 사람들은 "껌 이름 아니야?"라고 반문을 한다. 맞다. 껌 이름에도 있다. 그 향이 스피아민트 식물의 향을 첨가해서 붙여진 이름이다. 목욕물에 잎을 넣어 목욕을 하면 신경이나 근육을 이완시키고, 식후 소화불량에 효과가 있으며 위의 통증완화, 감기에 효과가 있다. 한편 구강, 구취에도 효과가 있다.

이용 방법

치약에도 이용되며 담배 냄새를 없애는 향유의 원료로도 이용된다. 한편 방향제나 방충제로도 사용된다.

특성

잎을 떼어 향을 맡고 씹어보면 껌의 향과 똑같은 느낌이 들고 시원한 향이 마음 속까지 시원해진다.

겨울을 나고 있는 스피아민트
(붉은 빛이 남)

식물 관리 요령

- 햇빛 및 온도: 해가 잘 들지 않는 곳에서도 잘 자란다.
- 분갈이: 양분을 아주 좋아하므로 일 년 동안 여러 번 분갈이를 해주어도 된다. 온도가 너무 높거나 건조한 곳을 싫어한다.
- 식물 구입: 화분으로 구입한다.
- 화분 크기: 소형 화분(10~20cm)
- 식물 위치: 거실 및 베란다에 적합하다.

꺾꽂이 할 줄기 채취

꺾꽂이 후 뿌리가 내린 모습

◆ 페퍼민트[서양박하] (Peppermint)

효능 및 기원

2000년 1월에 〈박하사탕〉이란 이창동감독의 영화가 개봉하였다. 그 영화의 제목은 영명이 'Peppermint candy'였다. 상쾌하고 톡 쏘는 향기 때문에 라틴어의 'pepper(후추)'에서 비롯된 영명을 얻었다. 어디서든 잘 자라 초보자들이 키우기에 적합한 허브로 치아건강을 도와 치약이나 껌 등의 원료로 이용되고 있으며, 지성피부의 유분을 적절히 조절해 주면서 모공을 수축시키고 시원한 느낌을 주어 화장품이나 헤어용품에 사용되고 있다. 감기, 위장병, 두통, 콜레라, 설사, 신경통에 효과가 있다.

이용 방법

길게 자란 줄기나 잎은 언제라도 수확이 가능하며 식물이 잘 자라게 하기 위해서는 가지 아래쪽을 베어 주는 것이 좋다. 노지에서는 7~8월에 꽃이 피며, 건조시켜 보관할 목적일 경우에는 향기가 제일 강한 6~7월에 줄기 밑동을 베어 응달에서 말린다. 잘 말린 잎은 줄기에서 떼어내어 건조제를 넣은 밀폐 용기에 보관한다.

특성

유럽이 원산지인 여러해살이풀인 페퍼민트는 일명 '서양박하'라고 하는데 역사가 가장 오래되었으며, 사람들이 가장 많이 찾고, 가장 많이 이용되는 박하이다. 크기가 30~90㎝로 자라며, 잎은 타원형으로 끝이 뾰족하며 잎과 줄기가 녹색인 것과 자주색인 것이 있고, 꽃은 일반적으로 연보라색이다. 머리가 아플 때 페퍼민트 오일을 흡입하거나 관자놀이에 찍어 바르면 두통에 효과가 있다.

식물 관리 요령

- 햇빛 및 온도: 비교적 일조 시간이 짧아도 잘 자라므로 나무 그늘과 같은 반그늘진 곳이 좋다. 저온과 다습에는 강하나 고온과 건조에는 약하다.
- 용토: 토질은 별로 가리지 않으나 비옥하고 보수력이 있는 어느 정도 습한 땅이 좋다. 여름에는 표토(공기에 노출된 윗부분의 땅)에 부엽토를 덮어서 건조를 방지해 주는데 이렇게 하면 땅으로 기는줄기가 많이 생겨 잘 성장한다. 겨울에는 왕겨나 낙엽 등을 덮어서 들뜨지 않게 해주며, 봄 3월경에는 포기 주위에 덧거름을 주고 묵은 줄기를 잘라내면 뿌리쪽부터 새싹이 나오게 된다. 화분에서는 땅으로 기는줄기가 많으므로 화분을 큰 것에 심거나 화분을 자주 갈아준다.
- 번식 방법: 번식은 씨와 꺾꽂이, 포기나누기 등으로 쉽게 번식하며 수경 재배가 가능하다. 씨가 아주 작으므로 씨뿌리는 상자(파종상자)에 뿌렸다가 옮긴다. 씨를 뿌리는 시기는 4~6월과 9~10월에 두 번 뿌릴 수 있고, 최

페퍼민트 꽃

저온도가 15℃ 정도 유지되면 1주일이면 싹이 튼다. 본잎(떡잎이 나오고 그 다음에 나오는 잎)이 4장 나오면 20~30㎝ 간격으로 심는다. 꺾꽂이는 새 가지가 다소 굳어지는 6~9월에 10㎝ 길이로 잘라 밑쪽 잎을 따 버리고 모래에 심으면 쉽게 뿌리가 내린다. 이때 물에 꽂아도 뿌리가 난다.

- 식물 구입: 화분으로 구입한다.
- 화분 크기: 소형 화분(10~20㎝)
- 식물 위치: 거실 및 베란다에 적합하다.

❖ **나스터튬[한련화] (Nasturtium)**

효능 및 기원

괴혈병, 감기, 신경통에 좋으며, 혈액순환, 강장작용, 살균작용의 효과가 있다. 우려낸 즙은 기침, 감기, 생식기 및 비뇨기 질환을 치료한다. 항생작용이 있는 나스터튬(한련화)은 특히 기관지나 비뇨기계통에서 직접적인 항생 작용을 한다. 그러나 차로서 단독으로 복용하지는 않고 특히 기관지염이나 요도염을 치료하는 혼합차의 재료로 이용된다.

나스터튬는 스페인 정복자들이 페루의 잉카인들로부터 금과 함께 유럽으로 가지고 왔던 보물 중의 하나였다. 나스터튬이라는 말은 nasus tortus에서 유래하는데 '코를 막다'라는 뜻을 가지고 있다. 그 이유는 꽃에서 후추와 같은 매운 냄새가 나기 때문이다. 그럼에도 불구하고 나스터튬의 씨가 괴혈병에 매우 효과가 좋았기 때문에 16세기와 17세기의 영국에서는 대단히 귀중한 보화로 여겼다. 나스터튬에 관해서 전해오는 이야기 중의 하나는 나스터튬이 트로야의 전사들이 흘린 피에서 생겼다는 것이다.

둥근 잎은 방패이고 트럼펫 모양의 꽃은 투구였다는 것이다. 학명인 토팔레움(Topaleum)은 '트로피'를 의미하는 그리스어 트로파이온(tropaion)에서 유래한다. 나스터튬의 꽃말은 애국을 상징한다.

우리나라에서는 연잎을 닮아 물에서 핀다하여 한련이라 하며 일본에서는 황금빛 꽃이 피는 연잎을 닮아 금련화라고 한다.

이용 방법

나스터튬의 모든 부위는 먹을 수 있다. 나스터튬에는 철분과 비타민 C 그리고 미네랄 등이 많이 함유되어 있다. 꽃은 샐러드로 그리고 잎은 수프나 샐러드 그리고 샌드위치의 재료로 이용할 수 있다. 신선한 잎과 꽃은 음식에 맛을 내는 데 소량으로 쓰이고, 녹색 씨와 꼬투리는 절여서 먹는다. 씨는 항생물질을 함유하고 있어서, 잎과 꽃이 같이 쓰여 장의 미생물을 파괴하지 않으면서 호흡기 박테리아를 제거한다. 또한 쌈으로 이용하며 김치를 담가 먹어도 좋다.

특성

나스터튬은 여름 화단을 장식하는 일년초로 이국적인 느낌이 나며 오렌지와 적색 꽃이 핀다.

식물 관리 요령

- 씨 뿌리기: 씨는 초봄에 뿌린다. 씨를 뿌리고 모래를 아주 살짝 뿌려준다. 싹트

나스터튬으로 꾸민 야외테이블

덩굴을 올리면서 키움

기에 적당한 온도는 15~20℃로서 낮에는 25℃ 이상이 되지 않도록 환기를 해 준다. 씨를 뿌린 후 4~5일이면 싹이 나온다.

- 햇빛 및 온도: 반그늘 또는 햇빛이 잘 드는 곳에서 잘 자란다. 생육에 좋은 온도는 15~25℃이고 내한성이 약하여 서리를 맞으면 죽는다.
- 용토: 약간 건조한 상태에서 잘 자란다. 따라서 용토를 만들 때 물빠짐이 좋게 하기 위하여 굵은 모래나 펄라이트의 양을 많게 하여 만든다. 배양토로 흙을 사용할 경우 밭흙 50%, 모래 20%, 부엽 10%, 퇴비 20%의 비율로 하고, 원예 자재점에서 판매되고 있는 인공배양토를 사용할 경우 펄라이트의 비율이 많은 것을 선택한다. 아니면 배양토에 모래를 섞어서 사용한다.
- 물 주기: 물을 자주 줄 필요는 없고 겉흙이 완전히 마르면 물을 충분히 준다.
- 거름주기: 밑거름으로 퇴비를 15~20% 포함시키고, 웃거름으로는 생육이 왕성한 초여름에 고형비료나 화학비료를 화분 위에 준다.
- 번식 방법: 씨 뿌리기 외에 싹이 튼 후 꺾꽂이로 번식하기도 한다. 줄기 끝을 7~8㎝가량 잘라 축축하고 부드러운 흙에 꽂아두면 일주일이면 뿌리가 내린다.
- 식물 구입: 화분으로 구입하며, 씨로도 번식 가능하다.
- 화분 크기: 소형 화분(15㎝), 플러그 묘
- 식물 위치: 베란다에 적합하다. 꽃을 보기 위해서는 햇빛이 많이 쪼이는 곳이 좋다.

❖ 앵초(Primula)

효능 및 기원

앵초뿌리에 5~10%의 사포닌이 들어 있어 유럽에서는 감기, 기관지염, 백일해 등에 거담제로 사용하여 왔으며, 신경통, 류머티즘, 관절염에도 사용한다. 또한 꽃은 천식이나 기침에 마시는 혼합차의 재료로도 이용된다.

이용 방법

여러 개를 군식(모아서 한꺼번에 심는 것)하여 봄철 장식을 하면 좋다. 새봄을 맞이하는 기쁨과 봄의 화사함을 현관 앞에 보여주면 보는 이들이 즐겁다. 또한 꽃의 크기가 작으므로 작은 꽃잎이나 봉오리를 따서 누름꽃을 만들어 두면 소품으로 이용할 수 있다.

가래 해소나 기침을 없애기 위해서는 앵초 0.5g에 뜨거운 물 150mL를 넣고 10분 정도 우려낸 뒤 하루에 1~3잔 정도 마신다.

특성

Primula는 라틴어 Primus(최초)의 축소형으로 유럽 앵초가 꽃이 일찍 피는 특성 때문에 유래된 것이다. 산과 들의 물가나 풀밭의 습지에서 자란다. 뿌리줄기는 짧고 수염뿌리가 달리며 옆으로 비스듬히 서고, 전체에 꼬부라진 털이 많다. 키는 20㎝ 이내이며 폭은 15㎝ 정도이다.

잎은 7~9㎝ 정도의 긴 잎자루를 가진 타원형으로 잎이나 잎자루에 연한 털이 있다. 꽃은 자연 상태에서 4~6월에 피는데, 길이 2~3㎝의 연분홍색꽃 10개 내외가 모여 핀다.

앵초는 자연 상태에서는 여러해살이풀이지만 추파일년초(가을에 씨를 뿌리면 봄에 꽃이 피는 식물)로도 가꿀 수 있어 7~8월에 씨를 뿌리면 이듬해 봄에 꽃이 핀다.

식물 관리 요령

- **씨 뿌리기**: 씨는 일반적으로 초가을(9월 초)에 뿌린다. 싹트기에 좋은 온도는 15~20℃이므로 한여름은 피한다. 씨를 뿌리고 자주 물을 주어 습도를 높게 해주고 서늘하게 유지한다.
- **햇빛 및 온도**: 햇빛이 잘 드는 양지바른 곳에서 잘 자란다. 생육에 좋은 온도는 15~20℃이고 25℃ 이상이 되면 생육이 억제된다. 내한성이 강하여 -5℃에서도 얼어 죽지 않는다.

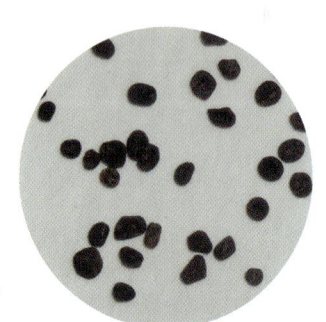

앵초 씨앗

- **용토**: 약간 습한 상태에서 잘 자란다. 따라서 토양은 보수력을 좋게 하기 위하여 밭흙이나 피트모스의 양을 많게 하여 만든다. 배양토로 흙을 사용할 경우 밭흙 40%, 모래 20%, 부엽 또는 부숙 왕겨 20%, 퇴비 20%의 비율로 하고, 시판되는 인공배양토를 사용할 경우 피트모스의 비율이 많은 것을 선택한다.
- **물 주기**: 가을에는 하루에 한 번 정도 물을 주고 겨울에는 2~3일에 한 번 준다. 꽃이 피었을 때는 꽃에 물이 닿지 않게 준다.
- **거름주기**: 밑거름으로 퇴비를 15~20% 포함시키고, 웃거름으로는 고형비료나 복합비료를 화분 위에 준다.
- **식물 구입**: 화분으로 구입하며, 씨로도 판매하고 있다.

- 화분 크기: 소형 화분(10~20cm)
- 식물 위치: 해가 잘 쬐는 베란다에 적합하다.

(2) 고혈압에 효과가 있는 식물

❖ 국화(Chrysanthemum)

효능 및 기원

중양절은 음력으로 9월 9일, 이때쯤이면 단풍이 곱게 물들고 국화가 만발하여 이를 구경하며 갖가지 음식을 만들어 먹는 날이다. 중양절을 즐기는 풍습으로는 국화를 이용한 갖가지 음식을 들 수 있는데 국화잎을 섞은 찹쌀 반죽에 꽃잎을 얹어 지져내는 국화전이 있으며, 국화를 고아낸 즙에 누룩이나 술밥을 섞어 빚거나 국화꽃을 명주 주머니에 넣고 술독 안에 매달아 향기가 배도록 하는 국화주를 함께 즐겼다. 국화즙으로 만든 국화주는 중풍 치료에도 효과적이라고 한다. 사실 국화는 하나도 버릴 것이 없다. 봄에 잎이 나오면 솎아서 산나물로 데쳐 먹고 여름에

스탠다드형 국화

동지아-겨울철에 뿌리 근처에서 나는 싹. 번식에 이용

잎이 무성하면 솎아서 떡에 넣어 먹고 꽃이 질 무렵이면 꽃과 잎을 모조리 따서 국화술로 또는 국화차로 마신다. 앙상한 줄기나 뿌리는 말려서 약으로 쓴다.

이용 방법

국화로 해 먹는 음식으로는 녹말을 묻힌 국화 꽃잎을 끓는 물에 살짝 데쳐서 바로 찬물에 넣었다가 오미자 즙에 띄워 마시는 음료인 국화면(菊花麵)이 있으며, 잘 말린 들국화 꽃잎에 녹두 녹말을 묻힌 다음, 뜨거운 물에 잠깐 데쳐서 꿀을 타 마시는 국화차는 불로 장수의 차로 전해지고 있다. 또, 국화잎으로는 부각(튀겨 먹는 것)을 만들어 먹기도 했는데, 감국잎에 찹쌀풀을 발라 말렸다가 튀긴 것으로 주로 반찬으로 먹었다. 국화는 방에 꽃꽂이를 하는 것만으로도 열병을 치유하는 효과가 있다고 한다. 꽃잎을 곱게 말려 베개 속에 넣어 두면 머리가 맑아지고 두통에도 좋고 혈압과 눈의 피로에도 좋아 몸이 피곤하다 싶을 때는 국화로 꽃을 꽂아 두고 그 향기를 즐기면 좋을 것이다. 삼국사기에도 그 이용 방법이 기록되어 있을 정도이니 그 역사도 오래되었다.

특성

한국, 만주 동남부가 원산지인 국화는 내한성(추위에 견디는 힘)이 강하여 노지에서 월동이 가능한 여러해살이풀로서 단일(낮의 길이 12시간 이하) 기간을 지나야 꽃이 생긴다. 이렇게 해가 짧아야 피는 꽃으로는 가을에 피는 꽃이 대부분이다. 해바라기, 나팔꽃, 코스모스 등이다. 꽃이 피는 형태에 따라 하나의 줄기에 하나의 꽃을 피우는 형태를 스탠다드 국화라고 하고 하나의 줄기에 여러 개의 꽃을 피우는 형태는 스프레이 국화라고 한다. 스탠다드 국화는 대부분 흰색, 노란색으로 우리나라에서는 죽은 사람을 추모하는 용도로 많이 쓰고 있으며 스프레이 국화는 여러 가지 색깔을 가진 꽃으로 화원에서 가을에 가장 많이 팔고 있으며 가격이 싸고 향이 좋으며 오래가기 때문에 가을에 가장 인기가 좋다.

식물 관리 요령

- 햇빛 및 온도: 국화는 저온에도 잘 견디는 여러해살이풀로서 생육에 좋은 온도는 15~20℃이다. 겨울철에는 땅속의 뿌리가 대부분 죽으나 흙 표면의 눈(芽)은 −10℃에서도 견딘다. 꽃이 생기기 위한 적당한 온도는 18℃ 정도이다. 한편 국화는 낮의 길이가 짧아야 꽃이 핀다. 낮의 길이가 12시간 이하로 10일 이상이 되어야 꽃눈이 나오고 꽃눈이 크는 데는 20일 정도가 필요하다.
- 물 주기: 배수가 잘되는 토양을 쓰고 건조하지 않도록 물을 준다. 화분에 심은 후에는 충분히 물을 주어 뿌리가 잘 내리도록 한다. 뿌리가 완전히 내리면 토양 표면을 건조하게 하여 병해

백수병에 걸린 국화

정상 잎(좌)과 백수병에 걸린 잎(우)

를 예방한다. 너무 물을 많이 주거나 주지 않으면 아래 쪽 잎이 죽는다. 꽃눈 분화시기에 너무 물을 많이 주면 꽃눈이 늦게 만들어지므로 물주는 양을 잘 조절한다.

- 용토: 물 빠짐이 좋은 흙을 좋아한다. 흙을 사용할 경우에는 밭흙 50%, 모래 30%, 부엽 10%, 퇴비 10%의 비율로 하고, 시판되는 인공배양토를 사용할 경우에는 질석 및 펄라이트의 비율이 많은 것을 선택한다.
- 거름주기: 밑거름으로 퇴비를 10~20% 포함시키고, 웃거름으로는 생육이 왕성해지는 7월 말에 고형비료나 복합비료를 화분 위에 준다. 국화는 양분을 많이 필요로 하는 식물로 심기 전에도 유기질 비료를 많이 넣어 주고 심은 후에도 화분 위에 비료를 줘야 한다.
- 번식 방법: 번식은 주로 꺾꽂이를 한다. 꺾꽂이 방법은 우선 병해충이 없는 건전한 줄기를 10㎝ 정도 자른다. 윗잎 2~3개 정도 남기고 아랫잎은 제거한 후 2~3㎝ 깊이로 꽂는다. 용토는 모래를 사용할 수 있고, 질석 및 펄라이트와 같은 인공 배양토를 혼합하여 사용할 수도 있다. 꺾꽂이를 할 때 용토에 충분히 물을 주고 습도를 높게 유지한다. 통풍이 잘되는 음지에서 잘 관리하면 10일이면 새 뿌리가 나온다.
- 병충해: 국화는 백수병과 진딧물이 많이 생긴다. 백수병은 잎 뒷면이 하얗게 둥근 반점을 보이는 병으로 곰팡이의 일종이다. 백수병은 식물끼리 너무 붙어 있거나 습도가 높으면 많이 생기는 것으로 특히 장마철에 많이 발생한다. 진딧물은 처음 발견하자마자 우유를 뿌리면 된다. 특히 꽃이나 잎을 그대로 이용하는 경우에는 농약을 치면 안 되므로 병충해 발생에 신경을 써야 한다.
- 식물 구입: 화분으로 구입한다.
- 화분 크기: 소형 화분(15㎝)
- 식물 위치: 베란다에 적합하다.

(3) 우울증에 효과가 있는 식물

우울증에 효과가 있는 식물로는 재스민, 레몬밤, 클라리세이지, 라벤더 등이 있다.

❖ 재스민(Jasmin)

효능 및 기원

청초한 꽃 모양이 의외라고 할 정도로 뛰어난 아름다움을 지니고 있는 재스민은 향기 좋은 꽃의 대명사로 달콤하고 관능적인 향기는 어느 유명 향수보다 더 좋은 꽃이다. 그렇기 때문에 옛날부터 향수나 차의 원료로 사용하고 있다. 인도네시아에서는 신혼부부의 침대에 재스민 향수를 뿌리는 풍습이 있다고 한다. 만성 위질환 환자, 기관지염 등 호흡기계 질환에 효과가 있다. 방에 화분을 놓아두면 독특한 향이 발산되어 위나 호흡기가 좋아진다. 재스민 차는 위 속을 깨끗하게 해준다.

이용 방법

초등학교 때 배운 '모리화'라는 노래를 기억하는지? 그 모리화가 바로 재스민이다. 이 노래는 중학교 3학년 교과서에도 나온다. 재스민차는 꽃 차 중에서도 가장 유명하고 대중적인 차이다.

특히 중국식당에서는 생수처럼 제공하기도 할 정도라 가히 중국 차의 대표라고도 할 수 있다. 기름지고 자극적인 요리를 먹은 후 마시면 입 속이 개운해지고 정신이 맑아진다.

재스민 차

특성

상록 덩굴성의 여러해살이풀로 봄부터 여름 사이에 흰색 꽃이 피며 향기가 좋다. 가볍게 도취시키는 감미롭고 이국적인 꽃향기로서, 이 넝쿨 식물의 가냘픈 꽃을 따기 위해서는 향기가 가장 많이 풍기는 야간에 꽃을 채취한다.

재스민은 약 6m까지 생장하며 이란과 북인도가 원산지이다. 지금은 알제리, 모로코, 이집트, 이탈리아, 프랑스 등 여러 나라에서 키우며 그중 프랑스에서 생산되는 재스민 오일이 최상급의 품질이다. 이 오일의 추출 과정은 복잡하기 때문에 대단한 기술을 요하며 재스민 오일을 생산하기 위하여 방대한 양의 꽃이 필요하므로 고가일 수밖에 없다.

재스민 꽃

식물 관리 요령

- 옮겨심기: 꽃피는 시기는 7~8월경이다. 여름에는 계속 덩굴이 자라서 꽃이 피므로 여름 동안에는 덩굴을 자르지 않고 그대로 키우되 11~12월에 철사를 이용한 지주를 세운다. 이때 반드시 오른쪽으로 감도록 하고 될 수 있으면 유인은 미리 해 두는 것이 편하다. 덩굴을

재스민 열매

자르는 시기는 봄으로 지난해 자란 길이의 반 혹은 ⅔는 잘라 버리고, 화분 흙도 반 정도 털어서 새 흙을 넣어 준다.

- 햇빛 및 온도: 정상적인 생육을 하기 위해서는 야간 온도 14~15℃, 주간 온도 30℃ 이내로 하여 실내의 공기가 너무 습하지 않도록 관리한다.
- 용토: 온실 내에서 화분 또는 노지에 심어도 좋다. 여름철에는 창밖에 내놓거나 창을 열어 통풍을 충분히 해주어야 한다.
- 물 주기: 여름에는 물을 충분히 주고 겨울철에는 되도록 적게 준다.
- 번식 방법: 번식은 꺾꽂이를 하는데 꺾꽂이 재료는 꽃이 잘 피는 포기로, 줄기의 색은 짙은 녹색인 중간 부분만 재료로 선택한다. 시기는 6~8월경에 걸쳐 10㎝ 정도로 잘라 모래에 꽂는다. 꺾꽂이 후 30일쯤이면 뿌리가 내리는데 이때 건조되지 않도록 물을 자주 준다. 꺾꽂이 후 60일쯤 지나면 묘를 뽑아 화분에 심는다.
- 식물 구입: 화분으로 구입하며, 씨로도 번식 가능하다
- 화분 크기: 소형 화분(15㎝), 플러그 묘
- 식물 위치: 베란다 및 거실에 적합하다.

(4) 신경안정에 효과가 있는 식물

신경안정에 효과적인 식물로는 라벤더, 로즈마리 등이 효과적이다.

❖ **라벤더(Lavender)**

효능 및 기원

아주 오래전부터 라벤더는 가장 사랑을 받는 허브 중의 하나이다. 라벤더는 라틴어의 lavare '씻다'라는 뜻을 가진 낱말에서 파생된 청결과 정화의 효능을 가지고 있다. 로마인들은 라벤더를 목욕물의 혼합재료로 사용하였고 또한 방향제, 향수, 출산 시 감염방지, 목욕 재료로 사용되었다. 중세와 르네상스 시대에는 페스트를 막기 위해서 바닥에 뿌렸고 주부들은 빨래나 옷장 혹은 책상 서랍에 라벤더를 넣어 두어 옷에 좋은 향기가 나게 하였고 또한 좀벌레를 예방하기도 하였다. 또한 파리나 모기를 쫓기 위해서 방의 한 구석에 매달아 두기도 하였다.

17세기 말경부터 기절한 사람을 깨어나게 하는 약으로 유명했었다. 그래서 라벤더 꽃을 모자에 꽂기만 해도 두통이 낫고 머리가 상쾌해진다고 믿었으며 심지어는 모자 속에 넣어서 머리에 쓰고 다니기도 했다는 것이다. 이 향기는 마음을 진정시켜 평안하게 하고 편히 잠들게 하므로 프랑스의 찰스 6세를 위해 라벤더의 꽃으로 속을 넣고 쿠션을 만들게 했다는 기록도 남아 있다. 일반적으로 상류층에서 장수의 비결로 라벤더와 로즈마리를 넣고 만든 베개를 만들어 베고 자는 것이 유행했었다.

미국에서도 라벤더 꽃은 방충제로서 모기나 파리 등의 해충을 쫓는 데 이용하였으며, 라벤더오일을 바르면 모기에 물리는 것을 예방할 수 있었다고 한다.

동물원의 사자나 호랑이에게 이 향기를 맡게 하면 순해진다고 하니 라벤더의 진정효과가 동물에게도 적용된다고 할 수 있다. 개구쟁이 어린아이들도 목욕시킬 때 욕조에 라벤더를 띄우고 목욕시키면 조용히 목욕시킬 수 있다고 한다. 향기를 깊이 들이마시면 신경안정과 정신안정에 효과가 있다. 근육통 류머티즘, 살균 및 방부작용이 있다.

예로부터 유럽에서는 라벤더를 화장실에 놓아두기도 하였는데 특히 잉글리시 계통의 라벤더는 파리를 구충하는 데 사용되었다.

피로회복과 잠을 푹 잘 수 있게 해주고, 아침에는 상쾌한 기분을 갖게 해주므로 취침 전에 목욕제나 뜨거운 차로 이용한다. 피부미용에 효능이 탁월하며, 생리통, 냉증, 화상에도 효과가 좋다. 라벤더 오일은 살균, 소독, 방부작용이 있어서 이것을 모든 외상에 사용했는데 제1차 세계대전 때는 부상병의 치료에도 이용했다. 주로 유럽의 병실에서 공기를 깨끗하게 하고 살균작용을 하는 용도로 사용되었다. 말린 소재를 드라이플라워용이나 장식용으로 걸어두면 실내에 향이 가득 퍼진다. 정신안정 및 불안해소, 화상, 벌레 물리데, 발의 피로, 스트레스 해소에 도움이 된다.

라벤더 꽃

이용 방법

꽃은 꽃봉오리가 완전히 피기 전에 수확하고, 맑

라벤더 향수

라벤더 포푸리

은 날에는 줄기째 잘라 바람이 잘 통하는 그늘에서 말린다. 수확한 꽃은 밀봉 용기에 건조제와 함께 넣는다. 생잎은 수시로 이용할 수 있다. 고기요리, 샐러드, 소스, 설탕절임, 차, 염색 등에 이용한다.

꽃봉오리는 포푸리, 목욕제, 화장수, 마사지 오일 등을 만드는 데 쓰이고 꽃에서 추출한 정유는 향수나 화장품, 비누 등의 방향유로 사용된다.

건조화를 만들 때는 날씨가 좋은 오전 중에 보라색을 띤 꽃피기 이전의 봉오리를 베어 통풍이 잘되는 응달에 매달아 말린다. 생화로 장식할 때에는 꽃이 핀 뒤에 줄기 아랫부분을 여유 있게 잘라 이용한다.

옛날부터 라벤더는 쿠키나 케이크, 사탕을 만드는 데 첨가하였다.

특성

라벤더는 원산지가 지중해 연안이며 꿀풀과에 속한다. 가지가 무성하며 크기가 20㎝~1m 정도이다. 꽃은 작은 별 모양을 하고 있으며 종류에 따라 6월 중순에서 8월 초순까지 약 50일 동안 보라색, 자색, 분홍색, 백색 등의 꽃이 핀다. 잎은 가늘고 회색 또는 녹색 빛을 띠고 있다. '향의 여왕'으로 불리는 라벤더는 수많은 허브 가운데 가장 많이 알려진 인기가 있는 식물이다. 식물 전체(잎, 꽃, 줄기)에 정유가 함유되어 있어 향기가 강하게 나고 쓴맛을 지니고 있다. 꽃은 주로 보라색이고, 흰색, 분홍색 등 종류가 다양하다.

식물 관리 요령

- 햇빛 및 온도: 강한 빛을 요구하며 서늘하고 습기가 없는 곳을 좋아한다. 그러나

꽃을 보지 않고 잎만 이용해도 될 경우에는 약간 그늘도 크게 문제 되지 않는다.

- 용토: 여름의 습기와 더위를 싫어하고 비옥한 땅보다는 유기질이 적은 석회질 토양을 좋아하기 때문에 배수와 통기가 잘되게 해야 한다. 화분에서 키울 때는 뿌리가 썩기 쉬우므로 물 주기에 주의하고 초가을에 가지치기를 하는 것이 좋다.
- 번식 방법: 꺾꽂이와 씨 뿌리기, 포기나누기로 번식할 수 있으며, 꺾꽂이는 이른봄부터 늦가을까지 어느 때나 할 수 있다.
- 봄이나 가을에 새로 자란 줄기를 15㎝

꺾꽂이할 줄기(삽수)를 자른 부위

삽수에 뿌리가 내린 모습

(종류에 따라서는 3~5㎝) 정도로 잘라서 아랫부분의 잎은 떼고 모래에 2㎝의 깊이로 꺾꽂이를 한다. 통풍이 잘되고 약간 그늘진 장소에 놓아두면 약 2주 뒤에는 뿌리를 내리기 시작한다. 라벤더는 줄기를 잘라 꽂으면 거의 100% 뿌리가 내린다. 꺾꽂이를 288플러그 상자(구멍이 288개 뚫린 플러그 상자)에 하여 2개나 4개씩 잘라서 선물하는 것도 괜찮다.

- 식물 구입: 화분으로 구입하며, 씨로도 번식 가능하다.
- 화분 크기: 소형 화분(15㎝), 플러그 묘
- 식물 위치: 베란다 및 거실에 적합하다.

플러그 상자에 라벤더를 꺾꽂이한 모습

(5) 기억력 증강에 효과가 있는 식물

기억력 증강에 효과가 있는 식물로는 로즈마리, 레몬밤, 민트, 세이지 등이 있다.

❖ **로즈마리**(Rosemary)

효능 및 기원

로즈마리는 여러해살이풀로서 지중해 지역과 유럽의 여러 지역, 특히 해안가에서 잘 자란다. 로즈마리는 전통적으로 우정과 기억의 상징이었고 오랫동안 결혼식이나 장례식에서 사용되었다. 이탈리아와 포르투갈에서는 신부와 신랑의 신발에 로즈마리를 넣어 둠으로써 신랑 신부가 서로에게 정절을 지키도록 하였다. 영국에서는 오늘날까지도 결혼을 알리는 역할을 하고 있다. 장례식에서는 로즈마리를 조문객에게 주어서 하관식 직전에 관 위에 놓도록 하였다. 이는 로즈마리가 불멸과 정절 그리고 다음 생에서의 풍요로움을 상징하는 의식에서 비롯되었다.

이집트의 파라오인들은 무덤 속에 로즈마리를 넣는 풍습이 있었는데, 이 풍습은 영국의 웨일즈 지방에 아직까지도 전승되고 있다. 속설에 의하면 로즈마리가 영원의 삶 속에서 인간의 영혼을 악으로부터 보호한다고 한다. 이것은 로즈마리가 장례식 때 자주 사용된 이유 중의 하나였다.

로즈마리가 대단히 유명해진 것은 로즈마리 생잎의 증류액으로 만든 '헝거리 여왕의 정수' 때문이다. 72세의 고령에다 마비증세를 겪고 있던 이사벨라 여왕은 로즈마리로 만든 정수를 마신 후 회춘하여 폴란드의 왕으로부터 청혼을 받을 정도였다고 한다. 정유를 함유하고 있는 모든 허브와 마찬가지로 로즈마리 또한 살균 및 항균작용을 하고 면역체계를 강화한다. 그러한 이유로 로즈마리가 전염병과 질병 및 악마와 마녀의 횡포를 막아준다고 믿었다. 출산을 돕는 간호사들은 감염을 막기 위해서 산모와 갓난아이를 로즈마리 차를 이용하여 씻겨주었다. 또한 사용되었던 기구들을 로즈마리 차를 이용하여 살균소독을 하였다. 또한 병원과 환자의 집에서는 쥬니퍼 열매와 말린 로즈마리 잎을 섞어 태워 병과 죽음의 공기를 씻어내려고 했다. 길을 나서는 여성들은 몸에 로즈마리 생잎을 지니고 다님으로써 좋지 않은 냄새를 없애고 질병을 예방하려고 했다. 또한 로즈마리로 목걸이를 만들어서 걸고 다니면 지성의 둔감함과 영혼의 차가움을 완화한다고 믿었다.

로즈마리는 강력한 방부작용, 기억력 자극, 청결, 두통, 편두통, 피로해소에 효과적이다. 살균 소독, 원기를 회복시키는 작용도 있다. 저혈압일 때 혈압을 높여준다. 일시적인 수족마비에도 사용하며, 통풍, 통증, 류마티스통을 완화한다. 세안용(피부 윤기), 목욕제, 비만 및 피부재생에 효과적이며 모발 성장을 촉진한다.

로즈마리 꽃

이용 방법

라벤더와 함께 여성에게 가장 인기 있는 로즈마리는 기원전 1세기부터 약초로 쓰였으며 요리는 물론 큰 행사가 있을 때 생활 속에서 다양하게 이용하였다.

상록성의 로즈마리는 줄기, 잎, 꽃을 모두 이용하는데 요리나 차, 입욕제, 화장수 등에 널리 쓰이며 언제라도 손쉽게 수확하여 이용할 수 있다는 장점이 있다. 건조해서 사용할 때에는 꽃피기 직전이 적기이며, 잎의 색을 잘 유지하고자 할 때에는 필요할 때마다 줄기를 잘라서 이용하면 되는데 실내에서 온풍으로 짧은 시간에 건조하는 것이 좋다.

로즈마리는 예로부터 서양 전통 요리에 많이 사용되었는데 현재도 이탈리아에서는 거의 모든 요리에 쓰이고 있다. 특히 열을 가해도 향이 보존되기 때문에 세이지, 타임과 함께 육류 요리에 많이 이용되며 방향이 강하므로 주 요리의 풍미를 살리려면 적게 사용하는 것이 좋다.

비니거(식초)나 올리브 오일에 2~3개의 줄기를 넣어 두면 드레싱으로 활용할 수 있으며 생잎 그대로를 쓰기도 하고 꽃은 요리의 장식으로 사용하기도 한다. 또 로즈마리는 갈색 빛을 내는 염료로도 이용되며 꽃이나 잎에서 발산하는 성분에는 항균작용이 있기 때문에 리스를 만들어 욕실이나 실내 벽걸이로 걸어 두면 좋다. 살균 작용이 대단히 높은 허브로 방향 주머니를 만들어 장롱이나 옷 서랍에 넣어 두면 좀벌레의 피해를 줄일 수 있다.

차를 만들어 마시면 원기 회복의 효과가 있으며 소화 불량, 항균 작용, 혈액 순환 촉진, 감기, 두통 등에 도움이 된다. 또 에센셜 오일은 피부의 노화를 방지하는 효과가 있어 미용, 화장수로서 인기가 높고 목욕제로 사용하면 피로 회복에 좋다. 예로부터 로즈마리 헤어토닉은 유명한데 샴푸나 린스로 이용하면

로즈마리 잎

로즈마리 오일

비듬을 억제하여 준다.

이탈리아 요리에 많이 쓰이며 스튜, 수프, 소시지, 잼 등에 향료로도 이용되며 꽃은 샐러드에 곁들여 이용되기도 한다. 고기 구울 때 잎을 1장씩 넣어 쓰기도 하고, 이탈리아 요리, 수프, 소시지, 잼 등에 쓰인다. 돼지고기 삼겹살에 로즈마리 줄기를 넣어 호일로 감싸고 구우면 색다른 맛의 로즈마리 삼겹살을 맛볼 수 있다. 이용 가능한 부위는 꽃이 핀 시기나 꽃이 지고 난 뒤 수확한 생잎과 꽃 또는 말린 잎과 꽃이다.

특성

지중해 연안에 넓게 분포하고 있는 로즈마리는 꿀풀과의 여러해살이풀로 2m까지 자란다. 좁고 가는 솔잎 모양의 잎은 가죽처럼 질긴 성질을 가지고 있으며 윤기가 나고 솔잎 향기와 같은 특유의 강한 방향이 있다. 품종에 따라 향도 다양하여 유럽에서는 현관 옆에 심거나 생울타리, 가로변 등에 심기도 하며 스페인에서는 토피아리(topiary)로 많이 이용한다. 꽃은 대부분 청자색인데 연분홍색과 백색도 있다. 줄기, 잎, 꽃이 관상가치가 있고, 향, 요리, 포푸리, 미용염료에도 쓰인다.

영국에서는 문 위에 올려놓아 악귀나 병마의 침입을 물리치는 액막이로 이용되기도 한다. 《로미오와 줄리엣》이라는 책을 보면 로렌스 신부가 로미오에게 로즈마리를 던져 주는 장면이 나온다. 더위에도 강하고 병충해도 별로 없으며 튼튼하다. 로즈마리는 직립성 타입과 옆으로 퍼지는 포복성 타입이 있다.

꺾꽂이 후 로즈마리 줄기에서 뿌리가 내림

식물 관리 요령

- 햇빛 및 온도: 강한 빛을 좋아한다.
- 용토: 배수가 좋은 건조한 토양을 좋아한다. 다습한 상태로 오래두면 뿌리가 썩어 죽는다. 곁가지가 잘 나오므로 여러 번 잘라주어 울창하게 키운다. 겨울에는 차가운 바람에 노출되어 잎이 마르고 누렇게 변하나, 뿌리가 죽지는 않는다. 겨울에 비닐을 씌우면 항상 푸른 상태로 유지할 수 있다.
- 물 주기: 물은 소량으로 주고 내한성이 약하여 노지에서의 월동은 대전 위로는 어렵다. 화분에 심을 때는 배수에 특별히 신경을 쓰고 질소 비료 등을 너무 많이 주지 않도록 하며 화분 밑이나 정원에 골분을 넣어 주는 것이 좋다.
- 거름주기: 건조한 상태를 좋아하므로 흙에 습기가 차지 않도록 하고 비료는 두 달에 한 번 정도로 화학 비료를 살짝 뿌려 준다.
- 번식 방법: 꺾꽂이나 씨 뿌리기로 번식할 수 있으나 꺾꽂이가 제일 좋다. 봄부터 가을에 걸쳐 줄기의 끝 부분을 5~8㎝ 정도 자른다. 아래쪽 잎은 잘라내고, 흙에 꽂아 물을 준 후 건조하지 않도록 반음지에 두면 약 1개월 만에 뿌리가 난다. 다른 허브류에 비해 뿌리가 늦게 나고 뿌리가 나는 비율도 떨어진다.
- 식물 구입: 화분으로 구입, 씨로도 번식 가능하다.
- 화분 크기: 소형 화분(15㎝), 플러그 묘
- 식물 위치: 베란다 및 거실에 적합하다.

독성

임산부와 고혈압 환자는 사용을 금한다. 임신 5개월간 혹은 혈압이 높을 경우에는 사용을 피하는 것이 좋다.

(6) 당뇨에 효과가 있는 식물

당뇨에 효과가 있는 식물로는 백합, 달개비 등이 알려져 있다.

❖ 백합[나리] (Lily)

효능 및 기원

백합을 이용하면 목이 마르고 몸이 나른해지는 당뇨병 특유의 증상이 개선된다. 또한 백합을 방에 꽂아두면 백합의 방향 성분이 발산되어서 불쾌한 증상들이 없어진다고 한다. 백합은 향기가 좋아 향수에도 이용되는데 대표적인 제품이 에스티로더의 플레져 우먼으로 투명한 백합향, 신선한 제비꽃으로 맑고 상큼하며 발랄한 느낌의 향수이다. 여기에는 백합, 제비꽃, 칼라, 모란, 라일락이 재료로 사용된다.

이용 방법

꽃이 화려하고 진한 향기가 나는 오리엔탈 백합 종류는 밀폐된 방 안에 두게 되면 향기가 너무 진해 오히려 좋지 않을 수도 있다. 그러므로 한 송이 정도 꽂아두어 향을 조절하는 것이 좋다. 절화, 분화, 화단용 등으로 이용된다.

백합(오리엔탈 나리)

특성

백합은 한국, 일본, 중국 등 동아시아가 주요 자생지이며, 조각 조각의 인편이 모여서 구를 이룬 구근류이다. 인편이란 마늘의 쪽과 유사한 용어로 인편 하나하나를 잘라 모래에 꽂으면 뿌리가 내리고 새로운 구근이 형성된다. 그러나 꽃은 다음 해에 핀다. 꽃피는 시기는 봄부터 여름이고, 일반적으로 가을에 구를 심으면 봄에 꽃이 핀다. 왜냐하면 백합은 겨울의 저온을 받아야 꽃눈이 생겨 꽃이 피는 식물이기 때문이다. 백합의 종류에는 여러 종류가 있다.

그 주요 종류는 꽃이 하늘을 향하여 피고 꽃 색깔이 다양한 아시아틱 백합, 꽃이 크고 향기가 있는 오리엔탈 백합, 씨로 번식되어 흰 꽃을 피우는 신나팔백합, 그리고 자생백합 등이 있다.

식물 관리 요령

- 햇빛 및 온도: 생육에 좋은 온도는 15~20℃이다. 밤과 낮의 온도 차이가 심하면 잎이 타거나 꽃이 기형으로 핀다. 특히 온도가 높으면 잎이 탄다.
- 물 주기: 물은 구 자체에 수분을 어느 정도 함유하고 있기 때문에 너무 자주 주지 않아도 되므로 과습하지 않도록 하고 상대 습도는 80~85%를 유지한다. 대

신에 물을 자주 주지 않으면 키가 작게 자란다.
- 용토: 물 빠짐이 좋고 보수력이 있는 흙을 좋아한다. 흙을 사용할 경우 밭흙 60%, 모래 20%, 부엽 10%, 퇴비 10%의 비율로 하고, 시판되는 인공배양토를 사용할 경우 피트모스 및 펄라이트의 비율이 많은 것을 선택한다.
- 거름주기: 밑거름으로 퇴비를 10% 정도 포함시키고, 웃거름으로는 생육이 왕성해지는 시기에 한 달에 한 번 정도 고형비료나 복합비료를 배양토 위에 준다.
- 번식 방법: 번식은 주로 구 또는 인편으로 번식하지만 신나팔백합은 씨로 번식

① / ② 자구(새끼 구근)

③ / ④ 떼어낸다 / ⑤ 각각 심으면 꽃이 핀다

[나리의 구근심기]

된다. 구근은 심은 후 3개월 정도면 꽃이 피고, 신나팔백합의 씨는 2월 정도에 뿌리면 8월 즈음에 꽃이 피지만 식물체당 1~2송이가 핀다.

- 심기: 구근을 구근 크기의 2~3배 정도 깊이에 심는다. 백합은 땅속 부분의 구근 위에 줄기가 있어 그 부위에서 뿌리가 생기는 식물로 너무 낮게 심으면 뿌리 발달이 약해지고 줄기가 넘어져 키우기가 어렵다.
- 식물 구입: 봄에 구근을 구입하여 심는다. 이미 저온 처리를 받은 것으로 심으면 여름에 꽃이 핀다. 구근이 심어져 있거나 봉오리가 생긴 화분으로 구입할 수 있다.
- 화분 크기: 소형 화분(15~20㎝)
- 식물 위치: 베란다에 적합하다. 꽃이 피는 데 햇빛이 필요하다.

독성

백합으로 가득 차 있는 밀폐된 공간에서 사람이 잔다면, 산소가 줄어들기만 하므로 호흡곤란으로 죽을 수도 있다. 아마 백합이 아니고 다른 식물이 그 방에 가득 차 있더라도 마찬가지 결과를 가져 올 것이다.

Note • 틈나리

한국과 일본이 원산지로 꽃잎과 꽃잎 사이가 틈이 있다고 해서 붙여진 이름이다. 최근에는 틈이 벌어지지 않은 종류들이 육종되어 판매되고 있다.

(7) 생리통에 효과가 있는 식물

❖ **세이지**(Sage)

효능 및 기원

세이지는 정신을 맑게 하고 기억력을 향상시키며, 감성을 활성화하고 억눌린 기분을 좋게 해준다. 그리고 게으름을 쫓아주고 남성들의 감퇴하는 정력을 재생하는 강장제로 사용된다. 또한 우울증, 불안감, 두려움증, 편두통, 불면증 및 신경성 피로에도 세이지가 이용되며 회복기의 환자나 노화와 관련된 질환들을 완화하기 위해서 노인들에게 세이지가 처방되기도 한다.

세이지는 그리스·로마 시대부터 많은 사람들에게 만병통치약으로 이용되어 왔다. 학명은 '구원한다'라는 의미의 라틴어에서 유래한다. 또 "영원히 살고 싶은 자는 5월에 세이지를 먹지 않으면 안 된다."라든가 "세이지를 정원에 심어 놓은 집에서는 죽은 사람이 나오지 않는다."라는 속담이 있을 정도이다.

류머티스, 관절통, 근육통, 갱년기 장애의 제 증상에 효과가 있다. 약용 사루비아라고 불리어질 정도로 약효가 유명하다. 소화 촉진, 강장, 살균 등에서도 이용되

달콤한 맛이 나는 세이지 꽃

고 옛날부터 항산화작용 등이 있어 최근에는 노화 방지에도 효과가 있다고 한다. 정신을 안정시키며 스트레스 해소에 좋다. 해열, 살균, 소화촉진, 식욕증진, 살균 효과 등이 있으며 진통, 항균, 방부, 습진, 냉증, 갱년기 장애에 큰 효과가 있다.

이용 방법

세이지는 고기나 생선의 지방분을 중화시켜 냄새를 제거하므로 요리에 매우 긴요하게 쓰인다. 특히 육류 요리에 세이지를 넣으면 고상한 맛이 나며 기름기 많은 부분이라도 식후의 느끼함이 없다. 또 입 안이 산뜻하며 소화도 도와준다. 이것은 세이지에 포함된 방향 정유분이 고기나 내장류의 역겨움을 없애 주고 지방분을 분해시키기 때문이다.

그밖에 햄류나 치즈·내장·토마토 요리 등에 쓰이는데 다양하지만 한 번에 다량으로 사용하지 않아야 한다. 또 말린 잎은 신선한 잎에 비해 고상한 맛이 강하기 때문에 요리할 때는 양을 적은 듯하게 사용해야 한다. 잎을 잘게 썰어 부드러운 버터에 섞으면 향이 풍부한 세이지 버터가 된다. 허브식초, 올리브 오일에 줄기와 잎을 2~3장 넣으면 훌륭한 드레싱으로 이용된다.

세이지 차는 기분을 맑게 하고 흥분을 진정시키며 구강염이나 잇몸의 출혈과 구취 방지에 효과가 있으나 효력이 강하므로 연속하여 마시는 것은 피한다.

그리고 세이지는 오일, 식초, 술 등에 담가 이용한다. 강장, 진정, 소화, 살균 효과 등이 있으며 고기나 생선의 지방분을 중화시켜 냄새를 제거한다.

세이지는 이를 하얗게 하고 잇몸을 튼튼하게 하는 것으로 알려져 있는데, 이 방법은 아메리칸 인디언이 입 안을 깨끗하게 하는데 사용했고, 아랍 사람들은 지금도 사용하고 있다고 한다.

또 잎을 냉장고 안에 깔아서 고기를 보존하면 부패하지 않고 오래가며 건조한 잎을 화장실에 넣어 두면 냄새 제거에 효과가 있다. 또한 세이지는 배추흰나비나 검은줄 흰나비의 애벌레, 파리, 모기 등의 해충을 퇴치하는 효과도 있다. 특히 로즈마리와 섞으면 효과가 더 커진다.

잎은 소시지 등 가공 식품의 향신료로 이용하고 꽃은 포푸리로 이용한다. 아주 중요한 향신료로 쓰이는데 생잎, 건조한 잎 모두 고기의 누린내를 없애고 생선 비린내를 제거한다. 세이지 차는 유럽의 건강식품으로 인기가 있으며 정신안정과 스트레스 해소에 좋다. 많은 종류가 있고 어느 장소에서나 사용 가능하며 관상, 향료, 약, 요리, 염색 등에 이용된다.

특성

원산지는 지중해 지역이며 대개는 정원에서 재배한다. 좋은 향기를 가지고 있는 세이지는 80㎝까지 키가 자라는 꿀풀과에 속하는 여러해살이 관목성 식물(키가 작은 나무)로서 목화된 부분으로 월동을 한다. 잔가지를 무성하게 치는 가지들의 오래된 부분들은 회갈색 껍질이 덮고 있다. 새순에는 솜털이 촘촘히 나있다. 세이지에는 클라리세이지, 체리세이지, 레드세이지, 러시안세이지, 실버세이지, 골든세이지, 가든세이지 등 다양한 품종이 있다. 초여름에 청색, 흰색, 분홍색, 노란색 등의 다채로운 꽃이 피므로 허브 정원의 여왕으로 불린다. 또 5월 중순에서 7월 하순까지 꽃이 피는데 꿀풀과 특유의 입술 모양의 꽃잎은 은회색의 잎과 대조를 이루는 대표적인 관상용 허브이다. 화단 식재용으로 많이 이용되며 압화, 포푸리 및 요리에 이용된다.

식물 관리 요령

- 햇빛 및 온도: 추위에 약하고, 더위에는 강하다. 건조에는 강하나 과습에는 약하다.
- 용토: 세이지는 양지바른 곳과 배수가 좋은 곳에 심어야 한다.
- 거름주기: 통풍이 잘되는 장소에 30㎝ 이상 포기 간격을 벌려 효과가 오랫동안

체리 세이지

지속되는 지효성 비료를 밑거름으로 하여 심는다. 겨울에는 잎과 줄기가 마르는데 다음해 봄에 새싹이 나오면 줄기 밑동의 마른 잎을 베어낸다. 화분은 겨울에 실내에 들여놓아야 한다.

- 번식 방법: 꺾꽂이나 씨 뿌리기로 한다. 봄부터 초여름에 튼튼한 줄기를 5~10㎝ 자르고 아래쪽 잎을 떼어 모래에 2㎝ 정도의 깊이로 꺾꽂이를 한다. 반그늘이고 통풍이 잘되는 곳에 2주 정도 두면 뿌리가 난다. 씨는 4~6월에 뿌리며 최저 15℃ 이상은 되어야 싹이 잘 튼다.
- 식물 구입: 화분으로 구입하며, 씨로도 번식 가능하다.
- 화분 크기: 소형 화분(15㎝), 플러그 묘
- 식물 위치: 베란다 및 거실에 적합하다.

독성

세이지는 젖 분비를 억제시키므로 젖을 먹이는 산모는 주의한다. 알코올과 섞은 세이지 엑기스 및 순수 정유를 장기간 복용하는 경우 경련을 일으킬 수 있으며, 임산부는 복용하지 말아야 한다.

(8) 입 냄새 제거에 효과가 있는 식물

입 냄새 제거에 범부채, 회향, 족두리풀의 뿌리, 매실 등이 효과가 있다.

❖ **범부채** (*Belamcanda chinensis*)

효능 및 기원

범부채는 잎 모양이 부챗살처럼 배열되어 있고 꽃잎에 찍힌 얼룩 반점이 표범과 같다고 하여 붙여진 이름이다. 뿌리줄기(근경)는 햇볕에 말린 것을 사간(새를 쏘는 사수의 화살인 죽간과 모양이 비슷하여 붙여진 이름)이라 하여 한약재로 이용한다. 근경은 해열·해독·소염·감기에 효과가 있다. 입 안에 염증이 있거나, 인후가 곪는 데, 또는 편도염을 없애는 데 널리 쓰이고 있다. 따라서 인후가 붓고 아플 때, 가래·기침으로 호흡이 곤란할 때 사용한다.

이용 방법

꽃은 물론 잎의 모습이 시원하다. 관상가치가 뛰어나므로 화단이나 지피식물로 군식하면 효과적이다. 꽃꽂이에서 범부채 잎은 시원하게 생겨 뒷면 장식으로 인

범부채 꽃

범부채 씨앗

기가 있다. 꽃의 수명은 짧으나 지는 모습이 깔끔하고 아름답다. 잎은 오랫동안 녹색을 유지한다. 약재로 쓰기 위해서는 봄이나 가을에 채취해서 잎과 잔뿌리를 제거하고 햇볕에 말려 손질한다.

특성

백합목 붓꽃과의 여러해살이풀로서, 뿌리줄기가 옆으로 뻗고 잎이 어긋난다. 꽃은 황적색 바탕에 짙은 얼룩점이 있다.

높이 50~100㎝, 산야지 초원에서 자라며 꽃은 황적색 바탕에 짙은 흑자색 반점이 있고, 씨는 흑색이고 윤기가 있으며, 8월경에 채취하여 곧바로 뿌리면 이듬해 봄에 거의 대부분 싹이 튼다. 씨는 분꽃의 씨와 유사하게 생겼다.

식물 관리 요령

- 햇빛 및 온도: 양지성 식물이므로 햇빛이 잘 비치는 곳이 좋다.
- 용토: 성질이 강건하여 특별한 관리는 필요하지 않으나 물빠짐과 보습성이 좋은 사질양토에 부엽 등의 유기물을 충분히 섞어 키우는 것이 좋다.
- 번식 방법: 포기나누기에 의해 번식이 가능하나 8월경에 씨를 받아 곧바로 심으면 이듬해 봄에 거의 대부분 싹이 튼다. 싹이 튼 어린 묘는 5월경에 이식하여 주면 그 해에 꽃이 핀다.
- 식물 구입: 씨로 구입하거나, 화분으로 구입한다.
- 화분 크기: 소·중형 화분(15~30㎝)   • 식물 위치: 베란다가 적합하다.

독성

임신부는 복용을 금한다.

(9) 토혈에 효과가 있는 식물

토혈할 때 효과가 있는 식물로는 기린초, 부들, 냉이 등이 있다.

❖ **가는기린초**(*Sedum aizoon*)

효능 및 기원

지혈, 토혈, 타박상에 효과가 있다.

이용 방법

산에 나며 어린순은 식용한다. 키가 작고 꽃이 화려하여 지피식물로 좋다. 잘라서 물에 꽂아 놓으면 오랫동안 꽃을 감상할 수 있다. 물을 주지 않아도 잘 자라고 물 속에서 키워도 잘 자란다.

생육기의 초록색 잎

가을철 단풍이 든 가는기린초

특성

장미목 돌나물과의 쌍떡잎식물이며, 여러해살이풀이다. 줄기는 모여 나며 곧게 서고 원기둥형이며, 잎은 어긋나며 잎자루가 없고 긴 타원꼴의 바늘꼴로 끝이 뾰족하거나 뭉툭하며 거친 톱니가 있고 육질이다. 남부·중부 지방, 독도 등지의 산지 초원에 자란다. 크기가 20~50cm이고 잎은 좁고 긴 타원형이고 잎자루가 없고 길이 3~6cm로서 가장자리에 둔한 톱니가 있다. 7~8월에 황색 꽃이 피고 10월에 열매가 익는다. 그러나 열매는 눈에 잘 보이지 않을 정도로 작다. 대개는 어린순을 나물로 먹는다.

식물 관리 요령

- 햇빛 및 온도: 양지성 식물이나 반그늘에서도 잘 자란다.

씨가 맺힌 가는기린초

- 용토: 배수성과 통기성이 좋은 사질 토양에 약간 건조한 상태로 키우는 것이 좋다.
- 거름주기: 특별한 관리가 필요하지 않으나 한 달에 한 번 정도 하이포넥스 1,000배액을 주면 좋다.
- 번식 방법: 5월 말경에 씨를 받아서 바로 뿌리면 이듬해 봄에 싹이 난다.

가는기린초의 잎 모양

일반적으로는 꺾꽂이를 하는데 줄기를 잘라하는 경삽과 잎을 떼어서 하는 엽삽이 가능하다. 경삽을 하면 뿌리가 빨리 내려 큰 식물체를 쉽게 얻을 수 있다. 그러나 엽삽은 뿌리가 내리는 데 오래 걸리는 단점이 있다.
- 식물 구입: 씨로 구입하거나, 화분으로 구입한다.
- 화분 크기: 소형 화분(15~20㎝)
- 식물 위치: 베란다 및 거실에 적합하다.

04
음식으로 이용할 수 있는 꽃과 식물

쌈이나 샐러드로 이용할 수 있는 식물 | 꽃을 먹을 수 있는 식물
뿌리를 이용할 수 있는 식물

식용할 수 있는 꽃은 일년초, 이년초, 여러해살이풀의 초본성뿐만 아니라 상록수와 낙엽수의 꽃에도 많이 있다.

인간은 오래전부터 풀과 열매를 식량이나 치료 약 등에 다양하게 이용하여 왔는데 점차 생활의 지혜를 얻으면서 인간에게 유용하고 특별한 식물을 구별하여 사용하기 시작하였다. 국화, 진달래, 호박꽃, 홍화(잇꽃), 딸기꽃, 아카시아꽃, 동백꽃, 복숭아꽃, 살구꽃, 매화, 연꽃, 목련, 장미, 제비꽃, 난꽃, 유채꽃 등 음식에 향기를 더해주는 마술사인 꽃은 그 종류뿐 아니라 요리 방법까지 무척 다양하다. 샐러드로 가볍게 즐겨 먹을 수도 있고 과자나 두부 등에 붙이는 장식용, 술 재료로도 이용된다. 또한 국, 차, 수프 등에도 사용할 수 있고 튀김 재료용, 고기를 볶을 때 사용하는 향료로도 이용한다. 그 밖에 무침, 비빔밥으로도 이용할 수 있다. 꽃의 즙을 내어 젤리, 잼, 아이스크림, 사탕 등 어린아이들의 간식용으로도 이용된다.

〈사이언스〉 1975년 3월호에서는 2800년 전의 고대 인디언들이 사막에서 자라는 식물의 꽃을 일상적으로 먹었다는 것을 텍사스 농공대학의 연구자 브라이언트와 윌리엄즈 딘이 밝혀내고 있다. 늦은 봄부터 초여름에 걸쳐서 용설란이나 부채선인장 꽃을 배가 부를 정도로 먹었을 당시 인디언들의 식생활이 얼마나 즐거웠을지 상상이 된다. 브라이언트 연구팀은 〈사이언스〉에서 고대 인디언들을 '꽃의 백성'이라고 불렀다. 꽃은 보고 즐기는 것만이 아니라, 음식으로서 생활의 한가운데에 있었다.

(1) 쌈이나 샐러드로 이용할 수 있는 식물

쌈으로 이용할 수 있는 식물로는 머위, 민들레, 고들빼기(용설채), 섬초롱 등이 있고 샐러드로 이용할 수 있는 식물로는 돌나물, 체리세이지, 패랭이, 로즈마리, 바질, 로케트, 나스터튬, 차빌 등이 있다.

[쌈으로 이용할 수 있는 식물]

❖ **섬초롱**(Campanula)

효능 및 기원

민간에서는 예로부터 기관지염과 천식에 효능을 보고자 섬초롱 뿌리 3, 흑설탕 1의 비율로 하여 섬초롱술을 담가 마셨다.

이용 방법

연한 잎과 잎자루, 뿌리를 먹는데 맛이 순하고 담백하여 산 채로 먹는다. 어린잎과 줄기를 생으로 무쳐 먹는 경우에는 쓴맛이 전혀 없으므로 살짝 데쳐서 찬물에 한번 헹구기만 하면 된다.

섬초롱은 잎, 줄기, 꽃, 뿌리 등 식물체 전체를 하나도 버리지 않고 먹는다. 잎, 줄기, 꽃은 튀김을 해 먹기도 하고 뿌리는 구이, 생채무침, 볶음, 장아찌 등으로도 먹는다. 섬초롱에는 신맛을 내는 푸마르산, 구연산, 말산 등의 유기산이 들어있고, 사포닌과 이눌린이 함유되어 있다. 단백질, 당질, 회분, 인 등의 함유량이 일반 모시대에 비해 많고 비타민 A와 칼슘, 칼륨, 철 등을 함유한다. 햇빛이 잘 들고 척박한 사면지나 개활지 등에 군식하면 대단히 아름답다. 화단용 소재로 식재하여도 좋다. 만개한 꽃을 따서 안에 육류와 양념을 채워 넣어 식용하면 맛과 모양이 매우 좋다.

특성

산기슭이나 풀밭에서 자라는 초롱꽃과의 여러해살이풀로 30~100㎝까지 자란다. 잎은 잎자루가 있는 계란 모양의 하트모양으로 위로 올라가 자라면서 긴타원형으로 된다. 6~8월에는 종 모양의 연분홍꽃이 가지와 원줄기에서 밑을 향해 피는데 이는 흰모사대라 부른다. 뿌리는 약간 굵고 육질이며 여러 가닥으로 갈라져 자란다. 섬모시대, 모시나물, 모시때, 모시대, 게로기 등으로 불린다. 연한 잎과 줄기를 따서 쌈채로 이용하고, 생잎은 무침, 튀김에 이용된다. 데친 것은 나물로도 이용된다. 뿌리는 육질이어서 쌉쌀한데 도라지나 더덕처럼 무침, 구이, 볶음요리에 이용된다.

식물 관리 요령

- 햇빛 및 온도: 햇빛이 잘 드는 양지가 좋으나 어느 정도의 반그늘도 가능하다.
- 용토: 배수성이 좋고 약간 척박한 토양에서 키우는 것이 좋다. 지하부의 습기에는 특히 약하다.
- 거름주기: 거의 필요하지 않다. 오히려 과다한 거름주기는 뿌리를 썩게 만든다.
- 번식 방법: 번식은 씨로 잘 된다. 채취한 씨를 곧바로 뿌리면 이듬해 봄에 싹이 난다. 싹이 난 어린 묘는 7~8월경에 옮긴다.
- 식물 구입: 씨를 구입한다. 뿌리를 캐어 심는다.

시든 후 꼬투리가 생김

- 화분 크기: 소형 화분(15~20㎝)
- 식물 위치: 베란다가 적합하다.

(2) 꽃을 먹을 수 있는 식물

어린 시절 기억을 더듬어 보면 단맛이 있는 샐비어 꽃을 학교 운동장 화단에서 몰래 따서 먹었던 추억이 아련히 떠오른다. 예로부터 진달래나 샐비어는 꽃잎이나 꿀로 우리를 즐겁게 만들어 주었다. 꽃은 단백질과 필수 아미노산, 비타민, 미네랄 등을 함유하고 있어 인체의 면역 기능을 높이고 신진대사를 촉진해 노화를 지연시킨다고 한다. 때문에 꽃 요리는 눈과 입을 즐겁게 할 뿐만 아니라 건강에도 좋다.

보는 것만으로도 즐거운 꽃을 먹는다는 것이 별스럽게 보일 수 있지만, 의외로 꽃을 먹기 시작한 것은 굉장히 오래전 일이다. 외국의 경우 중동인들이 이미 수 세기 전부터 로즈워터를 마시기 시작했다고 한다. 예로부터 선조들은 봄볕이 따스해져 진달래가 필 때쯤 여럿이 모여 그 꽃을 따서 전을 부치거나 떡에 넣어 먹으며 천지사방 흐드러진 꽃을 찾아 봄을 맞이하는 화전놀이를 즐겼다고 한다. 진달래 꽃전, 화채, 매화죽, 아카시아 꽃 튀김 등등 지금은 낯설게 들리는 꽃 음식이 예선에는 우리 주위에서 흔히 볼 수 있는 음식이었다.

우리가 흔히 알고 있는 진달래 외에도 봄에는 배꽃, 메리골드, 팬지, 야로우, 앵초, 히야신스, 미니 카네이션 등을 먹을 수 있다. 여름에는 장미화전, 가을에는 황국화와 감국으로 국화전을 부쳐 먹을 수 있다. 이외에도 꽃 얼음을 만들어 아이스티나 펀치에 한두 개씩 띄우거나, 신선한 샐러드에 형형색색의 꽃을 얹거나, 달콤한 케이크를 장식해 먹는 것도 좋다.

음식을 즐기려면 몇 가지 주의할 점이 있다. 첫째, 모든 꽃을 먹을 수 있는 것은 아니다. 꽃 중에는 독성이 있는 것도 있기 때문에 반드시 식용 가능한 꽃만을 먹어야 한다. 식용으로 먹을 수 있는 꽃은 도시 근교에 위치하고 있는 특수 채소를 키우는 농장에서 식용 장미를 비롯하여 히야신스, 팬지, 미니 카네이션 등의 꽃을 구할 수 있으며 인터넷을 검색하면 구입처를 알 수 있다. 꽃집에서 파는 꽃들은 장식용으로 키운 것으로 대부분 인체에 해로운 농약을 뿌려서 키우기 때문에 절대로 먹어서는 안 된다. 둘째, 꽃가루 알레르기가 있다면 꽃 음식을 함부로 먹지 않도록 한다. 꽃가루의 성분이 알레르기를 일으킬 수 있기 때문이다.

❖ **팬지**(Pansy)

효능 및 기원

관절, 류머티즘, 방광염, 기관지염, 백일해 등의 치료에 쓰인다. 습진 및 여드름 치료에도 뛰어나다. 팬지에는 진해, 가슴 통증 완화 성분 및 강장 성분이 함유되어 있다고 한다.

이용 방법

샐러드나 음료수에 꽃과 잎을 이용한다. 맛이 부드럽고 열을 가해도 꽃 색깔의 변화가 없으므로 쿠키나 과자류, 젤리, 음료 등에도 적합하다. 꽃은 그대로 젤리에 넣거나 샐러드나 소스 등에 사용하는 것이 좋다.

특성

팬지는 유럽 원산의 제비꽃과로 19세기 초 영국, 프랑스, 독일에서 개량되어 20세기에는 스위스와 미국에서 새로운 계통과 품종이 만들어졌다. 5매의 꽃잎이 한 꽃을 이루고 꽃 폭이 2~10㎝가 되며 보라색, 황색, 적색, 흰색 등 다양한 꽃 색깔이 있고 식물의 길이는 15㎝ 내외로 자란다. 추파 일년초(가을에 씨를 뿌리면 봄에 꽃이 피는 식물)로서 봄철에 화단을 장식하는 용으로 가장 많이 쓰이고 있는 팬지는 일년초 중에서 내한성이 가장 강한 종류에 속한다.

식물 관리 요령

- **햇빛 및 온도**: 햇빛이 잘 드는 곳뿐만 아니라 반그늘에서도 잘 자란다. 겨울의 추위에 강하여 −5℃에서도 얼어죽지 않는다. 반면에 30℃ 이상의 고온에서는 생육이 아주 좋지 않다.
- **용토**: 배양토의 성질을 가리지 않고 잘 자라지만 물 빠짐이 좋은 토양에서 특히 잘 자란다. 화분에 심을 경우 배양토는 밭흙 50%, 모래 20%, 부엽 또는 부숙 왕겨 20%, 퇴비 10%의 비율로 한다.
- **물 주기**: 수분이 충분한 상태에서 잘 자라므로 온도가 높은 낮에는 2~3일에 한 번씩 물을 충분히 준다.
- **거름주기**: 밑거름으로 퇴비를 10~15% 포함시키면 웃거름을 따로 주지 않아도 된다.
- **번식 방법**: 번식은 씨로 하며 씨를 뿌리는 시기는 가을이고 씨가 싹트는 적온은 10~20℃이다. 씨를 뿌린 후 씨가 보이지 않을 정도로 질석이나 모래로 덮어주고 물을 주면 5일 정도 후에 싹이 트는 것을 볼 수 있다. 씨를 뿌릴 때에는 온도가

소형 화분에서 키워지고 있는 팬지

높거나(25℃), 복토를 두텁게 하면 싹이 잘 나오지 않으므로 특히 유의하여야 한다. 씨를 뿌리기 전에 충분히 물을 준 후, 싹이 트기 전까지는 습도를 높게 해주기 위하여 저면 관수 또는 분무기를 이용하여 물은 준다. 이러한 번거로움을 피한 습도유지 방법은 투명 비닐로 싹이 틀 때까지 파종상(씨를 뿌린 상자)을 덮어줄 수도 있는데 이때 낮에 온도가 높아지는 것을 주의해야 한다.

- 식물 구입: 씨를 구입하거나, 화분으로 구입한다.
- 화분 크기: 소형 화분(15~25㎝), 플러그 묘
- 식물 위치: 베란다가 적합하다.

팬지 씨앗

❖ 보리지(Borage)

효능 및 기원

최근의 연구 결과에 따르면 보리지의 씨는 '감마리노렌산'을 많이 함유하고 있어서 월경전의 신경이 곤두서는 조급증, 습진이나 피부병에 효과가 있다고 보고되고 있다.

꽃이 피어 있을 때 딴 잎을 따뜻한 물에 담근 습포약은 간장과 방광염증에 효과가 있으며, 류머티즘이나 호흡기의 염증에도 뛰어난 효력을 발휘한다. 잎이나 씨로 만든 차는 산모의 젖을 내는데 매우 좋으며 발한과 이뇨에 도움을 준다. 보리지는 예로부터 민간요법에 약초로 이용되어 왔는데 습진이나 피부병에 효과가 있고 진통, 피로 회복, 해열, 정화, 발진 등에 약효가 있다. 또 잎과 꽃을 입욕제로 이용하면 피부를 부드럽고 청결하게 하는 것은 물론 심신의 피로까지 풀어 준다.

최근에는 보리지 씨에서 기름을 짜내어 마사지 오일, 화장용 크림 등으로 이용하고 있다. 또한 잎에도 미네랄, 특히 칼슘, 칼륨 등이 많이 함유되어 있어서 이뇨, 진통, 완화, 발한, 정화, 피부연화작용 등이 뛰어나다.

예로부터 프랑스에서는 잎과 꽃을 허브차로 만들어 감기, 유행성 독감에 잘 듣는다고 하여 즐겨 애용했는데 마그네슘이 함유되어 있어서 간장기능을 강화하여 열을 수반한 감기를 물리친다는 것이다. 또 외과용으로 눈의 염증에도 쓰이며 잎으로 만든 습포제는 울혈을 풀어주므로 장시간 서서 일하는 사람의 발이 붓는 데도 효과가 있다. 또 피부를 청결하고 매끄럽게 하는 미용효과도 있다.

이용 방법

꽃잎을 과일 화채에 띄우거나 와인에 넣어 색깔의 변화를 즐긴다. 몇 분 지나면 꽃잎이 청색에서 핑크색으로 변한다. 샐러드나 사탕과자에서부터 케이크 장식까지 용도가 많다. 특히 음료에 띄워 먹으면 좋다. 보리지는 채소와 함께 이용하면 좋다. 잎이 부드러울 때 샐러드에 섞거나 설탕 절임으로 과자의 장식에 쓰며 닭이나 생선 요리에 첨가하기도 한다. 또 설탕절임을 한 것은 병후에 체질이 약해진 사람에게 강장제로 먹이면 좋다. 오이와 같은 향이 있어 샌드위치에 끼우며, 스트레스, 고혈압, 습진, 관절염, 숙취 해소에 도움이 된다. 보리지 잎의 즙에 레몬과 설탕을 넣고 청량음료를 만들기도 한다.

어린잎은 향긋한 향기가 나고, 샐러드용으로 적합하며 살짝 데친 볶은 요리도 인기가 있다. 잎을 으깨어서 피부를 부드럽게 해주는 팩으로도 사용한다.

보리지 꽃

특성

보리지는 고대 그리스나 로마시대부터 즐겨 이용한 허브로서 꽃이나 잎을 술에 담갔다 마시면 모든 슬픔이나 시름을 씻어주어서 기분이 좋아진다는 것이다. 그 술은 모든 시름을 잊게 하고 용기를 주므로 십자군 원정 때는 병사들의 고별주에 사용했다고 한다. 식물전체가 흰털로 덮여 있으며 45~90㎝의 크기로 자란다. 씨가 크며 한 번 심으면 씨가 떨어져서 저절로 날 정도로 발아력이 좋다.

식물 관리 요령

- 햇빛 및 온도: 고온다습에는 다소 약하나, 내한성이 있으므로 우리나라 남부지역에서는 월동이 가능하다.
- 용토: 해가 잘 들고 물 빠짐이 좋고 비옥한 토질을 좋아한다.
- 물 주기: 건조에 강하고 습기에는 매우 약하므로 여름철 아주 건조할 때를 제외하고는 물을 줄 필요가 없다.
- 수확: 생육이 빠르므로 한 달 반 후부터는 잎을 이용할 수 있고 2개월이 지나면 꽃도 이용 가능하다. 큰 잎은 통풍을 방해할 수 있으므로, 너무 무성하면 줄기를 잘라준다.
- 번식 방법: 번식은 씨로 한다. 봄에 뿌리면 크게 자라지 못하고 꽃이 피게 되므로 가을에 뿌려 얼지 않게 월동시키면 많은 꽃을 피울 수 있다. 씨를 직접 뿌려도 되고 파종상자에 뿌렸다가 옮겨도 된다. 7~10일이면 싹이 튼다. 햇빛이 잘 쬐고 비옥하며, 배수력이 있고 보수력이 좋은 장소에 봄이나 여름에 씨를 뿌린다.
- 식물 구입: 씨나 화분으로 구입한다.
- 화분 크기: 소형 화분(15~25㎝)
- 식물 위치: 베란다가 적합하다.

❖ 금잔화(*Calendula*, Pot marigold)

효능 및 기원

예로부터 여성의 여러 증상에 효과가 있다고 하는데 화상이나 햇빛에 그을리거나 습진 등의 외용약으로 애용되고 있다.

금잔화의 오렌지색은 뇌를 흥분시켜 서서히 몸을 따뜻하게 해준다. 오렌지색이나 노란색 꽃은 식욕을 증진시켜 무의식중에 음식을 잘 먹게 되기 때문에 감기를 이겨낼 수 있는 체력을 만들어 준다.

이용 방법

꽃잎의 색이 열에서도 안정적이기 때문에 육류 요리 소스를 만들거나 빵을 굽는 등 다양한 요리법에 이용하고 있다. 금잔화는 북아메리카, 유럽, 호주 등지에서 자라는 식물로서 고대부터 치료용으로 사용되어 왔다.

금잔화가 자연항생 물질로서 항생작용과 항바이러스 작용을 하는 까닭은 금잔화에 함유된 Flavonoids triterpene saponins라는 물질이 염증완화 작용을 하기 때문이다. 따라서 금잔화는 발진, 습진(아토피 피부염), 외상, 화상(심하지 않은 화상 및 일

광화상), 찰과상, 여드름, 피부의 트고 갈라진 곳, 위궤양, 결막염과 같은 증상에 사용한다.

얼마 전 모 방송사에서는 금잔화 추출물로 만든 화장품이라는 것을 내세우는 화장품 광고가 있었다. 식물성 화장품의 장점을 내세운 광고였으리라 생각된다.

특성

남부유럽 원산의 국화과 추파 일년초(가을에 씨를 뿌려 봄에 꽃이 피는 것)로서 비교적 내한성이 강하다. 서늘한 기후에서 잘 자라고 온도만 높지 않으면 봄부터 가을까지 꽃이 계속해서 피지만 우리나라의 경우에는 한여름의 온도가 높은 시기는 견디기 힘들므로 초여름까지만 관상이 가능하다. 절화, 화단, 분화용이 있으며 꽃색은 보통 노란색, 오렌지색 및 살구색이고 대부분 겹꽃이다. 식물체 전체에 솜털이 있고 식물의 키는 30~60㎝ 정도이다.

화단에 심어진 금잔화

식물 관리 요령

- 햇빛 및 온도: 겨울에는 7~10℃에서 생육이 좋으며 1~2℃ 정도에서도 생육할 수 있다. 배수가 잘되며 직사광선이 잘 비추는 곳에서 잘 자란다.
- 용토: 배수가 잘되는 곳이라면 척박한 토양에서도 잘 견딘다.
- 번식 방법: 씨로 번식한다. 씨를 뿌리고 본잎 3~4매가 되면 9㎝ 간격으로 옮겨 심은 후 5~6매가 되면 30㎝ 간격으로 심는다.
- 식물 구입: 씨를 구입하거나 화분으로 구입한다.
- 화분 크기: 소형 화분(15~25㎝), 플러그 묘
- 식물 위치: 베란다가 적합하다.

❖ 베고니아(Begonia)

효능 및 기원

베고니아 꽃은 몸이 나른할 때 먹으면 증세가 개선되고, 상처가 난 부위나 염증 치료에도 탁월한 효과가 있다.

이용 방법

일본 농림 수산성 주최 '식용화 시식회'에서 가장 인기가 있었던 것은 베고니아였다고 한다. 수분을 함유한 아삭아삭하는 씹는 맛과 새콤한 맛이 난다. 베고니아류 중에서 슈카이도 같이 수산이 많아 유독한 것도 있다. 그러나 일본 식품 분석 센터가 시행한 베고니아 잼 성분 분석 결과를 보면 수산 함유율은 0.38%로 매우 낮은 수치였다. 먹어도 상관이 없다고 할 수 있다. 새빨간 베고니아는 베고니아 술을 만들거나, 소스에 넣으면 붉은 색이 우러나와 매우 아름답다. 샐러드를 만들면 신선한 맛이 있어 식욕을 돋워준다. 또 베고니아 꽃과 같은 양의 설탕에 백포도주 약간과 펙틴을 넣어 조리면 보기에도 아름다운 맛있는 잼을 만들 수 있다. 식초 대신 사용해도 좋다. 주로 샐러드, 샌드위치 등에 이용한다.

노란색 베고니아

베고니아 잎 뒷면(좌)과 앞면(우)

특성

베고니아는 세계의 열대 및 아열대 지방에 약 2,000종 이상이 있다. 여러해살이풀 또는 반목본성의 키작은나무도 있는데 대부분은 잎이 두툼하고 수분이 많은 다육질이다. 씨는 상당히 미세하고 잎의 모양도 매우 다양해서 둥근 모양, 심장형, 창 모양, 손바닥 모양 등이 많으며 색채나 무늬도 여러가지이고 이 모두가 관상의 대상이 되고 있다.

우리가 식용하는 베고니아는 꽃베고니아로 꽃이 계속해서 피는 것을 말한다. 잎은 녹색 잎과 구릿빛 잎 및 무늬가 화려한 반입잎이 있다. 꽃도 적색, 분홍색, 백색 외에 복색도 있다. 또한 홑꽃과 겹꽃이 있으며, 화분식물로서 연중 생산되고 있는 외에 화단용으로도 많이 이용되고 있다.

식물 관리 요령

- 씨 뿌리기: 씨를 뿌리는 시기는 봄(4~6월)이며, 싹트기에 좋은 온도는 15~25℃이다. 씨앗이 매우 작기 때문에 상자나 화분에 뿌렸다가 옮겨 심는다. 씨를 뿌린 후 4~5개월이면 꽃이 핀다.
- 햇빛 및 온도: 온도가 10~25℃만 되면 순조롭게 자라며 낮의 길이에 관계없이 꽃이 핀다. 늦봄이나 여름철에는 반그늘 상태를 유지한다. 봄과 가을에는 생육이 좋으나 비가 계속 오는 장마철에는 습해를 받는다. 강한 햇빛에서도 잘 자

라지만 한여름에 아주심기를 했을 경우에는 뿌리가 내릴 때까지 반그늘 상태에 놓는다.
- 용토: 토양의 성질을 가리지 않고 잘 자라지만 물 빠짐이 좋은 토양에서 특히 잘 자란다. 습도가 많은 것을 싫어한다. 화분에 심을 경우 배양토는 밭흙 50%, 모래 20%, 부엽 또는 부숙 왕겨 20%, 퇴비 10%의 비율로 한다.
- 물 주기: 씨가 아주 작기 때문에 씨를 뿌린 직후에는 저면 관수(화분 밑에 물통을 놓고 화분을 올려두면 화분 밑에서부터 서서히 스며들어 위까지 물이 올라오는 방법)를 하고 자주 물을 주지 않다가 식물이 커짐에 따라 물을 많이 준다. 추운 겨울에는 새벽이나 저녁을 피하여 따뜻한 한낮에 물을 준다.
- 거름주기: 밑거름으로 퇴비를 10~15% 포함시키고 웃거름은 고형비료를 한 화분당 2개월에 한 번 티스푼으로 준다.
- 번식 방법: 주로 씨로 번식시키지만 꺾꽂이도 가능하다. 꺾꽂이는 바이러스(외형적으로 잎이 오글아들거나 아주 작아짐)에 걸리지 않은 포기 중에서 줄기를 4~5㎝의 길이로 잘라 모래에 꽂는다. 온도가 20℃ 이상만 되면 15~20일이면 충분히 뿌리가 내리므로 9㎝ 분에 옮긴다.
- 식물 구입: 씨를 구입하거나, 화분으로 구입한다.
- 화분 크기: 소형 화분(15~25㎝), 플러그 묘
- 식물 위치: 베란다가 적합하다.

> **Note • 마란타와 베고니아는 훌륭한 재활용 전문가**
>
> 잘 조성된 숲 속의 바닥은 아주 어둡다. 일부 식물들은 잎을 아주 크게 만들어 문제를 해결한다. 갈라지지 않은 통잎 가운데 가장 큰 것은 '보르네오'로 열대우림의 습지대에서 자라는 식용 천남성이다. 심장처럼 생긴 이 천남성이 다른 종들은 잎이 그렇게 괴물처럼 크지는 않으나 미약한 햇빛을 최대한으로 이용하기 위해서 다른 방법을 쓴다.
>
> 마란타는 잎의 아래쪽 피막이 자주색이어서 두꺼운 피막을 통과한 빛이 자주색 피막에 반사되어 다시

잎 안으로 되돌아간다. 이런 방식으로 회수한 미량의 빛을 엽록소가 다시 재활용한다. 잎 윗면의 색소가 없는 부분을 통해 미약한 햇빛을 이용하는 것이다.

마란타와 마찬가지로 아시아의 열대우림 바닥에서 자라는 베고니아도 별도의 햇빛 이용 방법이 있다. 잎의 위쪽 표면의 일부 투명한 세포들이 미세한 렌즈 역할을 하여 미약한 광선을 모아 내부에 있는 엽록의 미립자에 초점을 맞추어 비춘다.

❖ 데이지(*Bellis*, English Daisy)

효능 및 기원

데이지는 유럽, 아메리카, 뉴질랜드 등 세계 각지의 숲이나 목장, 풀밭에서 가련한 모습을 보여준다. 데이지는 예로부터 간장 질환, 기관지 질환, 변비, 상처치료에 이용되었다.

이용 방법

이눌린이라는 다당류, 안토시아닌, 안톨류신의 성분들이 들어 있다. 꽃잎은 샐러드나 수프에 넣어 먹어도 되고, 샌드위치나 쌈, 음료수 등에 넣어 먹어도 좋다. 채소로 만든 어떤 요리와도 잘 어울린다. 꽃잎을 뽑아서 조리한다. 단맛이 있고 아삭아삭한 씹는 맛이 있다.

특성

데이지는 주로 화단용이지만 일부는 분화로도 이용한다. 봄에 초등학교 교실을 지나가다 보면 창가에 놓여진 작고 앙증맞은 데이지를 만나게 된다. 그런데 이것의 이름을 아는 이는 많지 않은 것 같다. 데이지의 계통과 품종은 메리골드, 팬지, 피튜니아 등 다른 화단식물에 비해 다양성이 적다. 가정에서 소량으로 키울 때에는 식물의 형태나 꽃색에 따라 기호에 맞게 선택한다. 흰색이나 분홍색이 밀집한 꽃잎으로, 홑꽃과 겹꽃이 있다.

식물 관리 요령

- 씨 뿌리기: 씨를 뿌리는 시기는 가을이며, 싹트기에 좋은 온도는 15~20℃이다. 데이지 씨는 싹틀 때 햇빛을 좋아하므로 씨를 뿌린 후 모래로 살짝 덮어 주고 물을 주면 7일 후 싹이 튼다.
- 햇빛 및 온도: 생육에 좋은 온도는 13~15℃이고 햇빛을 좋아한다. 겨울철에도 야간 온도가 10℃ 이상이면 생육에 지장이 없으며, 늦은 봄에는 기온이 25℃ 이상 되면 잎이 누렇게 되고 꽃이 시든다. 약한 햇빛이 지속되면 식물이 제대로 자라지 못한다.
- 용토: 물 빠짐이 좋고 쉽게 건조하지 않은 토양에서 잘 자란다. 화분에 심을 경우 용토는 밭흙 50%, 모래 20%, 부엽 또는 부숙 왕겨 20%, 퇴비 10%의 비율로 한다.
- 물 주기: 물을 줄 때에는 충분히 주고 추운 겨울에는 따뜻한 한낮에 물을 준다.
- 거름주기: 밑거름으로 퇴비를 10~15% 포함시키고 웃거름은 초봄에 한 달에 두

번 정도 하이포넥스 1,000배액을 준다.
- 식물 구입: 씨를 구입하거나, 화분으로 구입한다.
- 화분 크기: 소형 화분(15~25㎝), 플러그 묘
- 식물 위치: 베란다가 적합하다.

❖ 서양 봉선화[임파첸스] (Impatiens)

효능 및 기원

원예학과 대학원에 들어가서 제일 싫었던 일이 있었다. 일년초로 화단을 장식하는 일이었다. 씨를 뿌리고 묘를 골라내어 튼튼한 것을 작은 비닐 화분에 옮겨 심고 매일 관리를 하였다.

그런 후 어느 정도 커지면 7월 말에서 8월 초에 학교 정원을 꾸몄다. 잔디밭 구석구석을 꽃의 색을 맞추어 여러 가지 일년초로 장식하는 일은 처음 해본 일이라 많이 벅찼었다. 묘를 구입해서 심어도 되는 일들을 실험도 많은데 왜 씨 뿌리기부터 하는지 반항심마저 들었었다. 그러나 몇 년이 지나 필자의 생각은 많이 바뀌었다.

벽을 장식하는 데 쓰인 서양 봉선화

이렇게 몇 년 동안 봄만 되면 되풀이 했던 일들이 꽃을 전공하는 필자에게 굉장한 도움이 되었다는 것을…. 그 때 처음으로 서양 봉선화를 키웠었다. 봉선화를 익히 알고 있었기 때문에 은근히 친근감이 갔던 식물이었다.

서양 봉선화는 비가 와도 큰 문제가 없어 아주 대견했었던 식물이다. 그런 서양 봉선화를 지금은 연구소 주변의 한 음식점에서 해마다 볼 수 있어 너무 반갑다. 고기를 주메뉴로 하는 이 집에 오는 사람들은 뜻하지 않은 자연의 아름다움에 경탄을 하게 된다. 특히 물레방아 근처, 야외 예식장 등의 곳곳에 장식된 서양 봉선화는 모든 이의 눈을 사로잡는다. 물론 겨울이 되면 자취를 감추지만 봄이 되면 또 다시 장식을 한다. 해마다 주인은 봄만 되면 서양 봉선화를 구입하여 곳곳에 심는다고 한다. 아마 잘 모르는 사람들은 한 번만 심으면 계속 꽃을 보는 것으로 알고 있을지도 모르겠다. 주인의 정성에 입이 다물어 지지가 않았다.

이용 방법

꽃을 손으로 따면 간단하게 수확할 수 있다. 색깔이 다양하고 모양이 아주 귀여우므로 과자나 샐러드에도 잘 어울린다. 9월 말경 서양 봉선화꽃이 지면서 열매가 열릴 때 살짝 만져보면 갑자기 꼬투리가 터져 씨가 다 날아가 버린다. 아이들과 함께 서양 봉선화 열매를 건드려보면 깜짝깜짝 놀라면서 아주 재미있어 한다.

특성

원산지는 동부아프리카로 최근에는 화단이니 화분용 식물로서 세계적으로 이용이 많아지고 있다. 아프리카 봉선화는 보통 봉선화와 유사한 점이 많으나 봉선화는 잎이 길고 겹꽃이 많은 반면 아프리카 봉선화는 잎이 짧고 둥글며 홑꽃이 대부분이다.

꽃은 백색, 분홍색, 적색에 이르기까지 다양한 색의 꽃을 피워 낸다. 매달기 화분이나 큰 용기에 기르고 가능하면 강한 비에는 맞지 않도록 한다. 보통 외국의 집 앞 벽면 장식에 많이 이용된다. 음지나 공해에도 강하며 키우기가 쉬워 화단에 유리한 꽃이다.

식물 관리 요령

- 씨 뿌리기: 씨를 뿌리는 시기는 봄이며, 싹트기에 좋은 온도는 20℃이다. 씨앗이 작고 빛이 있어야 싹이 잘 트기 때문에 씨를 뿌린 후 얇게 덮어 주어야 한다.
- 햇빛 및 온도: 생육에 좋은 온도는 20~25℃이고 10℃ 이하가 되면 생육도 좋지 않고 꽃도 잘 피지 않는다. 아프리카 봉선화는 중성식물(밤낮의 길이와 상관없이 온도만 맞으면 꽃이 피는 식물)로 계절에 관계없이 잘 핀다. 아프리카 원산으로 추위에 약하고, 직사광선을 받는 곳보다는 통풍이 잘되는 반그늘의 시원한 곳에 화분을 놓는 것이 이상적이다. 꽃은 야간온도 16℃, 주간온도 23℃의 조건에서 잘 핀다.
- 용토: 토양은 물 빠짐이 좋고 과습하지 않은 것이 좋다. 화분에 심을 경우 토양은 밭흙 50%, 모래 20%, 부엽 또는 부숙 왕겨 20%, 퇴비 10%의 비율로 한다.
- 물 주기: 물을 줄 때는 충분히 주어 건조하지 않게 유지한다.
- 거름주기: 밑거름으로 퇴비를 10~15% 포함시키고 웃거름은 물 비료를 500배로 하여 여러 차례 준다.
- 식물 구입: 씨를 구입하거나, 화분으로 구입한다.
- 화분 크기: 소형 화분(15~25㎝), 플러그 묘
- 식물 위치: 베란다가 적합하다.

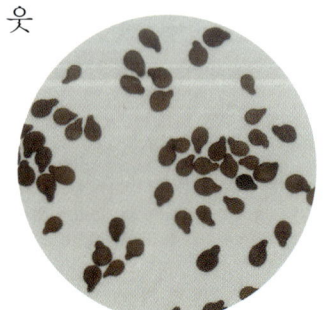

서양 봉선화 씨앗

❖ 피튜니아(Petunia)

효능 및 기원

창가를 장식하는 꽃으로 최근에 제라늄과 함께 많이 이용되고 있는 꽃이다. 붉은 벽돌의 담장에 화분을 걸고 피튜니아와 서양 봉선화(임파첸스)를 풍성하게 심어 장식한 것을 종종 볼 수 있다. 백색, 황색, 자색, 홍색, 청색 등의 부드러운 꽃잎이 행인들의 눈을 즐겁게 해준다. 마음이 잠깐 우울해졌을 때 피튜니아를 창가에 장식하면 괴로운 일은 잊어버리고 부드러운 꽃잎에 한없이 빠져 들어갈 것이다.

이용 방법

피튜니아는 여름철의 건조한 기후에도 강하여 키우기 쉽다. 사계절 내내 꽃이 피이 봄부터 가을까지 차례로 꽃을 피운다. 맛이 부드럽고 꽃색도 다양하다. 여름꽃은 잘라내면 시들기 쉬우므로 사용하기 직전에 꽃을 자르도록 한다. 피튜니아의 특이한 꽃 모양과 화려한 꽃색을 살려 피튜니아 고유의 요리를 만들어 보면 좋다.

특성

일년생 풀 또는 반내한성 여러해살이풀이다. 속명은 브라질의 원주민어인 petun(담배)에서 유래되어 피튜니아의 잎을 담배에 섞어 흡입했다고 하는 데서 나온 말이다. 꽃의 직경이 13㎝나 되는 대륜종에서 5㎝ 정도의 소륜종까지 있다. 색깔은 매우 다양하며, 겹꽃도 있다. 화단용, 분화용으로 쓰인다. 원래는 여러해살이풀이나 우리나라에서는 일년생 풀로 취급하고 있다. 또한 피튜니아는 팬지와 더불어 화단이나 가로변 등을 장식하는 데 대표적인 꽃이다. 건조에는 강하나 과습은 금물이며 오염에 매우 민감하다.

식물 관리 요령

- 씨 뿌리기: 씨를 뿌리는 시기는 봄이며, 싹트기에 좋은 온도는 20~25℃이다. 씨가 작고 빛이 있어야 싹이 잘 트기 때문에 씨를 뿌린 후 얇게 덮어 주어야 한다. 씨를 뿌린 후 5일 정도면 싹이 보인다.
- 햇빛 및 온도: 생육에 좋은 온도는 20~25℃이고 10℃ 이하가 되면 생육 및 꽃 피는 것이 좋지 않다. 낮의 길이가 짧은 가을에는 꽃이 잘 피지 않고 낮의 길이가 긴 봄에 꽃이 많이 핀다.
- 용토: 물 빠짐이 좋아서 과습하지 않은 상태에서 잘 자란다. 화분에 심을 경우 용토는 밭흙 50%, 모래 20%, 부엽 또는 부숙 왕겨 20%, 퇴비 10%의 비율로 한다.
- 물 주기: 물을 줄 때는 충분히 주어 건조하지 않게 유지한다.
- 거름주기: 밑거름으로 퇴비를 20% 포함시키고 웃거름은 생육이 왕성한 시기에 고형비료 또는 복합비료를 한차례 준다.
- 식물 구입: 씨를 구입하거나, 화분으로 구입한다.
- 화분 크기: 소형 화분(15~25㎝), 플러그 묘
- 식물 위치: 베란다가 적합하다.

(3) 뿌리를 이용할 수 있는 식물

❖ **미모사**[신경초] (Mimosa)

효능 및 기원

미모사를 키우는 즐거움을 여러분은 아시나요?
책이나 말로만 듣던 미모사, 건드리면 움츠려드는 미모사를 보고 신기해하지 않는 사람은 없다.
그런 미모사를 키워 어린 아이나 조카 아니면 친구나 애인에게 선물한다면 멋진 엄마, 아빠, 이모, 삼촌 또는 애인이 될 수 있을 것이다.

이용 방법

간염에는 신경초 뿌리 5~7g을(1회분) 하루에 2~3회씩 끓여서 마신다. 신경초는 관상용으로도 좋지만 뿌리를 약재로도 사용한다. 가을에 채취히어 잘 씻은 뿌리 200g을 1.8L의 소주에 넣고 밀봉하여 6개월 정도 숙성시킨 후 맑게 걸러 냉장고에 보관하여 매일 공복에 한 잔씩 먹는다. 관절염, 기관지염, 신경통, 편도선염,

잎을 건드리면 움추러드는 미모사

간염에 효과적이며 피로회복과 정력 증진에 도움을 준다. 신경쇠약으로 인한 불면증, 신경과민으로 인한 안구충혈에 효과가 있고 미상포진에도 짓찧어 붙인다.

특성

미모사는 콩과에 속하며 높이 30~50㎝ 정도까지 자라는 감촉성 식물이다. 남아메리카 원산으로 원산지에서는 여러해살이풀이나 한국에서는 일년초로서 관상용으로 키운다. 줄기에 가시가 조금 있으며, 잎은 복엽이며 소엽이 깃 모양으로 착생한다.

여름철에 담홍색의 작은 꽃이 밀집하여, 둥글고 작은 화서로 피고, 세 개의 씨가 들어 있는 꼬투리를 맺는다.

잎을 건드리면 곧 아래로 늘어지면서 좌우의 소엽이 오므라져 시든 것 같이 보인다. 건들이면 반응한다고 하여 감응초, 신경초, 함수초라고도 한다. 미모사는 촉감에 대해 매우 빨리 반응한다. 손을 대면 불과 1~2초 만에 잎과 줄기를 접어버린다.

키우는 방법

- 씨 뿌리기: 봄에 씨를 뿌리면 곧 싹이 나고 여름에 무성한 잎을 가진 미모사를 키울 수 있다.
- 용기: 봄에 아무런 화분이나 마당가 한 구석에 미모사 씨앗을 뿌리면 된다. 제대로 꽃을 피워서 씨앗을 얻으려면 2년생 정도가 되어야 한다.
- 씨앗 가격: 한 봉지 1,000원 정도이며 20개 정도가 들어 있다.
- 씨앗 심기: 씨앗에서 싹이 나오게 할 때, 중요한 점이 두 가지 있다. 미모사는 적어도 20℃ 이상이면서 어두워야만 싹이 튼다. 어둡게 해주기 위해서는 씨를 뿌린 후 신문지 등으로 덮어두면 쉽게 해결된다.

- 햇빛 및 온도: 햇빛이 잘 드는 장소에서 25~30℃에 두면 잘 자란다.
- 화분 크기: 미모사는 뿌리가 상당히 긴 편에 속한다. 그래서 높이가 높은 화분이 필요하다.
- 그리고 화분의 높이가 길어야 나중에 물 주기 할 때 편리하다.
- 물 주기: 무더운 여름이 되기 전에는 2~3일에 한 번씩만 준다. 화분일 경우에는 2~3일에 한 번, 화단일 경우에는 3~4일에 한 번 정도만 물을 준다. 단, 물을 줄 때는 화분 아래로 물이 새어나올 정도로 듬뿍 준다. 화단일 경우에는 물이 흘러 넘쳐 다른 곳으로 흘러갈 정도로 준다.
- 거름주기: 밑거름은 한 번이면 족하다. 근처 꽃가게에 가면 부생토, 복합비료, 계분혼합비료 등을 판다. 아무 비료나 사서 씨앗을 뿌리거나 묘종을 옮겨심기 전에 흙과 섞어 준다. 한 번 밑거름을 쓰고 나면 다시 다른 비료 등을 주지 않아도 좋다.
- 번식 방법: 씨를 뿌리거나 줄기를 꺾꽂이하면 된다. 씨 뿌리는 방법은 피트모스와 모래를 같은 양으로 섞어 씨를 뿌리고 씨 두께의 2~3배 정도로 가볍게 흙을 덮어 준다.
- 식물 구입: 씨를 구입한다. 화분으로 구입한다.
- 화분 크기: 소형 화분(15~25㎝), 플러그 묘
- 식물 위치: 베란다가 적합하다.

미모사 꽃

미모사 씨앗

건드리면 움직여요

 전류가 흐르는 미모사

민감한 미모사는 몸에 전기를 흐르게 하여 잎들을 숨길 수 있다. 미모사는 열대지방 전역의 평원이나 도로변에 퍼져서 살고 있다. 미모사의 질긴 작은 잎들은 중앙 엽맥의 양쪽에 줄을 지어 돋아나 있다. 햇빛이 비칠 때 활짝 펴진 미모사 잎은 배가 고픈 곤충들에게는 아주 맛있는 먹이로 보일 것이다. 그러나 메뚜기나 여치가 그 위에 팔짝 뛰어 내려앉으면 작은 잎들은 갑자기 자취를 감춘다. 불과 몇 초안에 잎들이 위쪽으로 접히면서 잎줄기에 단단히 밀착하여 풍부하게 보였던 잎들은 간데없고 맛없어 보이는 잔가지들만 잔뜩 나타난다. 이러한 수법에도 불구하고 곤충이 여전히 흥미를 보일 경우에는 잎들은 2단계 조치로 아래쪽으로 전기를 보내서 잎줄기에 낚싯바늘 모양의 날카로운 돌기들이 나타난다. 그러면 실망한 메뚜기는 다른 곳으로 간다.

이러한 형태 변화를 초래하는 메커니즘은 순간적인 전류의 흐름에 의한 것인데 이는 인간의 신경계를 흐르는 전류와 비슷하다. 식물은 인체의 신경계와 같은 특수한 전선이 없기 때문에 인간처럼 신속한 반응을 보일 수가 없다. 그럼에도 불구하고 수액을 운반하는 물관을 통해서 전달되는 이 전류는 30㎝가량 되는 줄기를 1~2초 만에 이동할 수 있다. 기온이 높을수록 반응속도는 빨라진다.

미모사는 줄기와 연결되는 잎의 밑동이 유달리 불룩하다. 이 팽창한 부위의 세포들은 수분으로 충만해 있다. 신호가 도착하면 팽창한 부위의 세포들은 수분으로 충만해 있다. 신호가 도착하면 팽창한 부위의 아래쪽 절반의 세포는 즉시 수분을 방출하고 이와 동시에 위쪽 절반의 세포는 아래서 방출된 수분을 받아들인다. 따라서 잎들이 아래쪽으로 눕게 된다. 신호가 줄기를 따라 이동하면 작은 잎들은 도미노처럼 차례로 눕는다. 잎들이 쓰러진 다음에 자극이 없어지면 미모사는 약 20분에 걸쳐 다시 수분을 펌프질하듯이 세포에 주입하여 잎들을 제자리에 세움으로써 잎들이 햇빛을 받아 먹이를 만드는 일을 다시 시작하도록 한다.

 아이들이 좋아하는 미모사

아이들은 움직이는 식물을 참 좋아한다. 식물은 움직이지 않고 가만히 있다고 알고 있기 때문에 식물이 움직이는 것을 보면 많이 놀란다. 움직이는 식물에는 파리잡이풀, 미모사, 무초 등이 있다. 초등학교 시절 식물원에 가서 미모사를 보고 너무 놀랐던 일을 기억해 본다.

식물원에 들어가 이곳저곳을 살피는데 "건드리면 움직여요."라는 푯말이 붙어 있었다. 어떻게 움직일까 궁금해서 손으로 살짝 건드려 보았다. 그랬더니 그 식물의 잎과 줄기가 움츠러드는 것이었다. 너무 놀라 뒤로 한 걸음 물러났다. 그리고 다시 보았더니 처음 보았을 때와는 아주 다르게 잎과 줄기를 움츠리고 있었다. 너무나 신기했다.

식물이 움직이다니! 나는 태어나서 식물이 움직이는 것을 처음 보았다. 그 식물에 대하여 많은 것을 알고 싶었다. 그래서 안내를 해 주는 아저씨에게 식물의 이름을 여쭈어 보니 '미모사'라고 하였다. "저 식물은 어디에서 자라나요?" "음, 우리나라보다 날씨가 훨씬 더운 남아메리카에서 자란단다." "집에서도 키울 수 있나요?" "물론 키울 수 있어. 주의할 점은 미모사는 더운 지방이 원산지이기 때문에 더운 곳을 좋아한단다. 그러니까 우리나라에서는 온실에서 키우면 좋겠지. 특히 겨울에." "아하, 그렇군요."

'동물만 움직인다고 생각했는데 식물도 움직인다니……' 미모사와의 만남은 이런 나의 잘못된 생각을 바꾸어 주었다.

05 구근 식물

❖ 히아신스(Hyacinth)

효능 및 기원

물재배가 가능한 구근 히아신스는 실내 장식뿐 아니라 아이들에게도 좋은 학습 자료가 된다. 향이 진하고 보기에도 예쁘기 때문에 겨울에 가장 많이 이용되는 구근류이다. 히아신스 구근은 뜨거운 여름에는 휴면 상태에 있다가 저온이 되면 생장을 시작하는데 한 번 뿌리가 다치면 완전히 재생할 수 없으므로 다치지 않도록 주의한다.

이용 방법

히아신스는 화단뿐만 아니라 분재나 물가꾸기(수경재배)로도 많이 이용된다. 히아신스의 물가꾸기는 9월 중순에 둘레 15㎝ 이상의 알뿌리를, 물을 채운 병에 알뿌리의 하부가 물에 닿을 정도로 얹어 놓는다.

히아신스 꽃은 향수의 원료에도 이용되는데 대표적인 향수가 감미로운 꽃향기와 과일향이 어우러진 버버리에서 출시된 위크앤드 우먼으로 히아신스를 비롯해 자몽, 레몬, 라임, 오렌지, 자작나무, 삼나무가 원료로 이용되고 있다.

특성

히아신스는 백합과에 속하며 주로 지중해 연안 지방에 30여 종이 있다고 알려져 있다. 가을에 심는 구근 중에서도 비교적 내한성이 강하여 저온에도 잘 견디며 꽃의 색이 다양하고 향기가 그윽하여 인기가 있는 식물이다. 히아신스는 곧게 선 꽃줄기에 사방으로 둘러져 항아리 모양의 꽃을 피우는데, 꽃은 꽃 끝이 6쪽으로 갈라져 있고 꽃잎은 다육질로 되어 있으며 수평으로 꽃이 핀다.

꽃이 볼륨이 있어 모아 심기에도 적당하며 화단, 정원뿐만 아니라 화분용이나 물재배용으로도 많이 이용한다.

꽃은 4월 상순부터 중순에 피며 가늘고 긴 칼 모양의 잎이 사방으로 10매 내외가 나오고 그 중심부에서 꽃대가 나온 후 다시 그 끝에 작은 꽃들이 이삭 모양으로 달린다. 키는 20㎝ 정도이고 주로 화단이나 화분에 재배하지만 비대한 구근에는 저장 양분이 많이 들어 있으므로 꽃의 관상만을 목적으로 할 때에는 흙이 아닌 물가꾸기로도 충분히 꽃을 감상할 수가 있어서 일반적으로 많이 이용된다. 햇빛이 잘 들고 서늘한 곳에 두어야 한다.

실내가 너무 더우면 꽃대의 길이가 가늘면서 길어져 꽃이 쓰러지거나 꽃봉오리가 너무 빨리 피어 금방 시들게 되므로 적정 온도를 유지해 준다. 만일 정원에 심어 봄에 꽃을 감상하고 싶다면 9~10월경에 심어 짚이나 낙엽을 덮어준다. 그러면 다음 해 4~5월에 꽃이 핀다.

식물 관리 요령

- 옮겨심기: 15㎝ 화분에 알뿌리의 끝이 보일 정도로 얕게 심거나 넓적하고 얇은 분에 여러 개를 심는다. 꽃이 지면 꽃줄기를 잘라낸다. 구근을 굵게 만들기 위해서는 흙에 심어도 좋다. 잎이 마르면 구근을 캐서 건조시킨 후 상자에 넣어서 보관한다.
- 햇빛 및 온도: 겨울에는 햇빛이 잘 드는 곳에서 관리하여 화분의 흙이 마르지 않도록 한다. 온도는 8~13℃가 적당하다. 꽃이 피면 햇빛이 잘 드는 시원한 곳에 두어야 꽃이 더 오래간다. 꽃과 봉오리는 밝은 방향으로 향하므로 때때로 방향을 바꿔주어서 꽃줄기가 휘지 않도록 한다. 꽃피는 기간 중 꽃을 오래 보려면 너무 강한 햇볕에 쪼이지 않는 것이 좋다.
- 수경재배: 용기에 물을 채워 넣고, 히아신스 구근을 용기 위에 올려놓는다. 물은 구근의 아랫부분이 살짝 잠길 정도로 넣어준다. 만약 구근이 물에 많이 잠기면 뿌리가 썩게 되므로 주의한다. 히아신스 구근은 약 6주간의 저온 기간을 필요로 하기 때문에 수경재배 전에 냉장고에 넣어 두거나 또는 기온이 낮은 곳에 보관하였다가 꺼내어 심어야 한다. 뿌리가 나올 때까지는 어두운 곳에서 보관한다. 몇 주 지나 뿌리가 물 아래로 나오기 시작하면 물은 뿌리의 2/3 정도만 잠기게 한다. 뿌리가 자라고, 싹이 트면 햇빛이 잘 드는 창가에 둔다. 물이 탁해지면 구근이 썩을 수 있으므로 물을 자주 교환해 주며 뿌리가 다치지 않도록 주의한다.
- 용토: 배수가 잘되는 토양으로 부식질이 풍부한 흙이 좋다. 배양토는 대개 밭흙과 부엽토를 주로 하여 모래, 피트모스, 펄라이트 등을 적당량 섞어서 만든다
- 거름주기: 땅속에서 뿌리가 자라나기 시작할 무렵부터 꽃눈이 보이기 전까지 인산과 칼륨이 많이 포함된 비료를 덧거름으로 주면 좋다. 봄에 꽃피는 기간 중에는 덧거름을 주지 않는 것이 좋다.
- 물 주기: 물은 가끔 갈아주고 뿌리가 충분히 난 후 양지바른 창가에 두면 꽃이 핀다.
- 번식 방법: 어미 구근 옆에 새끼구근이 생기면 그것을 떼어서 옮겨 심는다.

- 구하는 방법: 화원에서 12~2월경에 구근을 구입한다. 물재배를 할 구근은 크고 단단한 구근을 사용해야 하는데 구근에 상처가 나 있을 경우 뿌리가 잘 생장하지 않으므로 상처가 없는 것을 선택해야 한다.
- 식물 구입: 구근을 구입한다. 화분으로 구입한다.
- 화분 크기: 소형 화분(15~25㎝)
- 식물 위치: 베란다, 거실, 어린이방, 침실에 적합하다.

❖ 수선화(Narcissus)

효능 및 기원

제우스가 나르시서스의 게으름에 노하여 이 꽃으로 만들었기 때문에 자신의 그림자를 보려고 항상 고개를 숙이고 있다는 수선화! 그래서 수선화의 꽃말도 자기도취, 자존심, 고결이다. 고등학교 시절에 창문 하나를 수선화로 가득 메웠던 기억이 난다. 노랑색도 예쁘고 흰색도 아주 예뻤던 기억이 난다. 꽃도 제법 오래가서 집에서 키우면 아이들이 참 좋아한다.

수선화 꽃

이용 방법

수선화 구근의 생즙을 갈아 부스럼을 치료하고, 꽃의 오일은 풍을 없애주며 발열, 백일해, 천식, 구토 치료에도 이용한다. 수선화 절화를 꽂을 때는 반드시 유의해야 할 점이 있다.

이 꽃은 다른 꽃과 같이 꽂으면 안 된다. 줄기 끝을 자를 때마다 다포딜 슬라임(daffodil slime)이라는 점액물질이 분비되며, 이 물질이 다른 꽃들을 시들게 하기 때문이다. 그러므로 수선화를 다른 꽃과 섞어 꽂아놓으려면 24시간 동안 따로 물에 담근 후 사용하거나, 가정에서 사용하는 표백제 1mL를 물 1L에 넣어 꽃을 꽂으면 된다.

특성

지중해 연안이 원산지로 관상용으로 들여와 대개 남부지방에서 관상초로 심고 원예농가에서 재배도 하는 귀화식물이다. 남부 다도해 섬지방 거문도 등지의 바닷가에 야생 상태로 일찍 꽃을 피우며 높이는 40㎝ 안팎이다. 땅속의 비늘줄기는 계란형이며 껍질이 검은 색이고, 새잎은 늦은 가을에 돋아나 자라는 데 선형으로 끝이 둔하며 녹백색이 돈다.

수선이라는 말은 키우는 데 많은 물이 필요해서 붙여진 이름이고 물에 사는 신선이라는 의미를 갖는다. 이 꽃은 1월에서 4월까지 피고 옆을 향해 핀다. 풀잎은 가늘고 난초 잎같이 날렵하며 양파 모양의 뿌리줄기를 가지고 있다.

수선화의 부화관은 금빛 술잔같이 생겼고 밑에 여섯 장의 백색 꽃잎이 있어서 이것을 금잔은대라고 부르기도 한다. 류시화님의 '수선화'라는 시에 보면 제주 바닷가에 핀 흰 수선화를 신부로 묘사하는 것을 볼 수 있다. 수선화의 종류에 제주수선이 있다.

식물 관리 요령

- **옮겨심기**: 물에 담가두었다가 뿌리가 내린 것을 확인한 후에 화분에 옮겨 심는 것이 좋은데, 번거롭다면 곧바로 화분에 심어도 무난하다. 뿌리가 내리려면 물이 많이 필요하므로 처음 1주일간은 매일 물을 흠뻑 주어야 하며 그 후에는 3~4일에 한 번씩 주면 된다. 수선은 가을에 심고, 이른 봄에 피는 꽃을 즐기는데, 화단에 심었을 때는 가을에 심어 놓은 채로 봄까지 두어도 상관이 없으나 화분에 키울 때는 저온을 거쳐야 꽃이 생기고 제대로 꽃을 피우기 때문에 초겨울까지는 실외에 두었다가 실내에 들여놓아야 한다. 이때 밖에 있던 화분을 갑자기 들여 놓지 말고, 바깥보다 따뜻하고 난방한 곳보다는 찬 곳에 일주일 정도 두었다가 따뜻한 곳으로 옮겨 빨리 꽃을 피워 감상한다.
- **햇빛 및 온도**: 반그늘 내지는 햇빛을 좋아한다. 5~20℃에서 잘 생육하며 꽃이 피고 비교적 내한성이 강하다. 햇빛이 부족하면 웃자라고 잎과 줄기가 연약해지는 경향이 있다. 봄에는 창가에 놓아 햇볕을 최대한 쪼여주도록 한다. 반그늘에서도 잘 견딘다.
- **용토**: 배수가 잘되는 토양으로 중성 또는 산성 토양이 좋다. 또한 노지에서는 사질양토에 퇴비를 혼합하여 심거나, 모래땅인 경우에는 점토를 혼합하여 키운다.
- **물 주기**: 약간 습한 것이 좋고, 건조기에는 겨울에도 물을 주는 것이 좋으며 공기 중의 습도는 약간 습한 것이 좋다. 공기 중의 습도가 낮으면 잎끝이 마르고 꽃이 핀 후 곧 꽃잎 끝이 마른다.
- **꽃이 지고 난 후의 관리**: 꽃이 지고 나면 영양분이 씨앗으로 뺏기지 않도록 하기 위해서는 시

수선화 알뿌리

든 꽃줄기를 잘라주도록 한다. 이때 꽃줄기 외에 잎을 잘라서는 안 된다. 남아 있는 잎들은 여름까지 계속해서 자라며 광합성을 한 다음 영양분을 만들어 알뿌리를 살찌우는 역할을 하게 되기 때문이다.

- 번식 방법: 구근을 나누어 번식한다. 구근을 캐는 시기는 6월로, 상부의 잎이 1/3쯤 마르기 시작할 때 캐서 통풍이 잘되는 서늘한 그늘에 말렸다가 9~10월에 심는다. 심는 깊이는 구근 높이의 2~3배 정도 흙을 덮는다. 간격은 보통 10~20㎝ 정도 심는다.
- 식물 구입: 구근으로 구입한다. 화분으로 구입해도 된다.
- 화분 크기: 소형 화분(15~25㎝)
- 식물 위치: 베란다, 거실, 어린이 방에 적합하다.

Note

- **수선화 관리법**

수선화는 알뿌리가 한여름 동안 고온에서 장기간 보내게 되면 에너지를 손실하게 되므로 가능하면 25℃ 이상 온도가 올라가지 않는 장소로 화분을 옮겨주는 것이 좋다. 6~7월 사이에 접어들게 되면 잎이 시들어 버리고 더 이상 자라지 않고 흙 속에 알뿌리만 남아 휴면에 들어가게 된다. 이때 알뿌리를 화분에 심은 채 그대로 보관하지 않고 파내어 보관하고자 할 때는, 알뿌리를 파낸 다음 흙과 마른 줄기, 잎 등을 제거하고 일주일 정도 그늘에서 말린다. 그리고 가을이 되어 다시 심을 때까지 통풍이 잘되는 서늘하고 그늘진 장소에 매달아 보관하도록 한다. 구근을 가정용 냉장고의 냉장실에 저장하게 되면 냉장고 안에 함께 담긴 채소나 과일 등에서 발생하는 에틸렌 가스에 의해 피해를 보게 되어 알뿌리가 썩어 버리거나 꽃이 피지 않게 되므로 피하는 것이 좋다. 보관 온도는 가능하면 20℃를 넘지 않는 것이 좋다.

- **물알뿌리 색으로 꽃색을 점친다**

구근의 꽃 색은 모르더라도 구근의 색을 보면 대충 알 수 있다. 구근이 하얀빛이 나면 흰색이나 미색 쪽이고, 붉은 빛이 나면 적색이나 보라색 계통인 경우가 많다. 그러므로 원하는 꽃 색이 있으면 구근을 잘 보고 구별하여 구입하면 좋을 것으로 보인다.

❖ 칼라(Calla)

효능 및 기원

〈카라〉라는 제목의 영화가 있었다. 물론 칼라가 맞지만 사람들은 카라라고 부른다.

어느 방송사의 모 드라마에도 여자 주인공이 좋아하는 꽃인 칼라가 자주 등장하며, 리조텔 이름마저 카라리조텔이라고 하였다.

필자의 결혼식 야외촬영 부케로 칼라를 사용했는데, 꽃잎이 두툼하여 촬영이 끝날 때까지도 전혀 시들지 않아 깊은 인상을 주었던 꽃이다.

이용 방법

흰색 칼라는 결혼식 부케나 코사지에 많이 이용된다. 잎이 두툼하여 쉽게 시들지 않기 때문에 꽃장식가들이 선호하는 것 같다. 한 송이만 투명 비닐(아세테이트지)에 싸서 선물해도 좋다. 대부분의 여성들은 칼라를 매우 좋아한다. 꽃시장에 나가 보면 녹색, 노란색 등으로 염색한 칼라를 볼 수 있다. 흰색의 꽃 줄기를 염색액에 5분 정도 담구면 물이 들기 시작한다. 염색 꽃은 색다른 느낌이 들어서인지 국화, 안개, 장미, 글라디올러스, 칼라에서 볼 수 있다.

특성

꽃대는 70~90㎝이며 끝에 화포가 9~30㎝로 크고 기부는 짧은 통상으로 깔때기 모양을 가지고 있다. 여름에 꽃이 피나 조건만 맞으면 연중 핀다. 구근은 근경으

염색한 칼라   칼라 씨앗

로 독성이 있다. 꽃은 양성화이고 7월에 핀다.
꽃차례는 길이 1.5~3㎝의 긴 타원 모양이고, 꽃차례 밑에 있는 불염포(佛焰包: 육수꽃차례를 싸고 있는 총포)는 길이 5㎝의 긴 타원 모양이며 흰색이고 끝이 꼬리처럼 길고 뾰족하다.

식물 관리 요령

- 햇빛 및 온도: 17~20℃가 적당하다. 건조하거나 너무 온도가 높으면 꽃이 정상적으로 피지 않는다. 반그늘에서 잘 자란다.
- 심는 깊이: 지면에서 5~7㎝ 깊이에 심는다.
- 물 주기: 1주일에 2~3회 물을 주며 약간 습하게 관리한다.
- 용도: 화단 및 화분 재배가 적당하다.
- 번식 방법: 꽃이 시든 후 잎이 누렇게 되면 구근을 캐고 가을에 심으면 이듬해 꽃을 볼 수 있다. 포기나누기를 한다.
- 식물 구입: 구근을 구입한다. 화분으로 구입해도 좋다.
- 화분 크기: 소형 화분(15~25㎝)
- 식물 위치: 베란다 및 거실에 적합하다.

제3장 야생화 재배관리

본 장을 읽기에 앞서 • **울타리 안에서 기르는 야생화**

야생화 하면 산과 들에 피어나는 들꽃이 연상되고 우리 삶의 정서를 가장 잘 느끼게 한다. 우리나라는 사계절이 뚜렷하고 해안지대로부터 지리산, 한라산, 백두산 등 높은 고산지대에 이르기까지 다양한 식물종이 분포하고 있으며 봄과 가을에는 일교차가 심하여 색이 선명한 아름다운 꽃을 피우고 있다. 기후적으로는 겨울 추위의 혹독한 환경이 주어지고 한여름의 고온과 태풍의 길목에서도 종을 보존하기 위한 야생화의 질긴 생명력은 한편으로는 애처롭고 또한 경이롭기까지 하다.

야생화는 옛날부터 민간요법의 약재로 많이 이용되었으며, 한방에서도 우리의 야생화를 이용하여 한약재를 만들어서 사용하고 있다.

야생화는 관상으로 재배되고 있는 수많은 꽃 중에서 우리나라 기후풍토에 가장 잘 적응되어 있고 재배하기도 비교적 쉽다. 그래서 선진 외국에서는 자기 나라 식물을 연구하는 많은 단체가 있고 우리나라에서도 많은 야생화 애호가가 활동하고 있다.

야생화가 취미 원예에서 본격적으로 상업화되기 시작한 것은 서울올림픽을 치르고 난 이후라고 생각된다. 처음에는 잘 모르고 키우기 시작하였지만, 이제는 제법 많은 곳에서 체계적으로 야생화를 재배하고 있는 현실이다.

하지만 안타까운 것은 식물의 정확한 생육조건을 알지 못하고 재배하는 데 문제가 있다고 생각된다. 그래서 재배하는 야생화들이 해마다 없어지고, 가정에서 키우는 야생화들은 한철 보고 끝나는 꽃으로 전락해 버린 것이다.

이는 야생화가 가진 특성과 재배적 환경을 정확히 이해하지 못하는 것에서 기인된 일이라 할 수 있겠다. 어떻게 하면 보다 쉽게 야생화를 재배할 수 있을까 고민하다가 야생화의 특성과 재배 조건, 관리 방법, 병충해에 관해서 체계적으로 정리하였고, 직접 관찰한 야생화 사진을 바탕으로 함께 설명하였다.

세계적으로 이슈화되고 있는 자원식물들의 고유종에 대한 종의 보존과 신물질 개발이 이루어지고 있는 것만 봐도 야생화가 가진 유용성은 대단할 것으로 생각된다.

본 장을 통하여 우리 꽃인 야생화의 특성을 이해하는 데 도움이 되고 더 나아가 야생화를 재배하여 어떻게 상품화하고 보급할 것인가에 대한 해답과 더불어 우리 꽃 재배의 길잡이가 되었으면 한다.

01 골무꽃

- 학 명: *Scutellaria indica* L.
- 과 명: 꿀풀과
- 개화기: 5~6월

❖ 생육특성

우리나라 중부 이남의 산과 들에 자라는 다년생 초본이다. 생육환경은 부엽질이 풍부한 반그늘에서 잘 자라는 식물이다. 키는 약 20~30㎝ 정도이며, 잎은 넓은 난형으로 되어 있고 길이는 약 2㎝ 정도이다. 꽃은 자주색으로 피며 줄기 상단부에서 꽃대가 나와서 꽃이 아래에서 위쪽으로 올라가며 핀다. 꽃 길이는 약

골무꽃 잎

3~5㎝가량 되며 폭은 0.7~1㎝ 정도이다. 꽃은 앞부분은 넓지만 뒤쪽으로 오면서 좁아지는 특성을 가지고 있다. 열매는 7~8월경에 작은 원추형으로 달리고 안에는 약 1㎜ 정도 되는 종자가 들어 있다. 골무꽃의 종류는 그늘골무꽃, 흰골무꽃, 연지골무꽃, 좀골무꽃, 광릉골무꽃, 참골무꽃 등 종류가 많이 있는데 대부분 잎과 꽃을 보고 구분을 한다.

❖ 재배 및 관리법

골무꽃 종류들은 노지에서 재배하기에는 어려운 품종 중 하나다. 그렇지만 화분에 재배하는 것은 키가 작고 이른 봄에 피는 종들이어서 비교적 많이들 하고 있는 품종이기도 하다. 화분에 야생화를 재배하고 이를 상품화하는 곳이 많이 있고, 야생화 동호회에서도 야생화 전시회를 하면 항상 출품되는 품종이기도 하다.

화분에 재배된 골무꽃

화분에 올려 재배하는 요령은 마사토나 유기질 함량이 많은 퇴비를 이용하여 물 빠짐이 좋게 화분 아래에 작은 돌을 채우고 심는다. 골무꽃은 봄철에 꽃이 피고 바로 시들기 때문에 화분을 관리하는 측면에서는 반갑지만 않은 품종이다. 그

혼합 재배된 화분(골무꽃+맥문동)

혼합 재배된 화분(골무꽃+사초)

러나 부처손이나 콩짜개덩굴과 같이 상록인 품종과 천남성과 같은 구근식물들 사이에 심으면 좋은 품종이다. 이 골무꽃은 종류도 다양하지만 호골무꽃의 경우는 여름에 개화를 해 전체적인 개화 시기는 상당히 길다고 할 수 있다. 최근에는 초가을에 날이 따뜻해져 자생지에서도 꽃을 피워 개화 시기는 더 늘었다고 볼 수 있다.

단일 품종으로 심을 때는 이끼와 함께 심어 관리하면서 한여름에 표토층의 수분증발을 최소화하고, 다른 품종과 혼식할 때는 뿌리가 발달한 품종보다는 상기 기술한 품종을 심는 것이 좋다.

❖ 번식법

6~7월경에 자생지에서는 종자가 떨어지기 시작한다. 골무꽃 종류는 종자를 받으려면 개체를 옆에 두고 있어야 할 만큼 신경을 많이 써야 한다. 이유는 씨방이 익으면서 아래로 향한 씨방이 열리면 작은 바람에도 쉽게 종자가 탈락하기 때문이다. 줄기를 따라 올라가며 달리는 씨방은 꽃 한 송이에 작은 씨방 2~3개 정도가 달린다. 따라서 종자는 한 포기에서 많이 얻을 수 있다. 이렇게 종자를 받은 후 바로 뿌리는 것이 종자발아율이 가장 높게 나타났다. 9월 이후에 뿌리는 종자는 종이에 싸서 수분증발을 최소화한 후 상토에 뿌린다. 종자의 보관 기간이 길수록 종자 발아율은 낮아진다.

종자발아 후 본엽이 전개되면 원하는 화분에 심어 관리한다.

02 금낭화

- 이 명: 등모란, 며느리주머니
- 학 명: *Dicentra spectabilis* (L.) Lem.
- 과 명: 양귀비과
- 개화기: 5~6월

❖ **생육특성**

우리나라 각처의 산지에서 자라는 다년생 초본이다. 생육환경은 깊은 산 계곡 근처의 부엽질이 풍부한 곳에서 자라는 식물이다. 키는 60~100㎝이며, 잎은 잎자루가 길고 깃 모양으로 3갈래가 갈라지며, 가장자리에는 결각을 한 모양의 톱니가 있다. 꽃은 연한 홍색이며 줄기를 따라 아래에서 위쪽으로 올라가며 심장형으로 달리고, 완전히 개화하기 전에는 좌우에 있는 하얀색이 붙어 있지만 완전히 개화되면 위쪽으로 말려 올라간다. 꽃 가운데 하얀 주머니 모양을 한 것은 암술과 수술이 들어 있는 곳이다. 열매는 6~7월경에 긴 타원형으로 달리고 안에는 검고 광채가 나는 종자가 들어 있다.

❖ **재배 및 관리법**

꽃이 아름다워 분화로 많이 판매되는 종이며 외국에서는 이미 원예종으로 많은 종이 판매되고 있다. 외국에서 판매되는 종들은 꽃 색과 형태를 다양하게 한 것이 특징이다.

금낭화는 화분에 심어 관리하기에는 어려운 품종이지만 최근 야생화 동호회가 활발한 전시활동을 하면서 키우는 방법에 대한 상호 간의 교류가 많아 문제도 쉽게 해결

금낭화 꽃 생김새

야생 금낭화 무리

하고 있다.

이 품종은 건조하며 시원한 곳에서 자라는 특성을 가지고 있으며 물 빠짐도 좋은 곳이어야 한다. 용토는 물 빠짐이 좋은 펄라이트와 질석을 이용하고 약 20% 정도의 피트모스는 넣어도 좋으나 더 많이 넣으면 과습의 우려가 있다. 대부분의 야생식물들이 가진 특성을 그대로 가지고 있지만 뿌리가 일반 뿌리가 아니 덩이줄기(괴근)로 되어 있어 재배하기 더 어려운 품종이다.

일부 농가에서 하고 있는 재배법은 골을 50㎝ 정

금낭화 화분재배

도 깊게 파며 안에는 배수가 잘되게 볏짚을 넣기도 한다. 이런 것은 모두 물 빠짐을 좋게 하기 위함이다.

화분에서 키우는 것은 깊이가 20~30㎝ 정도 되는 것을 선정하여 덩이줄기가 약 10㎝ 정도 잠기게 한 후 키운다. 이는 너무 깊게 묻혀 있으면 순 올라오는 것이 더뎌지기 때문이다. 얕은 화분에서 재배할 경우는 겨울철에 외부에 화분을 두지 말고 실내로 들여 보관해야 한다. 그렇지 않으면 덩이줄기가 상해 이듬해 꽃을 볼 수 없기 때문이다.

❖ 번식법

종자를 받을 때 많은 신경을 써야 하는 품종이다. 날씨가 좋으면 씨방이 빨리 익어 금방 떨어져 버려 하나도 받을 수 없다. 금낭화 종자를 받을 때는 비닐장갑을 끼고 받는데, 이는 씨방을 받고 나면 노란물이 손에 들어 잘 지워지지 않기 때문이다. 일반적으로 여러 책에는 종자 받는 시기를 7~8월경으로 하고 있으나 6월부터 계속 살피며 받는 게 많이 받을 수 있다. 금낭화 종자발아에 관한 각종 문헌들과 연구보고가 많이 되고 있는데, 종자를 받아서 바로 뿌리는 것이 발아율이 높았고 보관을 하면 할수록 발아율이 저하되는 경향을 보였다고 하며 일부 종자에서는 종자에 호르몬을 처리해서 발아율을 높이는 보고도 있다.

통상 발아율이 낮은 종자들은 호르몬(GA-지베레린)을 이용하여 발아율을 향상 시키기도 한다. 이 품종도 마찬가지로 종자를 호르몬에 30분 정도 침지한 후 뿌리면 발아율이 높다고 하는 보고도 있다.

필자가 해 본 바에 의하면 종자발아율은 낮지만, 오랫동안 보관하면서 수분 관리만 잘해주면 발아율은 충분히 높일 수 있었다.

또한 종자뿐만 아니라 덩이줄기를 이용해 번식시키는 방법도 보고되고 있다. 가을에 덩이줄기를 캐서 길이 약 2㎝ 정도로 나눈 후 심어야 이듬해 작은 꽃들이 피었다. 물론 더 길게 잘라도 되지만 많은 개체를 얻기 위해서는 최소화하는 것도 한 방법이다.

여름에 덩이줄기를 자르면 속이 텅 비어 있고 이것을 땅에 묻으면 썩으므로 여름은 피하고 가을이나 이른 봄에 하는 것이 가장 좋다.

초기에 너무 수분을 많이 주게 되면 뿌리가 썩으므로 주의해야 한다.

화분에 재배된 금낭화

03 돌단풍

- 이 명: 돌나리, 부처손, 장장포
- 학 명: *Mukdenia rossii* (Oliv.) Koidz.
- 과 명: 범의귀과
- 개화기: 5월

❖ **생육특성**

충북 이북지방의 돌에 붙어 자라는 다년생 초본이다. 생육환경은 돌이 많은 곳에서 자라며 어느 정도의 토양은 있어야 생존이 가능하며, 반그늘에서 자란다. 키는 약 30㎝ 정도이고, 잎은 황록색 또는 연녹색이고 길이는 20㎝ 정도이며, 뿌리줄기의 끝이나 그 근처에서 1~2개씩 나오고 긴 난형이다. 꽃줄기는 잎이 없고 비스듬히 자라며 높이가 약 30㎝ 정도이고 백색 바탕에 약간 붉은 빛이 돌고 윗부분에 형성된다. 열매는 7~8월경에 달리고 난형이며 익으면 2개로 갈라지고 안에는 종자가 많이 들어있다.

도로건설이 많이 되면서 주변 생육 환경이 열악해져 많은 부분의 자생지가 훼손당하고 있다. 최근에는 실내 조경이 많이 행해지면서 중국에서 묘가 많이 수입되고 있다.

화분에 재배된 돌단풍

❖ **재배 및 관리요령**

야생화 화분이나 분경을 하는 분들은 많이 이용하는 품종 중의 하나다. 특히 목부작과 석부작에는 매우 좋은 소재임이 틀림없다. 이렇게 많은 소재거리로 이용하다 보니 자생지에 있는 돌단풍은 많이 사라지고 없는 게 지금의 현실이다.

많이 거래되는 품목일수록 대량번식의 체계를 마련되어야 할 것이다.

밭에서 대량으로 재배할 때는 골 높이를 약 30~50㎝ 정도로 높게 하여 물이 고이지 않게 하는 것이 좋다. 또한 처음부터 돌이나 나무에 붙여 재배할 때는 스프레이와 같은 고운 입자를 이용하여 관수한다.

화분에 토양을 올려놓고 키울 때는 물 빠짐이 좋

화분에 재배되어 꽃핀 모습

은 마사토를 이용하거나 상토로 판매하는 펄라이트와 질석을 이용해도 좋다.

❖ **번식법**

종자 결실이 되는 7~8월에 종자를 받아 바로 뿌리거나 9월경에 뿌린다. 7~8월경에 종자를 받으면 여름 고온기를 피하는 것이 좋다. 따라서 종자를 받아 바

혼합 재배된 화분(돌단풍+넉줄고사리)

로 뿌리는 것과 종자를 받아서 종이에 물로 적신 후 냉장고에서 보관 후 9월경에 뿌린다. 작은 종자들이어서 뿌릴 때는 이끼나 수태를 이용하여 위에 뿌린 후 스프레이와 같은 고운 입자로 물을 주거나 파종상을 물에 넣어 잠기지 않게 하여 아래 물을 위로 올리는 저면관수를 하여 종자를 가능한 한 낮게 묻히게 한 후 신문지나 비닐을 덮고 10~15일 동안 습도관리를 하고 덮은 것을 제거한다. 조금씩 올라오는 싹은 본엽이 전재될 때까지 파종상에 둔 후 본엽이 전개되면 파종상에서 화분으로 옮겨 관리한다.

또한 가을이나 이른 봄에는 새순이 올라올 때 포기나누기를 하는 방법이 있다. 이는 많은 개체를 얻을 수 있지는 않지만, 가장 안전하게 개화 포기를 얻을 수 있는 방법이기도 하다.

방법은 원뿌리 옆으로 나오는 작은 새순들을 날카로운 칼로 분리하여 분리된 부분은 숯이나 다른 소독제를 이용하여 소독 후 심는다.

04 동의나물

- 학 명: *Caltha palustris Linne* var. *nipponica* Hara
- 과 명: 미나리아재비과
- 개화기: 4~5월

❖ 생육특성

동의나물 잎

우리나라 각처의 산에 자라는 다년생 초본이다. 생육환경은 반그늘이며 습기가 많은 곳에서 자란다. 키는 약 50㎝ 정도이고, 잎의 길이는 5~10㎝이고 둥근 심장형으로 가장자리에 둔한 톱니가 있다. 꽃이 시들고 종자가 익을 무렵이면 잎이 넓어지기 시작한다. 꽃은 노란색으로 줄기 끝에서 1~2송이가 달린다. 열매는 6~7월경에 달리고 갈색으로 된 씨방에는 많은 종자가 들어 있다. 물가에서 길러도 잘 사는 품종인데 수분기가 없으면 고사하기 때문에 수생식물과 같이 사는 경우도 볼 수 있고 주변에는 박새와 습기를 좋아하는 노루오줌이 같이 생존한다.

❖ 재배 및 관리법

습기가 많은 곳이나 얕은 물 속에서 자라는 품종이어서 일반적인 재배와는 다르게 재배해야 한다. 표토층에 물이 많아 다른 식물을 재배하기 힘든 곳에 심어 관리하면 좋은 품종이다.

시중에 판매되는 상품은 대부분 산채에 의해 유통되는 것이라 봐도 무관할 정도로 생산기반이 없는 품종이다. 최근 아파트 베란다에 식물을 심는 곳이 많아지면서 주목을 받는 품종이기도 하다.

물의 깊이는 5~10㎝ 정도가 적당할 정도로 얕은 곳에서 자라므로, 물이 흘러가는 곳에 두면 좋은 품종이기도 하다.

화분에 심을 때는 어느 곳에 두느냐에 따라 화분을 결정하는 것이 좋은데, 실내에서 키우려면 항아리 뚜껑과 같이 쉽게 움직일 수 있는 것에 심고 야외에서 키울 경우는 물이 잘 빠지지 않는 플라스틱 화분을 이용한다.

상토는 물 빠짐이 좋지 않은 논흙을 이용하며 논흙이 없을 때는 일반 흙을 이용해도 좋다. 하지만 시중에 판매되는 상토를 이용하면 상토가 물 위로 올라와 둥둥 떠다니기 때문에 피해야 한다.

화분에 심을 때는 광이 잘 들어오는 곳을 선정하여 심고 이른 봄에 꽃을 피우는 품종이어서 여름과 가을에도 꽃을 피우는 식물을 혼식하는 편이 좋다.

혼식할 때 권하는 식물로는 항아리와 같은 곳에는 노루오줌, 동자꽃과 같이 습지에서 자라는 품종을 심고 야외에서 키울 때는 연꽃이나 수련과 같은 품종에 혼식해도 좋다.

❖ 번식법

6월에 꽃이 시듦과 동시에 종자가 익기 시작하여 7~8월경이면 완숙된다. 완숙된 종자는 항아리와 같은 깊이가 얕은 물 속에 담궈 발아를 시키는 방법과 냉장고에 보관 후 9월경에 파종상에 뿌리는 두 가지 방법이 있다.

전자의 방법은 자연상태에서 발아하는 것과 같은 이치로 하는 것으로 발아율은 낮

야생의 동의나물

화분에 재배된 동의나물 　　　　　항아리에 재배된 동의나물

다. 후자의 파종상을 이용하는 방법은 대량으로 번식시키는 좋은 방법으로 종피에 상처를 주는 마쇄법으로 모래나 상토에 종자를 혼합하고 이를 손과 발 또는 다른 기구를 이용하여 밀면서 종피에 상처를 줘 종자발아율을 높이는 방법을 말하는 것이다.

두 방법 외에 다른 방법으로는 흐르는 물을 이용하는 것인데, 이는 종피를 둘러싸고 있는 발아 억제물질을 제거하기 위한 방법으로 주로 수변에 서식하는 품종에 적용하는 방법이다.

종자발아율은 그다지 높지 않은 편이므로 많이 받아서 뿌려야 한다.

또한 가을이나 봄에 뿌리의 포기를 나누는 포기나누기를 이용해도 좋다. 이는 가장 흔히 이용하는 방법 중의 하나로 일반 가정에서 행하는 방법이다.

원 뿌리 옆으로 해마다 새순을 내는 작은 뿌리들이 많이 나온다. 가을에는 새순이 잘 보이지 않으므로 이른 봄에 포기나누기를 하는데, 이때 주의할 것은 새순이 꺾이는 경우다. 분리한 새순은 깊지 않은 물에 흙을 조금 넣고 흙 속에 뿌리는 넣어야 이듬해에도 계속 새순을 받을 수 있다.

05 두루미꽃

- 이 명: 좀두루미꽃
- 학 명: *Maianthemum bifolium* (L.) F. W. Schmidt
- 과 명: 백합과
- 개화기: 5~7월

❖ **생육특성**

우리나라 각처의 높은 산에서 자라는 다년생 초본이다. 생육환경은 산속 숲속의 반그늘에 습기가 많은 곳에서 자란다. 키는 8~15㎝ 내외이고, 잎은 길이는 2~5㎝, 폭은 1.5~4㎝이고 심장형으로 줄기에서 2~3장이 나오며 끝은 뾰족하고 뒷면에는 돌기 모양의 털이 있다. 꽃은 흰색으로 줄기 끝에 5~20송이 정도의 작은 꽃이 무리지어 핀다. 잎과 잎 사이에서 줄기가 올라오며 꽃이 필 무렵에 잎이 2장 더 나와 그 사이에서 꽃이 핀다. 열매는 8~9월경에 적색으로 달린다.

❖ **재배 및 관리법**

재배하기는 어려움이 많은 품종이다. 대단위 재배는 거의 불가능한 품종이고 아직까지 재배에 성공했다는 보고는 없다. 키도 작고 관리에 어려움이 많으며 이 식물을 아는 분들이 드물다. 하지만 야생화 동호회에서는 상당한 매력을 가진 품종으로 알려져 있고, 자생지에는 매년 많은 사람들이 찾고 있기도 하다. 우리나라에는 울릉도에서

화분에 재배된 두루미꽃

자생하는 큰두루미꽃과 이 품종 두 종만이 있다. 수년 전 울릉도의 큰두루미꽃과 두루미꽃이 유사하다고 하여 이름을 '두루미꽃'으로 통합한 종이다.

일반인들에게 알려진 품종은 아니지만 동호회에서는 많이 알려진 품종이라 자생지에서의 수난 또한 많이 당하고 있는 품종이기도 하다.

전자에 적은 것처럼 재배는 어렵고 화분에서 관리하는 것은 좀 쉬운 편이다.

자생지 조건은 공중습도가 높고 반음지(봄의 반음지는 여름은 음지임) 상태에서 자라고 돌이 있는 이끼 위에서 자란다. 화분에서 재배할 때는 돌이나 마사토를 상토로 이용하고 위에 이끼를 올려놓고 그 이끼 위에 묘종을 심으면 된다. 심을 때는 몇 송이 심는 것이 아니라 화분 전체를 이 품종으로 심어야 관리하기 편하다. 이유는 이른 봄

두루미꽃 잎 올라오는 모습

에도 햇볕이 많이 드는 곳에서는 엽소현상이 일어나는, 광에는 매우 민감한 품종이기 때문이다.

❖ 번식법

8~9월경에 달리는 종자는 받아 바로 뿌리거나 종이에 싸서 냉장고에 보관 후 이듬해 이른 봄에 뿌린다. 자생지에서의 종자발아율은 높은 편이나 종자를 받아와서 상토에 뿌려 본 결과 매우 낮은 발아율을 보였다. 이는 주변 환경의 요인에서 기인된 것으로 생각된다.

일반적인 종자발아와 같이 주변 습도를 높이고 암 상태를 유지해 주며 약 7~15일 정도는 광을 완전히 차단하는 것이 발아율이 약간 높게 나타난 것으로 봐서는 파종상 안의 습도가 발아에 많은 영향을 끼치는 것으로 보인다.

이렇게 발아가 어렵기 때문에 원래 모본을 이용하여 가을에 뿌리나누기를 하면 여러 개체를 안정적으로 얻을 수 있다. 이른 봄보다는 가을에 잎이 고사한 후 뿌리를 나누는 것을 권한다. 적절한 환경이면 옆으로 뻗어 가는 힘이 매우 강해 한 줄기에서 3~4개의 개체를 얻을 수 있을 만큼 개체의 번식이 왕성하다.

06 병아리난초

- 이　명: 바위난초, 병아리란
- 학　명: *Amitostigma gracilis* (Blume) Schltr
- 과　명: 난초과
- 개화기: 6~7월

화분에 재배된 병아리난초

야생의 병아리난초

❖ 생육특성

병아리난초는 우리나라 산지의 암벽에서 자라는 다년생 초본이다. 생육환경은 공중습도가 높으며 반그늘진 바위에서 자란다. 키는 8~20㎝이고, 잎은 길이가 3~8㎝, 폭이 1~2㎝ 정도 되고 긴 타원형으로 밑부분보다 약간 위에 1장 달린다. 꽃은 홍자색으로 길이는 1~4㎝로 꽃이 한쪽으로 치우쳐서 달린다. 열매는 8~9월경에 타원형으로 달린다. 관상용으로 쓰인다.

❖ 재배 및 관리법

아주 작은 모양의 꽃들이 달리는 매력적인 품종이다. 이 품종은 화분에서 키우는 것이 아주 적합한 품종 중의 하나다. 이유는 원래 살아가는 생육환경이 바위틈이나 마른 토양에서 자라기 때문이다. 수분 관리는 잎이 적어서 광합성량이 풍부하지 않아 그다지 많이 필요치 않다. 작은 잎으로 구성되어 있기 때문이다.

화분에서 키울 때는 목부작이나 석부작을 주로 이용하며 물을 줄 때는 입자가 적은 스프레이로 뿌려주는 것이 좋다. 토양을 이용하는 것은 마사토나 모래가 좋으며 일반 상토를 이용할 때는 마사토와 피트모스 혹은 마사토와 펄라이트를 각각 5:5로 섞어도 좋다. 마사토 대용으로는 모래를 사용해도 좋다.

❖ 번식법

종자가 결실되는 8~9월은 한여름이어서 종자를 뿌려도 쉽게 발아하지 못한다. 따라서 종자가 익을 때쯤 되면 완숙된 종자를 받아 파종상에 이끼나 수태를 약하게 깔고 위에서 붓이나 작은 막대기로 종자방을 툭툭쳐서 아주 약하게 고루 여러 군데로 퍼질 수 있도록 한다. 이렇게 뿌린 후에는 입자가 고운 스프레이를 이용하여 약 40~50㎝ 상공에서 뿌리며 이 수분을 먹은 종자가 이끼나 수태에 깊이 들어가지 않게 한다. 종자를 뿌린 후 비닐이나 신문으로 덮어 습도를 유지시키고 약 15일 정도가 경과하면 비닐이나 신문을 제거하고 공기가 잘 통하게 만들어야 한다. 종자발아율은 매우 낮은 편이다. 자생지에서의 종자발아율은 일정 부분을 정해 놓고 번식률을 5년여간 살핀 결과 거의 없었다.

종자발아율이 낮아 다른 번식으로는 포기나누기가 있다. 매년 포기가 나뉘는 것은 아니고 3년 정도에 한 번씩 포기를 나누기하면 좋다. 포기나누기는 이른 봄 순이 나오기 전에 하거나 가을에 잎이 고사한 후 한다.

혼합 재배된 화분(병아리난초+돌단풍)

석부작 병아리난초

07 보춘화

- 이   명: 춘란, 보춘란
- 학   명: *Cymbidium goeringii* (Rchb. f.) Rchb. f.
- 과   명: 난초과
- 개화기: 3~4월

❖ **생육특성**

남부와 중남부 해안의 삼림 내에서 자라는 다년생 초본이다. 생육환경은 자생하는 소나무가 많은 곳에서 집단으로 자라며 최근에는 내륙에서도 많은 자생지가 관찰된다. 꽃대 길이는 10~25㎝, 잎 길이는 20~50㎝ 정도이고, 잎은 끝이 뾰족하고 가장자리에 미세한 톱니가 있으며 가죽처럼 질기며 진록색이 나고 길이는 20~50㎝, 폭은 0.6~1㎝로 뿌리에서 나온다. 꽃은 백색 바탕에 짙은 홍자색 반점이 있으며, 안쪽은 울퉁불퉁하고 중앙에 홈이 있으며 끝이 3개로 갈라지고 길이는 3~3.5㎝가량 되고 연한 황록색이다. 꽃은 뿌리 하나에 꽃이 하나씩 달리는 1경 1화이다. 열매는 6~7월경에 길이 약 5㎝ 정도로 달리고 안에는 먼지와 같은 종자가 무수히 많이 들어 있다.

보춘화는 생육환경 및 조건에 따라 잎과 꽃의 변이가 많이 일어나는 품종이다.

❖ **재배 및 관리법**

휴면관리가 그 이듬해의 춘란 생장과 번식, 내병성을 좌우하며 화아분화는 7~8월에 이루어지고 이듬해 3~4월에 개화한다.

광은 오전 햇빛이 좋으며 9~10시까지는 직사광선을 쪼여주고, 봄과 가을은 약 30% 차광, 여름은 강한 광선을 피해야 하므로 다소 빛을 많이 차단하는 50~60% 차광, 겨울은 오히려 빛을 많이 받아야 하므로 10~20%로 한다.

화단에 심어진 보춘화

보춘화 꽃 생김새

보춘화 꽃대

생육 최적온도는 18℃~23℃이고 휴면은 -5℃에서는 50일~60일의 휴면기를 거쳐야 건강하게 생장을 할 수 있고 신초가 잘 나오고 꽃이 잘 핀다. 휴면기를 마치고 18℃ 이상에서 관리해주면 개화가 촉진된다.

비료

- 필수영양소(탄소, 수소, 이산화탄소, 질소, 인, 칼륨, 칼슘, 황, 철, 아연, 망간, 몰리브덴, 염소)
- 다량 원소(질소, 인, 칼륨).
- 미량 원소(황, 철, 아연, 망간, 붕소, 몰리브덴, 염소, 칼슘, 탄소, 수소, 산소, 이산화탄소)

비료의 종류

속효성(액비), 완효성(고형비료), 무기질 비료(화학비료), 유기질 비료(깻묵, 골분, 부엽토 등의 유기물)

시비법

여름 고온기와 겨울 휴면기에는 주지 않으며, 3~6월, 9~11월까지는 물 줄 때 희석해서 월 2회 정도 주는 것이 좋다.

동계 휴면관리법

- 차광막이나 다른 수단을 이용하여 빛을 차광한다.
- 주야간에는 서늘한 5~10℃로 유지한다.
- 1주일이나 더 많은 시간 동안 물을 주지 않고 살아갈 수 있는 최소한의 수분을 공급한다.
- 비료 성분이 들어 있는 액비나 비료는 주지 않는다.

08 새우난초

- 이 명: 새우란
- 학 명: *Calanthe discolor* Lindl.
- 과 명: 난초과
- 개화기: 4~5월

새우난초 꽃 생김새

❖ **생육특성**

남도지방에서 자라는 다년생 초본이다. 생육환경은 날씨가 따뜻한 반그늘에서 자란다. 키는 30~50㎝이고, 잎은 길이 15~25㎝, 폭 4~6㎝이며 잎 밑이 날카롭고 끝은 날카로우며 세로로 주름져 겹쳐져 있다. 이년생으로 첫해에는 2~3개의 잎이 자라지만, 이듬해에는 옆으로 늘어진다. 꽃은 꽃받침과 곁꽃잎은 붉은색이 도는 갈색이고 입술 꽃잎은 자줏빛을 띤 흰색으로 10여 개의 꽃이 약 15㎝ 정도의 꽃줄기에 걸쳐 윗부분에 뭉쳐 달린다. 잎 사이에서 꽃대가 나타나고 짧은 털이 있으며, 1~2개의 비늘 같은 잎이 달린다. 뿌리 부분은 포복성으로 마디가 많고 수염뿌리다. 열매는 7~8월경에 긴 타원형으로 달리고 안에는 작은 종자들이 많이 들어 있다.

❖ **재배 및 관리요령**

이 품종은 꽃이 피면 풍성하며 관상가치가 높아 여러 송이를 한꺼번에 심어 관상가치를 높이는 것이 좋다. 심을 때는 거름이 많은 곳에서 잘 자라므로 마사토와 혼합석에 부엽토를 40%의 비율로 섞어서 사용한다. 새우란의 잎은 겨울에도 남아있으므로 가급적 잎이 서로 겹치지 않도록 관리하는 것이 좋고 혹 잎이 겹치더라도 1/2 이상이 겹치지 않게 관리해야 한다.

광은 오전 광을 받을 수 있는 곳에 심는데 이유는 겨울 휴면기를 잘 버틸 수 있기 때문이다. 최근 들어 과도하게 촉성재배하여 나

야생의 새우난초

온 새우란 종류들이 있는데 이는 생육에는 치명적이다.

따라서 새우란의 경우는 자연개화 시키는 것이 바람직하다.

원래 따뜻한 지역에서 자라는 품종이어서, 남부지방에서는 노지에서 멀칭을 해주지 않아도 월동하지

화분에 재배된 새우난초

만, 중부지방에서는 짚이나 낙엽과 같은 자연적인 것으로 멀칭을 해 주거나 비닐로 상부를 덮어 월동시킨다.

화분에 심어 관리할 때는 분갈이의 시기를 약 3년 단위로 하며 분갈이 시기는 봄과 가을 중에 택해서 한다. 화분에 넣는 배양토는 시중에 판매하는 일반 난 배양토를 이용하거나 아래에 물 빠짐을 좋게 하는 잔돌을 넣고 위에는 거름기가 많은 흙을 넣는다.

구근은 너무 깊게 심지 않으며 물을 충분히 준 후 반그늘에 두고 관리한다.

❖ 번식법

벌브(Bulb)를 이용한 번식법

봄과 가을에 지하에 묻힌 뿌리를 분리하여 심는 방법이다. 이는 3~4년 주기로 할 수 있는 방법이지만 가장 일반적으로 번식을 시키는 방법이다. 이는 종자번식과 달리 이미 성숙된 개체를 모본에서 분리하여 심는 방법의 하나이다.

모본에서 어린 순을 분리시키기 좋은 시기는 가을에서 초겨울 시점이다. 이때는 양분이 이미 뿌리로 전달된 상태여서 생육에도 지장을 초래하지 않는다.

이렇게 분리된 개체는 처음에는 모래나 마사토와 같은 거름기가 없는 곳에서 1~2달 정도 적응시킨 후 화분에 심어 관리하면 된다.

종자번식

종자는 7~8월경에 받는다. 종자는 아주 미세해서 털면 먼지처럼 날린다. 파종상을 준비할 때는 밑에 상토(종묘상에서 판매하는 일반 상토를 이용)를 약 5~7㎝ 깔고 위에 1~2㎝ 두께의 이끼를 깐다. 종자가 들어있는 꼬투리를 들고 준비한 파종상으로 가서 위에서 날리듯 뿌려 주면 된다. 뿌린 종자에 물을 주는 것은 생각보다는 어렵다. 이유는 물 입자가 굵으면 종자가 밑으로 들어가 버려 발아율이 높지 않기 때문이다. 따라서 물을 줄 때는 입자가 고운 스프레이를

야생에서 자란 금새우난초

이용하여 약하게 오랫동안 주면서 얕게 종자가 묻히게 해야 한다. 이렇게 물을 준 후에는 수분을 보전하기 위해 파종상 위를 비닐이나 신문지로 덮고 빛을 차단함과 동시에 수분증발을 최대한 억제한다. 공기의 흐름이 없으면 상토에는 곰팡이가 발생하기 때문에 10~15일이 경과하면 종자발아가 되지 않아도 비닐과 신문지를 제거하고 이때부터 수분 관리에 들어간다. 특히 중요한 것은 어떤 경우에도 수분이 마르게 방치하면 안 된다는 것이다. 빠르면 20~30일 경과 후 작은 잎이 나오기 시작한다.

 종자를 이용하여 번식시키는 것은 이 방법 외에 조직배양을 이용하는 것이 있다. 이는 일반인이 하기에 적합하지 않지만, 상업적으로 이용하는 분들에게는 권하고 싶은 방법이다.

먼저 일반 agar 배지에 아직 덜 여문 상태의 푸른색이 있는 종자 꼬투리를 잘라서 소독 후 배지에 뿌려주는 형식이다. 일반적인 종자발아보다는 발아율이 매우 높게 나타나지만 다른 요소는 harding 즉 순화를 시켜주어야 한다는 것이다.

대부분 난을 배양하고 나면 일반 토양이 아닌 거름기가 전혀 없는 상토에서 순화를 시켜서 화분에 올리는 것과 동일한 방법이다.

09 우산나물

- 이 명: 섬우산나물, 대청우산나물, 삿갓나물
- 학 명: *Syneilesis palmata* (Thunb.) Maxim.
- 과 명: 국화과
- 개화기: 6~8월

❖ **생육특성**

전국의 산에 널리 분포하는 다년생 초본이다. 생육환경은 전국의 야산에서부터 표고 1,000m씩 되는 고산지대까지 수림 밑의 반그늘진 습한 곳에 군락을 이루며 자생한다. 키는 70~120㎝이고, 잎은 지름이 35~40㎝이며 손바닥 모양으로 7~9개가 원형대로 끝이 깊게 두 갈래로 갈라지고 꽃이 피기 전에 윗부분에 달려 있다. 이른 봄에 올라오는 잎은 우산대 모양으로 가는 털이 잎에 많이 나 있다. 꽃은 백색으로 지름이 0.8~1㎝로 가운데 꽃줄기 길이는 길고 밖으로 나가면서 작아지며 달린다. 작은 꽃들이 뭉쳐 피는 품종이고 암술은 다른 품종들과는 달리 '∞' 모양을 하고 있다. 종자는 9~10월경에 결실되며 갈색의 갓털이 붙어 있고 결실이 완료되는 시점을 놓치게 되면 종자는 금방 바람에 날아가 버린다.

❖ **재배 및 관리법**

산나물로 많이 이용되는 품종이기는 하지만 대단위로 재배하는 곳은 없다. 봄나물로 곰취, 참취와 같은 취나물류와 산마늘, 고사리 같은 품종이 많아 약간은 소외된 품종이기도 하다. 하지만 맛이 좋아 산채가 빈번한 품종이다. 재배는 부엽질이 풍부한 토양에 물 빠짐이 좋은 곳을 선정하면 아주 좋다. 처음 잎이 올라올 때 열리기 때문에 잡초와의 경합에서 우위를 뺏길 수 있으므로 볏짚으로 위를 덮어 광을 차단해 다른 식물들과의 경합을 피해야 한다.

원래 화분에는 잘 심지 않는 품종이긴 하지만, 어린순이 올라오는 모습이 예뻐 많이들 분식용으로 재배한다. 이렇게 화분에 재배할 때 일반 상토는 피트모스 3~4: 펄라이트 3: 질석 3~4 비율로 섞어서 사용해도 좋다.

우산나물 새순 올라오는 모습

야생에서 자란 우산나물　　　　　　　　　우산나물 꽃 생김새

❖ **번식법**

꽃이 피고 얼마 지나지 않으면 종자 성숙기에 접어들기 시작한다. 종자성숙기는 10월경으로 이때 종자를 받아 바로 뿌리거나 종이에 싸서 냉장보관 하였다가 이듬해 봄에 화분이나 화단에 뿌린다. 종자발아율은 그다지 높지 않은 편이고, 그중 가장 높은 것은 보관 후 뿌리는 것보다는 바로 직파하는 것이었다. 직파할 때는 파종상을 만들고 위에 종자를 뿌리듯 흩어 놓고 그 위에 얕게 상토를 올려 놓고 관수는 저면관수로 해준다. 종자의 건실함을 알기 위해서는 갓털 아래 달린 종자가 통통한지 아닌지를 구분해야 한다. 덜 여문 종자는 종자 표면이 깨끗하지 못하고 울퉁불퉁하며, 잘 여문 종자는 밋밋하므로 쉽게 구분이 가능하다. 이렇게 종자가 잘 여문 종자들은 발아도 높게 나타난다. 하지만 작은 종자를 하나하나 살펴보는 것 또한 만만한 작업은 아니다.

종자발아는 파종상에 뿌린 후 약 15일 정도면 이루어지고, 이른 봄 뿌린 개체 또한 마찬가지로 약 15일 정도 소요되었다. 처음 순이 올라와 본엽이 전개되는 데 소요되는 기간은 대략 한 달가량 소요되므로 이를 맞춰 뿌리면 된다.

자칫 이른 봄 새순을 옮겨 외부에 둘 경우 본엽이 얼어 고사하는 경우가 생기므로 주의해서 옮겨 심어야 한다.

뿌리를 나누는 것은 가을이나 이른 봄에 하지만, 이른 봄에 할 것을 권한다. 물론 올라오는 순이 연하기 때문에 쉽게 상할 수 있는 단점이 있지만, 새눈이 나오는 정확한 위치를 알고 나누는 것이 중요하기 때문이다.

10 윤판나물

- 이 명: 대애기나리, 큰가지애기나리, 금윤판나물
- 학 명: *Disporum uniflorum* Baker
- 과 명: 백합과
- 개화기: 4~6월

❖ **생육특성**

우리나라 중부 이남지방에 자생하는 다년생 초본이다. 생육환경은 반그늘이 있는 토양이 비옥한 곳에서 서식한다. 키는 30~60㎝이고, 잎은 길이는 5~15㎝, 폭은 1.5~4㎝로 긴 타원형이고 끝이 뾰족하며 어긋난다. 꽃은 황색으로 길이는 약 2㎝ 정도로 가지 끝에 1~3개가 통 모양으로 아래를 향해 달린다. 열매는 7~8월경에 흑색으로 길이가 약 1㎝ 정도 되며 둥글게 달린다.

윤판나물 잎 생김새

윤판나물 꽃 생김새

❖ **재배 및 관리요령**

반그늘진 곳에서 자라는 식물이어서 화분에 길러 집에서 보관하기 좋은 식물이다. 화분에 심어 관리할 때는 10~15개체를 한꺼번에 심어 관리해도 좋다. 단지 이렇게 밀식할 때는 화분 아래에 밑거름을 많이 넣어주는 것이 좋다. 그래야 계속해서 좋은 꽃을 피울 수 있기 때문이다. 이렇게 화분에 심으면 3년 주기로 화분 분갈이를 해줘야 한다. 분갈이를 해주지 않으면 몇 년 동안 화분에 있는 거름을 소진해 버렸기 때문에 생육에 많은 지장을 초래한다.

분갈이는 휴면에 들어가는 가을이나 새순이 올라오기 전인 이른 봄을 택해 한다. 특히 이른 봄에 분갈이할 때는 새순이 상하지 않게 조심해서 다뤄야 한다.

화단에 심을 때는 반그늘진 곳을 찾아 심는다. 봄꽃 중에는 키가 큰 편에 속하므로 중간이나 뒤쪽에 심는다.

시중에 판매되는 상토를 이용할 때는 퇴비를 20% 정도 첨가하고 피트모스와 펄라이트, 질석을 각각 3:3:4의 비율로 해도 좋다. 유기질 성분이 들어가야 하므로 꼭 퇴비

화단에 심어진 윤판나물

혼합 재배된 화분(윤판나물+앵초)

는 넣어야 하며, 계분과 돈분이 많이 들어있는 것보다는 우분이 많이 들어 있는 것이 냄새도 덜 나고 좋다.

❖ **번식법**

9월경 종자를 받아 바로 뿌리거나 이듬해 봄에 뿌린다. 종자는 이른 봄까지 보관하지 말고 9월경에 바로 뿌리는 것이 발아율이 높게 나타났으며, 냉장고나 상온에 보관 후 뿌렸을 때는 종자발아율이 직파하는 것보다 월등히 떨어지는 경향을 보인다. 종자 파종 때는 흩어뿌림보다는 점파하는 것이 좋다.

발아율은 그다지 높지 않은 품종이다. 따라서 많은 개체를 확보하려면 종자를 많이 뿌려 개체 수를 늘리고, 한편으로 가을이나 이른 봄에 포기나누기를 해도 좋다. 이렇게 포기나누기를 하면 성묘에서 분리한 것이라 개화 시기도 빠르고 이식 후 고사하는 개체도 적어 권장하고 싶은 방법이다.

11 은방울꽃

- 이 명: 비비추, 초롱꽃, 영란
- 학 명: *Convallaria keiskei* Miq.
- 과 명: 백합과
- 개화기: 4~5월

은방울 꽃 새싹모습

은방울꽃 잎 생김새

은방울꽃 꽃 생김새

❖ 생육특성

전국 각처의 산에 분포하는 다년생 초본이다. 생육환경은 토양이 비옥하고 물 빠짐이 좋은 반그늘에서 자란다. 키는 20~30㎝이고, 잎은 길이가 12~18㎝, 폭은 3~7㎝로 3월경에 막에 둘러싸인 첫 잎이 지상부로 올라오고 가장자리는 밋밋하며 표면은 짙은 녹색이고 뒷면은 연한 흰빛이 도는 긴 타원형 또는 난상 타원형이다. 꽃은 백색으로 길이는 0.6~0.8㎝로 '종'이나 '항아리' 모양과 같고 끝이 6개로 갈라져서 뒤로 젖혀진다. 두 잎 사이에서 꽃대가 출현하고 아래에서 위쪽으로 올라가며 개화하는 특성이 있다. 향은 바람이 불어오는 곳이면 은은한 사과 혹은 레몬 향이 강하게 전해 온다. 열매는 9월경 직경이 약 0.6㎝ 정도로 적색이며 둥글게 달린다.

❖ 재배 및 관리법

양지, 반음지에서 자라는 품종이어서 재배하는 것은 어렵지 않은 품종이다. 일반 토양보다는 물 빠짐이 좋은 곳에 퇴비를 많이 넣어 유기질이 풍부하게 만들어야 튼튼한 묘를 얻을 수 있다. 뿌리가 많이 뻗는 개체는 아니지만 옆으로 뻗어 가는 눈(芽)들이 많이 나오므로 간격은 15~20㎝ 정도를 두고 심는다. 잎은 무성하게 자라 가을까지 남아있으며 아래는 작은 씨방이 붉게 달려 관상가치도 높은 품종이다.

화단에 심을 경우는 가능하면 간격을 두고 심고, 화분에 심을 때는 밀식하는 것이 바람직하다. 이는 관리가 쉬운 화분에 너무 많이 순이 나오면 솎아 줄 수 있지만 화단은 그렇지 못하기 때문이다.

화분은 높이와 관계없이 어느 곳에서나 잘 자라지만, 적당한 높이는 5~10㎝ 정도이다. 이런 화분은 비교적 얕은 편에 속하지만, 뿌리가 깊게 들어가지 않기 때문에 이런 화분을 선택하는 것이 좋다.

상토는 시중에서 판매하는 일반 상토에 퇴비 10~15% 정도를 첨가하여 심으면 좋다. 흡지가 계속 뻗어 가는 품종이어서 유기질이 많아야 하기 때문이다.

또한 이른 봄 꽃이 필 때는 낮은 곳에 두고 감상하기보다는 눈높이에 두는 것이 좋은데 이유는 잎보다 아래에 꽃이 숨어 있는 듯 피기 때문에 위에서 보면 꽃을 볼 수 없기 때문이다. 바람이 불어오는 곳에 두고 감상하면 바람따라 향이 전해진다.

❖ **번식법**

종자가 완숙되는 8~9월경에 종자를 수확해서 화분에 바로 뿌리거나 냉장고에 보관 후 이듬해 봄에 뿌린다. 종자가 성숙되면 종자가 딱딱하기 때문에 종피를 약하게 자극을 줘 종자발아를 촉진시켜야 하므로 모래와 종자를 각각 1:1 비율로 섞어 손으로 비벼 준다. 이렇게 한 종자를 발아율이 높게 나타난다. 그렇지 않으면 종자를 물에 2~3일 정도 불린 후 뿌려도 좋다. 종자발아율은 그다지 높은 편이 아니다.

또한 포기나누기는 가을이나 이른 봄에 할 수 있는데 촉이 나오는 이른 봄에 하는 것을 권한다. 이 품종은 잎이 다른 품종에 비해 질겨서 포기나누기에는 아주 적합하다. 이렇게 포기나누기를 해서 심으면 그해에 개화를 하므로 좋다.

많은 포기를 심지 않으면 포기나누기를 권한다.

화분에 재배된 은방울꽃

12 자란

- 이 명: 대암풀, 대왕풀, 백급
- 학 명: *Bletilla striata* (Thunb.) Rchb. f.
- 과 명: 난초과
- 개화기: 5~6월

❖ 재배 및 관리법

우리나라에서 야생난 가운데 가장 널리 보급되어 가정이나 애호가들 사이에서 재배되고 화분으로 심어져 감상하는 종이 아닌가 생각한다. 이 품종은 온도에 민감하게 반응하여 영하로 내려가는 곳에서는 잘 자라지 않는다. 현재 자생지는 몇몇 곳이 발견되고 있는데 대부분이 남도의 따뜻한 곳이다. 하지만 수년 전부터 내륙에서도 자생지가 발견되었는데 눈이 많고 겨울이면 영하의 기온을 기록하는 곳이어서 원래 자생지와는 차이를 보이고 있다. 앞으로 더 많은 관찰을 해

화단에 재배된 자란

보고 이를 논해야 할 것 같으나 이는 예년에 비해 내륙의 기온이 더 상승한 데서 기인한 것이 아닌가 하고 생각한다.

재배는 주로 따뜻한 남도지방에서 이루어지는 것이 옳을 것 같고 원래 자생지는 반음지 상태와 햇볕을 잘 받는 두 곳 모두에서 잘 자란다. 상업적으로 많이 이용되는 품종이어서 대단위 재배가 이루어진다면 판로는 충분할 것이라 생각된다.

토질은 물 빠짐이 좋고 유기질 성분이 많은 곳을 선정하여 15~20초 간격으로 심어 관리하면 구근도 충분히 비대해질 수 있다.

자란 꽃 생김새

이 품종은 늦가을에 지상부의 잎과 줄기는 마르고 이듬 봄에 새순이 올라오며, 작년 가지가 아닌 새줄기에서 꽃대가 출현하고 꽃이 피며, 난대성 식물이기는 하지만 아침 기온이 영하 10℃ 이하로 내려가는 지역이라도 노지월동에는 지장이 없고, 낮에 영하로 내려가는 지역이라도 월동에는 문제가 없다. 겨울내 영하로 내려가는 지역은 노지월

동이 어려우므로 하우스나 시설 내에 들여 보관해야 한다.
화분에 심어 관리할 때는 화분의 깊이가 중간 정도 되는 5~10㎝ 정도가 적당하며, 토양은 단일토양으로 할 때는 마사토를 이용하여 심고, 혼합용토를 이용할 때는 마사토와 밭흙을 1:1 비율로 섞어 심는다. 마사토 단용에 심을 때는 물 빠짐이 좋으므로 물을 1~2일 간격으로 줘야 하고 채광이 좋은 곳에 두어야 꽃이 잘 핀다.

❖ 번식법

8~9월경에 달리는 종자를 이용한다. 종자번식은 난과에 속하는 식물들이 대부분 까다로운데 이 품종도 마찬가지다. 1980년대부터 꾸준히 난의 조직배양을 통한 대량 번식이 이루어져 왔고 이에 자란의 번식체계에 관한 연구도 병행되어 왔다.
자란은 종자가 완숙되지 않은 종자꼬투리를 이용하여 조직배양을 하며 이는 다른 난도 마찬가지다. 이제는 연구된 내용을 바탕으로 대량생산체계를 구축하는 것도 좋을 듯하다.
일반 가정에서의 종자발아는 매우 어려운 것이 사실이다. 하지만 한 꼬투리에서 얻을 수 있는 종자량이 많아 몇 개체만 발아되더라도 충분한 가치가 있는 품종이다.
종자발아 때는 파종상을 만들고 파종상 위에 이끼나 수태를 얕게 깔아 그 위에 꼬투리를 흔들며 약하게 부채와 같은 것을 이용해 바람을 불어 고루 퍼질 수 있게 해준다. 이렇게 종자를 파종하고 난 후 스프레이와 같은 고운 입자로 물을 뿌려 주어 너무 깊이 종자가 들어가지 않게 하며 충분히 습도를 유지할 수 있게 해줘야 한다. 이렇게 물을 뿌린 후 습도를 최대한 올려주기 위해 파종상 위에는 비닐이나 신문으로 덮고 일주일이 지난 후 제거하고 그 후부터는 공기 순환이 잘될 수 있게 한다.
뿌리나누기는 화분에 심은 것은 3~4년 주기로 화분 분갈이할 때 털어서 가을에 나누기를 하거나, 이른 봄에 하면 되고 노지에 있는 것은 3월에 구근 인근을 조심스럽게 파고 옆에 있는 자구를 분리하여 심으면 된다.
점점 자생지가 훼손당하고 있으므로 이렇게 쉬운 번식법을 이용하여 개체를 늘려나가는 것도 좋은 일이라 생각되고 이 또한 자생지의 훼손을 막는 일이라 생각한다.

13 족도리풀

- 이   명: 세신
- 학   명: *Asarum sieboldii* Miq.
- 과   명: 쥐방울덩굴과
- 개화기: 5~6월

❖ 생육특성

우리나라 각처의 산지에서 자라는 다년생 초본이다. 생육환경은 반그늘 또는 양지의 토양이 비옥한 곳에서 자란다. 키는 15~20㎝이고, 잎은 폭이 5~10㎝이고 줄기 끝에서 2장이 나며 표면은 녹색이고 뒷면은 잔털이 많으며 줄기는 자줏빛을 띤다. 꽃은 자줏빛으로 끝이 세 갈래로 갈라지고 항아리 모양을 하며 잎 사이에서 올라오기 때문에 잎을 보고 쌓인 낙엽을 들어내면 속에 꽃이 숨어 있다. 열매는 8~9월경에 두툼하고 둥글게 달린다. 유사종으로는 뿔족도리와 개족도리가 있다.

❖ 재배 및 관리법

뿌리를 약재로 이용하므로 재배하는 곳이 많은 품종이다. 살아가는 생육특성을 보면 대부분의 곳에서 반음지 상태를 유지하고 있으며 특히 자주족도리, 선운족도리, 금오족도리와 같은 품종은 채광이 거의 되지 않는 70% 이상의 차광이 된 곳에서 자생한다. 족도리풀을 제외하고는 약용으로 사용하는 것이 없으며, 대량으로 재배하는 곳도 없다.

뿌리발육이 좋다는 것은 각종 유기물을 찾아 흡수하는 것이 많다는 것으로 볼 수 있다.

족도리풀과 유사 종들의 가장 큰 특징은 꽃이 잎과 땅에 거의 붙어서 피기 때문에 꽃을 잘 찾을 수 없다는 것이고 이런 상황은 땅에서 다니는 벌레들에게 종자 결실을 의지하기 때문이다. 이렇게 땅에 각종 벌레가 많다는 이야기는 유기질이 풍부한 곳이란 말이다.

이 품종은 재배할 때 물 빠짐이 좋은 곳

족도리풀 잎 생김새

족도리풀 꽃 생김새

을 선정하며, 토질은 유기물 함량이 높은 곳을 택하거나 퇴비를 많이 넣고 재배해야 한다. 물빠짐이 좋지 못한 토양에서는 잎과 뿌리 사이가 썩어 분리되는 개체들이 많아 잎에서의 양분이 뿌리까지 전달되지 못하기 때문이다.

화분에 재배할 때는 마사토와 일반 토양의 비율을 1:1 또는 2:1

화분에 재배된 족도리풀

로 해도 좋다. 화분은 소형부터 대형까지 어디에 심어도 좋은 품종이다. 다른 품종들과의 혼식을 해도 좋지만 정확히 구분하여 심어야 한다. 이유는 뿌리 발육이 좋은 품종이어서 다른 식물과 경합을 벌이기 때문이다. 화분에 심어 꽃을 감상할 때는 잎을 약간 올리거나 햇볕이 들어오는 곳에 두면 꽃이 위쪽으로 살짝 올라온다.

❖ **번식법**

9월경에 받은 종자를 바로 뿌리거나 종이에 싸서 수분증발을 최대한 억제하고 냉장고에 보관 후 이듬해 봄에 일찍 뿌린다. 직파와 보관 후 파종하는 것과의 종자발아율에 대한 차이는 크지 않은 것으로 관찰되었다. 다른 종자들과 마찬가지로 초기 습도를 맞춰주는 것이 중요하므로 파종상에 종자를 뿌리고 그 위에 비닐로 덮고 10일 정도 지난 후 비닐을 제거한다. 본엽이 전개되면 뿌리발육이 완성해 지므로 가급적 뿌리 발육이 많이 되지 않은 시점에 화분에 옮겨 관리한다.

가을이나 봄에 뿌리나누기를 하는데 봄보다는 가을을 권한다. 이유는 이른 봄에 올라오는 순이 너무 연해 분리할 때 자칫 새순을 상하게 할 수도 있기 때문이며 가을에는 뿌리에서 나온 순을 보며 나누기를 할 수 있는 이유도 있다.

14 콩짜개덩굴

- 이 명: 콩조각고사리, 콩짜개고사리
- 학 명: *Lemmaphyllum microphyllum* C. Presl
- 과 명: 잔고사리과
- 개화기: 상록성

❖ **생육특성**

콩짜개덩굴은 제주도를 비롯한 남부지방과 섬 지역, 대둔산, 태백산 등지에서 자라는 상록성 다년생 초본이고 난대성 양치류에 속한다. 생육환경은 공중 습도가 높거나 주변 습도가 높은 곳의 바위나 나무에 붙어 자란다. 잎은 길이 1~2㎝, 폭은 0.6~1.5㎝로 타원형이며 잎몸 밑부분은 마디가 있으며 인편이 많고, 포자낭이 달리는 포자 잎은 주걱 모양으로 길이는 2~4㎝, 폭은 약 0.4㎝로 끝이 둥글며 밑부분이 좁아지고 양쪽에 포자낭이 달린다. 줄기는 황갈색으로 뿌리줄기 부분은 둥글고 불규칙하게 가지가 갈라진다. 관상용, 뿌리줄기를 포함한 전초를 약용으로 사용한다.

❖ **재배 및 관리**

화분이나 석부작 또는 목부작에 가장 많이 이용되는 품종 중의 하나다. 자생지 특징은 크게 두 가지로 구분한다. 한 곳은 습도가 매우 높은 곳(주로 해안가)인 반면 다른 한 곳은 습도가 높지 않은 단지 나무 그늘이 많아 수분증발을 억제하는 곳에서 자란다.

나무에 붙인 목부작에 사용한 것은 물을 많이 줘서 나무가 수분을 머금어 콩짜개덩굴의 뿌리가 천천히 흡수하게 하여야 한다. 아침에 관수해 주는 것이 좋다.

돌에 붙여 관리하는 석부작은 이끼와 함께 심는 경우가 많으므로 이끼에 스프레이를 이용하여 물을 주면 된다. 아침과 저녁에 관수한다.

이 두 조건은 자생지에서의 경우와 따로 관리하면 좋다. 즉 목부작은 반그늘 또는 양지에 두고, 석부작은 반음지나 음지에서 관리하는 편이 좋다. 이유는 여름에 광을 많이 받는 석부작의 경우는 돌이 광을 받아 온도가 올라가

콩짜개덩굴 포자

혼합 재배된 화분(콩짜개덩굴+고사리)　　목부작 콩짜개덩굴

기 때문이고 목부작의 경우는 나무에 붙어 있기 때문에 반그늘 또는 양지에서 재배해도 서늘한 기운을 느낄 수 있기 때문이다.

❖ 번식법

이른 봄 줄기의 영양분이 이동하는 시기를 이용하여 삽목한다. 삽목할 때는 잎과 공기에 노출된 기근(氣根)을 붙인 개체를 하나하나 따로 심는다. 심을 때는 상토나 이끼를 이용하지만, 뿌리를 빨리 내리게 하는 상토를 이용하는 것이 훨씬 효율적이었다. 처음 심고 난 후 7~10일 동안은 습도를 높여주기 위해 신문지나 비닐을 덮고 그 후 제거한다. 생존율은 90% 이상 높게 나타난다. 또한 가을에 익은 포자를 수태나 이끼에 뿌려서 하는 방법도 있다. 고사리과 식물이 거의 그렇듯 발아율은 높은 편은 아니다.

다른 식물과는 달리 대량으로 번식하고자 할 때도 모본에서 분리된 개체를 이용하여 상기 방법으로 해도 많은 개체를 얻을 수 있다.

15 패랭이꽃

- 이   명: 패랭이, 꽃패랭이꽃, 석죽
- 학   명: *Dianthus chinensis* L. var. chinensis
- 과   명: 석죽과
- 개화기: 6~8월

❖ **생육특성**

전국 각처에 자생하는 숙근성 다년생 초본이다. 생육환경은 반그늘이나 양지 쪽에서 많은 군락은 이루지 않고 조금씩 간격을 두고 서식한다. 키는 약 30㎝이고, 잎은 길이가 3~4㎝, 폭은 0.7~1㎝이고 끝이 뾰족하며 마주난다. 꽃은 진분홍색으로 길이는 약 2㎝ 정도 되고, 줄기 끝에

패랭이꽃 꽃 생김새

2~3송이가 달리며 꽃잎은 5장으로 끝이 약하게 갈라지며, 안쪽에는 붉은색 선이 선명하고 전체적으로 둥글게 보인다. 열매는 9월에 검게 익으며 원통형이다.

❖ **재배 및 관리법**

우선시되는 통풍이 해결되면 재배하기 매우 쉬운 품종이다. 심어 놓은 곳을 가보면 항상 밀식(빽빽하게 심은 것)된 곳에 많이 있는데 관찰해보면 중간마다 고사한 개체들이 많이 있다. 이는 패랭이과에 속하는 대부분의 곳에서 나타나는 동일한 현상이다. 이유는 통풍이다. 다른 품종들과 달리 바람이 잘 통하는 곳을 좋아하는 품종이다.

또한 이 품종은 잎이 옆에 있는 다른 잎과 겹쳐 받는 광을 간섭받으면 세력이 약해지면서 땅으로 줄기를 뻗어 나간다. 이런 개체들은 종자 결실을 끝으로 대부분이 고사한다.

한꺼번에 석죽과 식물을 심지 말고 다른 식물들과 혼용하여 심는 것도 좋은 방법이다. 석죽과 식물들은 잎은 많지만 잎 넓이가 넓지 않고 좁아 그 사이로 다른 식물들이 많이 자라는 것을 볼 수 있다. 필히 제초작업을 하거나 혹은 다른 식물들과의 경합을 피하는 것이 좋다.

화분에 심은 것의 물관리는 2~3일 간격으로 하지만 재배하기 위해 밭에 심은 품종은 물관리를 따로 하지 않아도 좋다.

이 품종과 술패랭이는 물 빠짐이 좋고 가급적 습해를 받지 않게 토양을 구성해야 한다. 즉 물 빠짐도 좋고 습도가 높지 않게 해 줘야 한다는 것이다. 토양의 경우는 일

화분에 재배된 패랭이꽃

반 밭흙 5: 마사토 5를 하고 퇴비를 10%가량 첨가하며, 판매하는 상토는 피트모스 3: 펄라이트 2: 질석 5로 혼합하며 여기에 퇴비를 10%가량 첨가한다.

❖ 번식법

9월경에 익은 종자를 받아 바로 파종한다. 이 시기가 가장 좋고 발아율도 높게 나타난다. 석죽과에 속하는 식물들은 종자발아율은 매우 높다. 하지만 새순이 올라와 얼마 되지 않으면 입고병(잘록병)을 얻어 대부분의 묘가 고사한다.

종자는 뿌리 후 3일 정도 경과하면 습도관리를 위해 덮은 비닐과 신문을 제거한다. 3~4일 정도 경과되면 처음 올라오는 순들은 거의 올라오기 때문이다. 7일 정도 경과 후 비닐을 열면 실처럼 위로 웃자란 묘들이 너무 많기 때문이다.

종자발아 후 본엽이 전개되는 시기는 6~10일 정도이다. 이때는 본엽이 전개된 것부터 바로 화분에 이식해야 한다. 그렇지 않으면 어린 묘들이 뿌리와 토양이 만나는 지점에서 줄기와 부리되는 잘록병이 발생한다.

따라서 석죽과 식물들은 종자를 뿌릴 때 점파(하나하나 뿌리는 것)를 하는 것이 훨씬 좋다고 할 수 있다. 종자발아율은 높은 편이다.

삽목으로도 번식을 많이 한다. 이는 해 본 결과 계절과 관계없이 잘된다.

10~15㎝ 정도 자란 묘를 이용하는데, 윗부분을 포함해 전체 줄기의 2/3를 날카로운 전정가위를 이용하여 자른다. 이 방법은 측지를 발생시키는 장점도 있다.

이렇게 얻은 삽수는 줄기 두 마디에 잎 두장만 남기고 나머지는 제거한 후 시중에 판매하는 발근제를 묻혀 모래 또는 상토에 심는다. 이렇게 삽목한 경우 뿌리는 약 20일 정도 경과 후에 나오기 시작한다. 또 많은 개체를 얻으려면 삽목을 한 곳에서 나시 삽수를 얻어 해도 높은 발근율을 보인다.

석죽과에 속하는 식물은 희귀식물의 경우는 삽목을 권하지만, 많이 보는 품종은 삽목보다는 종자번식을 권한다.

16 하늘매발톱

- 학 명: *Aquilegia buergeriana* Sieb. et Zucc. var. *oxysepala* (Traut. et Mey.) Kitamura
- 과 명: 미나리아재비과
- 개화기: 4~6월

❖ 생육특성

우리나라 각처의 산에서 자라는 다년생 초본이다. 생육환경은 양지나 반그늘에서 자라고 토양은 비옥하다. 키는 약 1m 정도이고, 잎은 길이는 5~7㎝, 폭은 6~8㎝이고 2~3갈래로 깊게 갈라지고 뒷면은 분백색이다. 꽃은 흰색, 연분홍색 등이 있고 가지 끝에서 아래를 향해 달리고 꽃잎 끝부분은 5갈래로 매의 발톱처럼 꼬부라져 있으며, 꽃봉오리 때는 아래를 향하지만 꽃이 피면서 점점 하늘을 보며 씨가 맺히면 하늘을 향해 있다. 열매는 7~8월경에 달리고 종자는 검은색으로 광택이 많이 나고 씨방에 많이 들어 있다.

❖ 재배 및 관리법

시중에서 판매되는 야생화 가운데 많이 순위 안에 들 정도로 인기 있는 품종이다. 어느 곳을 가든지 원예종 하늘매발톱을 쉽게 볼 수 있다.

인기가 있는 종인 만큼 재배나 관리도 수월하다. 햇볕이 잘 드는 곳에 두고 관리하거나 재배하면 된다.

원래 이 품종이 자라는 곳은 고산지역인 백두산 일원이고, 노랑하늘매발톱, 흰하늘매발톱은 주변 습도가 아주 높은 계곡의 반그늘에서 자라는 반면 하늘매발톱은 고산의 햇살이 잘 들어오는 곳에서 자란다.

재배할 때는 물기가 많이 없는 곳의 양지쪽에 20㎝ 정도의 간격으로 심으면 되고 화분에 심어 관리할 때는 깊이가 15~20㎝ 정도의 깊은 것을 선정하여 자갈과 상토를 이용하여 물 빠짐이 좋게 하고 심으면 된다.

상토는 물 빠짐을 좋게 하기 위해 마사토 3: 밭흙 6: 퇴비 1의 비율로 하거나 시중에서 판매되는 상토의 경우는 피트모스 3: 펄라이트: 3: 질석 4의 비율로 혼합 후 10% 정도의 퇴비를 혼합한다.

이 품종은 많은 개체를 한꺼번에 심어 관리하는것보다는 2~3개씩 여러 화분을 만들어 관리하는 것이 좋다. 이유는 꽃이 고사한 후 잎이 계속 자라 여름에는 제법 큰 잎이 되기 때문이다.

화분에 재배된 원예용 하늘매발톱

항아리에 재배된 하늘매발톱

❖ 번식법

7월에 종자가 완숙되면 위 꼬투리가 벌어지기 시작하면 전정가위를 이용해 씨방을 조심해 자른다. 씨방이 흔들리면 옆에 있는 씨방에 들은 종자가 떨어지기 때문이다. 완숙된 종자는 검은색으로 광택이 나므로 쉽게 구분할 수 있다. 이렇게 받은 종자는 바로 뿌리지 말고 종이에 싸서 냉장고에 보관 후 9월경부터 뿌린다. 종자 파종 후 발아까지 소요되는 기간은 약 일주일 정도지만 뿌리가 자라고 본엽이 전개되어 화분에 이식하는 데까지 소요되는 기간은 약 한 달 정도여서 가능한 여름 고온기를 피하는 것이다. 여름 고온기에는 묘종이 올라오고 바로 이식하지 않으면 뿌리 부분이 썩어 묘종을 사용할 수 없기 때문이다.

9월경에 뿌리면 종자발아가 이루어지는 기간은 약 7일 정도이다. 본엽이 전개되면 바로 이식하여 화분에 옮기고 관리한다.

종자발아율은 85~90% 정도로 높은 편이다.

17 용담

- 이   명: 초룡담, 섬용담, 과남풀, 선용담, 초용담, 룡담
- 생약명: 용담(龍膽)
- 학   명: *Gentiana scabra* Bunge for. *scabra*
- 과   명: 용담과
- 개화기: 8~10월

용담 꽃 생김새

❖ **생육특성**

전국의 산과 들에서 자라는 숙근성 다년생 초본이다. 생육환경은 풀숲이나 양지에서 자란다. 키는 20~60㎝이고, 잎은 표면이 녹색이고 뒷면은 회백색을 띤 연녹색이며 길이는 4~8㎝, 폭이 1~3㎝로 마주나고 잎자루가 없이 뾰족하다. 꽃은 자주색이며 꽃자루가 없고 길이는 4.5~6㎝로 윗부분의 잎겨드랑이와 끝에 달린다. 열매는 10~11월에 달리며 시든 꽃부리와 꽃받침에 달려 있다. 종자는 작은 것들이 씨방에 많이 들어 있다.

꽃이 많이 달리면 옆으로 처지는 경향이 많이 나타나고 바람에도 약해 쓰러짐이 많다. 하지만 쓰러진 잎과 잎 사이에서 꽃이 많이 피기 때문에 줄기가 상했다고 해서 끊어내서는 안 된다.

❖ **재배 및 관리법**

햇볕이 잘 들어오는 곳의 물 빠짐이 좋은 곳에서 자라는 품종이다. 따라서 이 품종을 심을 때는 물 빠짐을 좋게 해주는 것이 관건이다.

대량으로 재배하기 위해서는 경사가 급하지 않은 곳(경사도 10° 미만)을 선정하여 심는다. 이른 봄 묘가 자랄 때 다른 식물보다 잎과 초장(전체적인 길이)이 작아 쉽게 인접해 나는 잡초에 의해 생장이 억제되거나 자라지 못하는 일이 발생한다. 따라서 검은 멀칭 비닐을 이용해 잡초가 나는 것을 최대한 억제하고 골에 나는 잡초는 제거해야 한다. 골의 높이는 15~20㎝가 적당하고 이랑과 이랑의 넓이는 20~30㎝가량이면 좋다. 골의 높이는 약간 높게 해야 하는 이유는 물 빠짐을 좋게 하기 위함이다.

화분으로 재배할 때는 화분의 높이는 10㎝ 내외가 좋고 아래에는 물 빠짐을 좋게 하기 위해 작은 돌을 깔고 위에는 상토를 올리는데 가운데가 높고 옆으로 가면서 낮아지게 하면 물 빠짐도 좋아지고 햇볕을 많이 받아 생육도 좋아진다.

또한 햇볕을 잘 받지 못하는 아파트의 베란다에서는 7월경에 순이 올라와 자란 것을

1/2 정도를 잘라 전체적인 높이를 낮게 만들어 관리하면 좋다. 이렇게 하면 꽃은 많이 달리지만 꽃송이가 전체적으로 작아지는 단점은 있다.

❖ 번식법

11월에 달리는 종자를 받아 냉장고에 보관하거나 혹은 종자를 받은 즉시 바로 뿌려야 한다. 종자를 받을 때는 꽃봉오리를 따서 종이로 된 봉지에서 털어야 한다. 이유는 종자가 너무 작아 비닐이나 다른 곳에 털면 잘 보이지 않기 때문이다.

화분에 재배된 흰용담

일반 상토에서의 종자발아율은 매우 낮은 편이다. 언급한 바와 같이 미세 종자여서 일반 상토보다는 이끼에 뿌리는 것이 그나마 종자발아율을 높일 수 있는 방법이다. 이렇게 종자를 뿌린 후의 습도 관리가 매우 중요한데 스프레이와 같은 입자가 고운 것을 이용하여 약하게 상토 또는 이끼에 종자가 스며들게 한 후 비닐이나 신문으로 덮어 약 10일이 경과한 후 제거하고, 이때부터는 스프레이로 매일 아침 또는 저녁에 충분히 물을 주고 관리한다.

발표된 논문에 의하면, 종자발아율을 높이기 위해 생장촉진제인 GA(지베레린)를 처리하기도 한다. 일반적으로 농가에서 대량재배를 하기 위해서는 GA를 100~500ppm 정도 희석한 후 종자를 담구고 이를 살포하면 일반적인 파종 때보다 높은 발아율을 보인다고 보고하고 있다.

이렇게 종자발아에는 어려움이 있지만, 이 품종은 삽목도 잘되어 작은 면적에서 재배하고자 할 때는 이 방법을 이용한다.

6월경에 3~5마디를 잘라 두 개로 나눈 후 잎을 하나 붙이고 시중에서 판매하고 있는 삽목 발근제인 루톤(rooton)을 묻혀 삽목한다.

삽목 후 습도 유지를 위해 신문이나 비닐로 덮고 10~15일 정도 경과한 후에 제거한다.

18 물매화

- 이 명: 물매화풀, 풀매화
- 학 명: *Parnassia palustris* L.
- 과 명: 범의귀과
- 개화기: 7~9월

❖ 생육특성

우리나라 각처의 산에서 자라는 다년생 초본이다. 생육환경은 햇볕이 잘 들어오는 양지와 습기가 많지 않은 산기슭에서 자란다. 키는 약 10~30㎝이고, 잎은 길이가 5~7㎝, 폭은 3~5㎝로 끝은 뭉뚝하고 가장자리에 톱니가 없는 난형이다. 꽃은 줄기 끝에 한 송이가 달리며 수술 뒤쪽에 물방울과 같은 모양을 한 것이 많이 달리며 흰색이다. 열매는 길이가 1~1.2㎝로서 계란 모양이고 안에는 작고 많은 종자가 들어 있다.

❖ 재배 및 관리법

화분에서 재배하며 돌이나 이끼 위에 올린다. 강한 햇볕을 받으면 잎끝이 타는 엽소 현상이 생기는 경우가 많아 강한 햇빛을 보지 않게 하는 것이 중요하다. 가을에 꽃을 피우는 품종 중 키가 가장 작아 다른 품종들과 혼합해 심는다. 화분을 만들 때는 화분의 높이가 2~3㎝ 정도 되는 것을 선택하여 가운데 심어 관리한다. 물을 많이 줘도 좋고 마르면 물을 줘도 좋은 품종이어서 생리에 맞는 품종들을 선정하여 혼식하는 것이 좋다.

물매화 꽃 생김새

❖ 번식법

10월이나 11월에 완숙된 종자를 받아 뿌리는데 종자가 워낙 미세하여 일반 상토에 뿌리면 종자발아가 거의 이루어지지 않는다. 종자 파종상에 이끼를 올리고 이끼 위에 종자를 흩어 뿌린 후 비닐이나 신문지로 덮고 종사상의 습도를 충분히 올리고 7일 후에 덮은 것을 제거한다. 이후 관리는 일반적인 관수를 하는 것이다.

화분에 재배된 물매화 잎 생김새

19 투구꽃

- 이   명: 선투구꽃, 개싹눈바꽃, 진돌쩌귀, 싹눈바꽃, 세잎돌쩌귀, 그늘돌쩌귀
- 학   명: *Aconitum jaluense* Kom.
- 과   명: 미나리아재비과
- 개화기: 8~9월

❖ 생육특성

투구꽃은 우리나라 각처의 산에서 자라는 다년생 초본이다. 생육환경은 반그늘 혹은 양지의 물 빠짐이 좋은 곳에서 자란다. 키는 약 1m 정도이고, 잎은 잎자루 끝에서 손바닥을 편 모양으로 3~5갈래로 깊이 갈라지고, 어긋난다.

화단에 재배된 투구꽃

꽃은 자주색 혹은 흰색으로 모양은 고깔이나 투구와 같으며 줄기에 여러 개의 꽃이 어긋나고 아래에서 위로 올라가며 핀다. 열매는 10~11월에 맺고 타원형이며 뾰족한 암술대가 남아 있다.

❖ 재배 및 관리법

물 빠짐이 좋은 곳을 선정하는 것이 포인트다. 이는 뿌리가 일반 뿌리가 아닌 괴근과 구근의 형식을 가진 대다수 품종들의 특성이기도 하다. 문헌에 따르면 조선시대에는 이 품종을 재배한 흔적이 있으나 최근에는 재배되지 않고 있다. 이유는 독성이 강한 품종이어서 일반 유통이 금지되어 있기 때문이다. 따라서 대단위 재배가 아닌 약재로 사용하기 위한 소량 재배만 이루어지고 있을 뿐이다.

하지만 꽃이 아름다워 화분으로 재배하는 동호회에서는 화분에 심어 이를 관상용으

투구꽃 잎 생김새

투구꽃 꽃 생김새

제3장 야생화 재배관리

화분에 재배된 투구꽃

로 재배하고 있기도 하다. 화분에서의 재배는 일반 노지보다는 어려운 점은 있으나 물 빠짐이 좋아 자생지만큼의 화려한 꽃을 피운다. 화분에 재배할 때는 깊이가 깊은 15~20㎝ 정도의 화분을 이용하는 것이 좋으나 5~10㎝ 이하의 낮은 화분에서 키울 때는 괴근 뿌리를 옆으로 누운 상태에서 키운다. 이런 화분 재배방법은 동호인들 사이에서 많이 알려져 있으며, 최근에는 가을에 야생화 전시회를 개최하는 곳들이 생겨 화분에서의 재배가 많이 이루어지고 있기도 하다.

하지만 관리상의 문제는 가을에 꽃을 피우는 품종이어서 여름의 고온을 거치면서 잎끝이 타는 엽소현상이 발생하고, 또 햇볕을 많이 받지 않는 곳에 두면서 웃자람 현상이 나타나고 있다. 화분을 관리할 때는 햇볕이 잘 들어오는 곳에 두고 한여름 고온에는 그늘지고 서늘한 곳에 보관하여 키우면 좋다.

❖ 번식법

종자 결실이 잘 된 10월경 종자를 받아 파종상에 바로 뿌리거나 종자를 종이에 싸서 냉장고에 보관 후 이듬해 봄에 뿌린다. 종자발아율은 높지 않은 편이지만, 한 꼬투리에서 많은 종자를 받을 수 있어 많은 개체는 얻을 수 있다. 뿌리 부분에 대한 번식법은 따로 알려져 있지는 않다.

20 해국

- 이   명: 왕해국, 흰해국
- 학   명: *Aster sphathulifolius* Maxim.
- 과   명: 국화과
- 개화기: 7~11월

야생에서 자란 해국

❖ **생육특성**

우리나라 중부 이남의 해변에서 자라는 다년생 초본이다. 생육환경은 햇볕이 잘 드는 암벽이나 경사진 곳에서 자란다. 키는 30~60㎝이고, 잎은 양면에 융모가 많으며 어긋난다. 잎은 위에서 보면 뭉치듯 전개되고 잎과 잎 사이는 간격이 거의 없는 정도이다. 겨울에도 잎은 고사하지 않고 상단부가 남아있는 반 상록 상태다. 꽃은 연한 자주색으로 가지 끝에 하나씩 달리고 지름은 3.5~4㎝이다. 잎은 끈적거리는 감이 있어서 여름철에 애벌레가 많이 먹는다. 벌레가 많다고 살충제를 뿌리지 않아도 될 만큼 잎이 많다.

❖ **재배 및 관리법**

해안가 바위에 붙어사는 품종이어서 재배하기 까다로울 것 같지만 의외로 노지에서도 재배가 잘되는 품종이다. 재배조건은 물 빠짐이 좋은 곳을 선정한 후 비옥한 토질이 아니어도 재배는 가능하지만 심을 때는 유기질이 많은 퇴비를 충분히 넣어주고 석회를 조금 넣어 토양이 알칼리에 가깝게 만들어 준다. 이는 심은 지 한 해가 지나면 잎이 무성해져 양분이 많이 필요하기 때문이며 바위에 붙어사는 이유는 산성보다는 알칼리성 토양을 좋아하기 때문이다. 잎이 상록이어서 화분에 심기에 좋은 품종이다. 돌에 붙여 심는 것이 좋다. 화분에 넣은 상토에 비옥도가 높

야생의 해국 무리

으면 잎이 무성지기 때문이다. 돌에 붙여 심을 때는 안에 뿌리가 뻗을 수 있는 공간을 충분히 만들고 흙을 조금 넣어 뿌리가 내릴 수 있도록 하는 것이 좋다. 이렇게 한 후 올라오는 잎을 솎아 내어 최소한 식물이 살 수 있는 조건만 만들어 줘야 한다. 그래야 꽃을 많이 달지 않으면서 좋은

석부작 해국

꽃을 매년 볼 수 있다. 잎이 상록이라 장단점을 잘 활용하면 좋은 꽃을 해마다 볼 수 있다.

❖ 번식법

11월과 12월에 완숙한 종자를 받아 바로 뿌리거나 이듬해 봄에 일찍 뿌린다. 종자발아율은 매우 높은 품종이어서 개체 수는 걱정하지 않아도 된다. 종자 뿌리는 요령은 줄을 파서 뿌리는 줄파보다는 상토 위에 바로 흩어 뿌리고 이후 상토를 약 0.5㎝ 정도 덮어주고 물을 준 후 신문이나 비닐로 7~10일 정도 덮은 후 이를 제거하면 된다. 빨리 올라오는 종자는 4~5일경이면 올라오므로, 종자발아율이 약 30%를 넘으면 덮은 것을 제거해 줘야 식물이 웃자라는 것을 방지할 수 있다. 종자발아가 잘되는 품종이어서 따로 뿌리나누기를 할 필요는 없지만 꽃대가 완전히 시든 늦가을이나 이른 봄에 뿌리를 캐서 옆으로 뻗어 나간 흡지를 분리하여 심으면 된다. 종자발아 후에는 2년 만에 꽃을 피우지만 흡지를 이용하면 그해에 꽃을 볼 수 있으므로 빨리 꽃을 보고 싶으면 흡지를 이용하면 된다.

21 석곡

- 이 명: 석곡란
- 학 명: *Dendrobium moniliforme* (L.) Sw.
- 과 명: 난초과
- 개화기: 4~6월

❖ **생육특성**

전라남도 목포, 완도, 경상남도, 제주도 등지의 산지에서 나는 상록 다년생 초본이다. 생육환경은 햇볕이 많이 들어오거나 반그늘진 곳의 바위틈에 흙이나 이끼, 수태가 있는 곳에서 자란다. 키는 약 20㎝ 정도이고, 잎은 오래된 개체는 잎이 없고 줄기마디마디에 잎이 나오지만 오래되면 녹갈색으로 변하며, 길이가 4~7㎝, 폭은 0.7~1.5㎝로 뾰족하며 어긋나고 전체적으로 진녹색을 띠고 있다. 줄기는 뿌리줄기로부터 여러 대가 나와 곧게 자란다. 뿌리는 굵은 뿌리가 흰색으로 나온다. 꽃은 2년 전의 원줄기 끝에 1~2개가 흰색 또는 연한 적색으로 달리며, 향이 있고 지름은 약 3㎝ 정도이다. 중앙부의 꽃받침조각은 길이가 2.2~2.5㎝, 폭은 0.5~0.7㎝이고 옆부분의 찢어진 조각은 옆으로 퍼진다. 입술 모양 꽃부리는 약간 짧고 뒤쪽에 아래로 처진 것이 짧게 있다.

이 품종은 향이 은은하게 나오며 색의 변이도 많은 품종이다. 1980년대부터 석곡은 돌이나 이끼에 올려 감상하는 이른바 석부작과 목부작에는 빠지지 않는 품종이었다. 그만큼 자생지에서의 무분별한 채취가 이루어졌다는 방증이기도 하다. 때문에 자생지는 대부분이 매우 심각하게 훼손되었고 일부 사람이 접근할 수 없는 곳에서만 그 모습을 유지하고 있을 정도다.

최근에는 지리산에서도 자생지를 확인하였는데, 인적이 드문 곳이라 아직 그 개체

석곡 잎과 줄기

석곡 꽃봉오리

석곡 꽃 생김새

가 보존되고 있었다.
환경부에서는 이 품종을 멸종위기종으로 분류하여 자생지 보호를 하고 있다.

❖ 재배 및 관리법

대표적인 목부작(나무에 심어 관리하는 것)이나 석부작(돌에 심어 관리하는 것)을 하는 품종이다. 우리나라에 자생하는 난 가운

석부작에 혼합 재배된 석곡

데 가장 많이 이용되는 품종이다. 한때는 곳곳에 많은 자생지가 있었지만, 지금은 남해안에서도 몇몇 장소를 꼽을 정도로 자생지가 훼손되었다. 대량으로 심어 관리하는 곳은 없으며, 화분으로 재배한 후 일부를 판매하는 곳이나 수입종을 판매하는 곳이 있다.

화분으로 판매되는 묘종을 구입 후 돌이나 나무에 붙이는데 처음에는 뿌리가 잘 붙지 않아 초보자들은 많은 어려움을 겪는다. 돌이나 나무에 붙일 때는 이끼나 수태로 뿌리 주변을 감싸고 실이나 얇은 낚싯줄을 이용하여 뿌리가 잘 달라붙을 수 있게 이끼나 수태 주변을 고정한 후 스프레이로 뿌리 부분에 물을 주면 1년 정도 경과한 후 뿌리가 안착하게 된다. 이때 묶은 실을 풀어주면 된다. 분갈이는 3~4년 지난 후 개체가 많이 생기면 해주고 개체 수가 적으면 하지 않아도 된다.

❖ 번식법

대량 번식은 조직배양을 통해 이루어지고 있으며, 일반적인 종자발아로는 거의 이루어지지 않고 포기나누기를 통해 번식한다.

포기나누기는 이른 봄이나 가을에 옆에서 새로 나오는 작은 가지를 원뿌리에서 분리한 후 심는다.

22 지네발란

- 이 명: 지네난초
- 학 명: *Sarcanthus scolopendrifolius* Makino
- 과 명: 난초과
- 개화기: 6~7월

❖ **생육특성**

전라남도의 신안과 목포, 제주도에서 나는 상록 다년생 초본이다. 생육환경은 해안가 근처의 습기가 많고 햇볕이 잘 들어오거나 반그늘진 곳의 나무와 바위에 붙어 자란다. 키는 1~3cm이고, 잎은 길이가 0.6~1cm로 가죽질로 줄기를 따라 좌우로 2줄로 배열되며 어긋나며 딱딱하고 끝이 둔하다. 줄기는 딱딱하고 가늘며 느슨하게 가지가 갈라진다. 꽃은 잎자루가 칼집 모양으로 되고 줄기를 싸고 있는 곳에서 연한 홍색으로 1개씩 달려 나오고 꽃줄기는 약 0.2cm이며, 아래 잎은 3갈래로 갈라지고 백색이며 주머니 모양으로 꽃 끝에 달린 돌기가 있다. 옆으로 찢어진 꽃잎은 귀 같고, 중앙에 찢어진 꽃잎은 계란형이며 백색으로 끝이 둔하고 꽃받침 잎은 긴 타

지네발란 줄기형태

원형이다. 열매는 9~10월경에 길이 약 0.6cm로 계란이 거꾸로 된 모양을 하고 달린다.

자생지는 점점 확대되고 있지만, 제주도의 경우는 태풍이 많이 불어 나무에 착생하고 있는 개체들이 많이 떨어지고 있었다. 전라남도 자생지는 2011년에 거의 훼손되었다고 알려져 있어 안타까

화분에 재배된 지네발란

지네발란 자생지

움이 더한다. 이 품종은 기후 변화로 점점 남부 해안가로 올라오고 있기 때문에 앞으로 자생지는 더 철저히 보호되어야 한다.
우리나라에서는 멸종위기식물로 분류하여 관리하고 있다.

❖ **재배 및 관리법**

자생지가 한정되어 있어 멸종위기식물로 분류하고 있는 품종이어서 재배는 이루어지지 않고 있다. 하지만 난 동호회와 야생화 동호회에서는 시중에서 판매하는 묘종을 구입 후 이를 목부작과 석부작에 이용하고 있다. 나무나 돌에 착생하는 품종은 처음 돌과 나무에 이끼를 올려놓고 뿌리를 실로 고정한 후 스프레이와 같은 입자가 고운 것을 이용하여 물을 주고 뿌리가 완전히 활착되는 1년이 지난 후 실을 제거해 준다. 뿌리가 완전히 활착해 꽃이 피고 나면 시중에서 판매하는 액비(액체로 된 비료)를 이용하여 여러 차례 관수해 주면 된다.

❖ **번식법**

해마다 나오는 새순을 분리하여 번식시키는 방법과 종자를 이용하는 방법이 알려져 있다. 종자는 10월경에 받은 종자를 상토에 이끼나 수태를 올려놓고 그 위에 종자를 뿌린 후 스프레이와 같은 입자가 작은 것을 이용하여 물을 준다. 이른 봄에도 동일한 방법으로 하며 파종상에 종자를 뿌린 다음에는 신문이나 비닐로 덮고 15일 정도 지난 후 제거한다.

제4장 실내정원 만들기

본 장을 읽기에 앞서 • 사계절 아름다운
명품 그린 인테리어

현대인들은 점점 '삶의 질'을 추구하여 이제는 웰빙(well-being) 시대를 지나 '고급스러운 친환경 삶'인 로하스(LOHAS: Lifestyles Of Health And Sustainability) 시대로 옮겨가고 있다.

첨단 문명이 발달할수록 현대인들은 컴퓨터 등 첨단기기와 함께 삭막한 콘크리트 건물 속에서 생활하는 빈도가 늘어난다. 실내의 건축 내장재, 가구, 벽지 등에서는 폼알데히드를 비롯한 여러 가지 나쁜 유해물질이 실내공기를 오염시킨다. 새집일 경우에는 더욱 나빠져 여러 가지 질병을 일으키게 한다. 이러한 환경을 보완하기 위해 각종 친환경 소재가 등장하고 첨단기기인 공기청정기, 음이온 발생기, 산소 발생기 등을 설치하지만, 실내식물만큼 효과적이지 못하다.

식물은 낮에는 광합성 작용을 하여 식물의 뿌리로부터 물을 흡수하고 줄기를 통과하여 대기 중의 이산화탄소 및 폼알데히드 같은 유해물질을 흡수하고, 광합성 작용의 결과 얻어진 산소는 잎의 기공을 통해 방출한다. 야간에는 식물이 호흡만 하여 적은 양의 이산화탄소가 방출되므로 인체에는 해가 없다. 이러한 공기를 이동하게 하는 식물은 같은 공간에 있는 인간에게 건강한 환경을 만들어 내는 중요한 능력과 기능을 갖추고 있다.

그린 인테리어란 단순히 식물을 실내에 들여놓기만 하는 것이 아니라 그 식물이 담

기는 용기나 주변의 실내 인테리어와 조화를 이룰 수 있도록 적재적소에 어울리게 나타내는 것이다. 생명이 있는 싱그러운 식물로 잘 꾸민 그린인테리어는 그 어떤 고급 인테리어에 비할 수 없는 활력과 즐거움을 준다. 사람들은 꽃이나 식물을 만지는 순간은 마음이 편안하고 스트레스가 해소된다고 한다. 바쁜 일상생활이지만, 한가로운 휴일에 조금만 정성을 들이면 집 안도 아름답게 꾸미면서 좀 더 여유롭고 풍요로운 삶을 즐길 수가 있다.

본 장에는 아파트 내부나 건물 내부에 미니 정원을 아름답게 만드는 요령과 손쉽게 만들 방법을 제시하여 삭막한 실내 분위기를 한껏 아름답게 장식하면서 건강도 지키는 일거양득의 효과를 나타내게 한다. 각각의 공간에는 어떤 식물들이 어울리는지, 또 어떤 식물들을 어떻게 꾸며야 하는지 구체적으로 볼 수 있을 것이다. 보잘것없는 식물들이 어떻게 명품으로 탄생하는지 그 연출 과정을 사진과 함께 자세히 설명함으로써 누구나 쉽게 따라 해볼 수 있게 하였다.

식물을 좋아하는 많은 독자와 관련 업종 종사자에게 조금이나마 도움이 되었으면 한다. 또한 식물을 모르는 초보자나 손재주가 없는 사람들도 쉽게 따라 할 수 있게 기초부터 자세하게 설명하였으니 적극적으로 활용하기를 바란다.

01
행잉 1

(1) 식물 구성

별무늬크로톤

좀페페로미아

(2) 재료 구성

맥반석

배양토(세라소일)

숯

생 이끼

행잉화분

(3) 만들기

① 뿌리 썩음을 방지하기 위해 맥반석을 넣어준다.

② 뿌리 썩음을 방지하기 위해 숯을 넣어준다.

③ 식물의 생장을 위해 살균처리된 배양토(세라소일)를 넣는다.

④ 별무늬크로톤의 뿌리분을 정리하고 다듬어 준다.
⑤ 미니 모종삽을 이용하여 별무늬크로톤을 고정이 되도록 심어준다.
⑥ 좀페페로미아는 자연스럽게 아래로 배치하여 식재한다. 식재 후 이끼로 깔끔하게 마무리한다.

(4) 식물 관리 요령

별무늬크로톤(대극과)

- 개화: 꽃은 가지의 끝에서 꽃대가 나오며, 여러 개의 꽃이 피는데 암꽃과 수꽃이 다르다.
- 관상 부위: 꽃, 잎
- 특징: 빛이 강하고 온도가 높을수록 생육이 왕성하고 색채도 아름다워진다. 온도는 25~30℃ 정도가 적당하며, 월동은 12~15℃이다.
- 물 주기: 여름에는 하루에 한 번, 겨울에는 4~5일에 한 번 정도면 된다.

좀페페로미아(후추과)

- 관상 부위: 잎
- 특징: 잎은 도란형으로 다육질이며 포복성으로 줄기는 굵고 온도는 20~30℃ 정도가 적당하며, 월동 적온은 8~10℃이다.

● 행잉 1

만데빌라로 만든 행잉

난 디스플레이(반다, 틸란드시아, 나뭇가지 등을 이용)

02
행잉 2

(1) 식물 구성

트리초스

칼랑코에

산호수

(2) 재료 구성

새장

이끼

배양토

(3) 만들기

① 새장 안쪽에서 측면과 밑면 모두 이끼의 녹색 표면이 바깥을 향하게 하여 붙인다.

② 배양토를 넣어준다. 이때 가운데가 높아지게 흙을 넣는다.

③ 식물을 키 순서대로 배치해 보면서 적당한 위치를 정하여 본다.

제4장 실내정원 만들기 **411**

④ 산호수의 분을 빼고 잔뿌리는 가위로 잘라 뿌리분을 정리해준 다음 배양토에 조심스럽게 식재한다.

⑤ 칼랑코에를 분의 흙을 털어내고 식재한다. 이때 칼랑코에 꽃잎을 새장 틈으로 꽃이 삐져 나오게 식재하면 보기가 좋다.

⑥ 트리초스를 새장 바깥에서 안쪽을 향하여 식재하기 위해 새장 틈으로 이끼를 파헤쳐서 뿌리가 들어가기 쉽게 펼쳐 놓는다.

⑦ 그곳에 트리초스 분의 흙을 털어내고 새장 바깥쪽에서 안쪽을 향하게 위치를 잡은 다음 새장 틈으로 조심스럽게 식재한다.

⑧~⑨ 여분의 이끼로 배양토 주변을 꼼꼼히 채운다.

⑩ 이끼 마무리가 끝나면 관수를 해 준다.

⑪ 새장 덮개 틈으로 산호수 잎과 가지 등이 밖으로 삐져 나오게 하면서 덮개를 조심스럽게 덮는다. ⑫ 완성된 모습

(4) 식물 관리 요령

트리초스(게스네리아과)

- 개화: 7~8월
- 관상 포인트: 할미꽃처럼 융모가 있는 자주색의 꽃받침과 그 속에서 빨간색의 꽃이 피어 나오는데, 더디게 피기 때문에 오랜 시간 감상할 수 있다.
- 특징: 남아메리카 지역이 원산지인 열대식물로 직사광선을 좋아하지만, 강한 직사광선은 피하고 밝은 곳에서 관리하면 무난하다.

산호수(쌍떡잎식물 앵초목 자금우과)

- 개화: 6월
- 관상 포인트: 9월에 빨간 앵두를 닮은 열매가 익는다.
- 특징: 줄기에 털이 밀생하며 통풍이 잘되고 밝은 그늘에서 잘 자란다.

달개비, 아이비 등으로 꾸민 행잉

● 행잉 2

페튜니아로 꾸민 행잉

03 허브정원

(1) 식물 구성

헬리오트로프　　애플민트　　로즈마리　　타임

(2) 재료 구성

배양토　　하이드로볼　　숯　　백자갈　　수반　　제주석

(3) 만들기

① 용기가 막힌 수반 바닥에 숯을 넣는다.

② 숯 위에 하이드로볼을 넣어 배수층을 만들어준다.

③ 식물의 생장을 위해 인공토를 용기의 1/2 정도 넣는다.

제4장 실내정원 만들기　417

④ 제일 키가 큰 헬리오트로프를 중심에 식재하고 로즈마리, 타임 등 식물의 뒤쪽부터 키 순서대로 허브 식물을 식재한다.

⑤ 식재가 끝나면 나머지 흙을 넣는다. 물에 불린 이끼로 흙이 보이지 않게 꼼꼼히 피복한다. 이때 한 손으로 식물을 흔들리지 않게 잘 잡고 나머지 손으로 이끼를 꼼꼼히 붙인다.

⑥ 허브를 심은 후 여백의 공간에는 작은 제주석 돌멩이와 흰색 자갈을 이용하여 장식한다.

> **Note • 주의할 점**
> 허브 식물은 햇볕과 환기가 잘되는 곳에 두고 기른다.

(4) 식물 관리 요령

헬리오트로프(지치과)
- 개화: 5~9월에 보라색의 꽃이 피고 향기가 난다.
- 관상 부위: 꽃
- 특징: 진한 초콜릿 향기가 난다.

애플민트(닥나무과)
- 개화: 6~7월경에 연분홍의 꽃이 핀다.
- 관상 부위: 꽃, 잎
- 특징: 박하 향이 나기도 하고 사과 향이 나기도 한다. 잎으로 허브차를 만들어 마시면 피로회복과 소화불량에 좋다. 약간 건조하게 키우는 것이 좋다.

로즈마리(닥나무과)
- 개화 시기: 6~7월경
- 관상 부위: 꽃, 잎
- 특성: 나무는 잘 키우면 2m까지 큰다. 잎은 육류나 생선요리에 사용하면 냄새를 없애주고 식욕 증진에 도움을 준다. 잎을 따서 허브차로 이용하기도 하고 욕조에 넣고 입욕을 즐기기도 한다. 약간 건조하게 키운다.

타임(닥나무과)
- 개화 시기: 6~7월경
- 관상 부위: 꽃, 잎
- 특성: 키가 10~30㎝ 되고 많은 줄기가 빽빽하게 총생하여 작은 잎들이 달려 있다. 기침 진정제로 잎을 따서 달여 마시면 효과가 있다. 약간 건조하게 키운다.

● 허브정원

로즈마리, 체리세이지, 유칼립투스 등으로 꾸민 허브정원

헬리오트로프, 라벤더 등으로 꾸민 허브정원

04 수경재배 1

(1) 식물 구성

왕모람, 콩란 등

안스리움　드라세나산데리아나　아디안텀　푸테리스　더피　소엽풍란

(2) 재료 구성

맥반석　마사토　자갈　현무암　소라　수태

(3) 만들기

① 유리 화기에 배수층이 될 자갈과 맥반석을 넣는다.
② 현무암의 모양을 보고 좋은 면이 앞으로 보게 하여 놓는다.
③ 안스리움 뿌리의 흙을 털고 물로 씻어 낸다.

④ 깨끗이 씻은 뿌리에 수태를 감아준다.

⑤ 현무암 사이로 수태로 감은 안스리움을 조심스럽게 심어준다. 이때 전체 식재 디자인을 고려하여 키 큰 식물부터 배치한다.

⑥ 안스리움을 중심으로 다른 식물들을 키 순서대로 식재하고 식물들의 잎 모양이 서로 조화되게 배치한다.

⑦ 현무암에 소엽 풍란을 이끼로 조심스럽게 부착한다. (낚싯줄로 움직이지 않게 감아둬도 된다.)

⑧ 앞 유리 화기에 자갈을 넣고 현무암을 배치하여 소라, 조개껍질과 같은 첨경물 소재 등을 연출하여 바닷가의 느낌으로 표현한다.

⑨ 물을 충분히 부어준다. (현무암이 3분의 1 정도 잠기게 부어준다.)

> **Note • 주의할 점**
>
> 유리 용기이므로 직사광선이 바로 비추는 곳에 두면 온도가 너무 높아 좋지 않으므로 직사광선을 피해서 둔다.

(4) 식물 관리 요령

드라세나 산데리아나(백합과)

- 관상 부위: 잎
- 특징: 잎의 빛깔은 가장자리가 순백색을 띠고 있다. 일광이 부족하면 잎이 자라지 않으며 잎의 빛깔도 나빠진다. 전체적으로 섬세하고 깨끗한 느낌을 주는 식물이다.
- 관리: 반그늘에서 잘 살고 온도는 20~30℃가 적당하며 겨울철은 15℃에서 월동이 가능하다. 건조에 강한 편이다. 분 흙이 하얗게 마를 때 물을 듬뿍 준다.

안스리움(천남성과)

- 개화: 5~10월
- 관상 부위: 잎
- 특징: 빨간색 꽃의 모양은 정형화된 조화처럼 생겼고 윤기가 나며 개화 기간이 매우 길다. 여기에서 꽃이라고 부르는 것은 사실은 불염포라는 부분으로 그 포가 붉은색이나 분홍색, 흰색 등으로 채색되어 마치 꽃잎처럼 보이는 것을 말한다. 실제의 꽃은 중앙에 돌출된 원통상의 것으로 여기에 많은 꽃이 붙어 있다. 습기가 많고 따뜻한 곳에서 잘 자란다. 수태에 싸서 식재해도 잘 자라며 군식으로 식재하여 감상한다. 겨울에도 18℃ 이상의 온도만 유지하면 꽃을 감상할 수가 있다.

푸테리스(고사리과)

- 관상 부위: 잎
- 특징: 아열대성 식물로 반음지식물이다.
- 관리: 실내온도는 20도 정도에서 잘 자라며 대체로 기르기 쉬운 화초이다. 물은 화분의 흙을 만져 보아 표토(겉흙)가 마르면 듬뿍 준다. 겨울철은 실내가 건조하므로 잎에 자주 스프레이로 물을 분무하여 주면 좋다.

더피(고사리과)

- 관상 부위: 잎
- 특징: 여름엔 반양지, 겨울엔 햇볕 잘 드는 양지바르고 공중 습도가 높은 것을 좋아하므로 자주 분무해준다. 흙이 마르면 물을 듬뿍 준다.

왕모람(뽕나무과)

- 개화: 7~8월에 핀다.
- 관상 부위: 꽃, 잎
- 특징: 남쪽 섬의 숲 속 바위 또는 수간에 붙어서 자란다.
- 관리: 양지나 음지를 가리지 않으나 추위에 약하여 내륙지방에서의 생육이 양호한 편이며, 내건성이 강해 척박한 곳이나 해안지방에서도 잘 자란다. 0℃ 이상에서 월동하고 10~20℃에서 잘 자란다. 배수가 잘되고 충분한 관수를 요하며, 공중 습도는 다습한 것을 좋아한다.

소엽풍란(난과)

- 개화: 6~7월경에 순백색으로 피고 향기가 매우 좋다.
- 관상 부위: 잎, 뿌리, 꽃
- 특징: 나뭇가지나 돌에 부착되어 자라는 상록성의 착생란이다.

수국, 아이비, 리스용 원형가지, 유리볼 등을 이용한 수경재배

● 수경재배 1

시페루스, 풍란, 트리안, 석창포와 돌멩이, 물대롱(인조), 자갈, 아크릴박스 등을 이용한 수경재배

제4장 실내정원 만들기 427

05 수경재배 2-하이드로컬처

(1) 식물 구성

안스리움   아이비   화이트스타   드라세나 마지나타

(2) 재료 구성

유리 수반 등

숯   하이드로볼

(3) 만들기

① 유리 수반에 식물의 부패 방지와 수질정화 능력이 있는 숯을 넣어준다.
② 입자가 큰 하이드로볼을 넣어 배수층을 만든다.

③ ②번 사진 배수층의 하이드로볼 크기보다 입자가 더 작은 하이드로볼을 흙 대신 넣어준다. 이때 하이드로볼의 양은 용기 전체 높이의 60~70% 정도만 조절하여 넣어준다.

④ 식물 뿌리의 흙을 털어 낸다.

⑤~⑦ 그림과 같이 뿌리를 깨끗하게 물로 씻어낸다. 큰 뿌리는 상처가 나지 않게 조심스럽게 씻어야 식물의 생육에 좋다. 뿌리에 흙이 남아있으면 냄새가 나거나 부패가 일어날 수 있으므로 가급적 흙을 깨끗이 제거해 준다.

⑧ 뿌리를 깨끗이 씻은 마지나타를 중심에 식재하고 안스리움을 그 아래에, 나머지 남은 식물들도 뿌리분의 흙을 깨끗이 한 다음 조심스럽게 하이드로볼에 식재한다. 식물을 한 용기 속에 배치할 때는 식물의 위치와 색상, 크기, 잎 모양은 서로 대비되게 식재하며, 식물의 색채, 주변 상황 등을 생각하여 배치하는 것이 좋다.

⑨ 넝쿨류인 아이비를 넣어 식물 특유의 선을 최대한 살려 배치한다.

⑩ 배치한 식물을 미니 모종삽을 이용하여 심어준다.

⑪ 식물 배치 후 공기정화 능력이 있는 숯을 넣어 첨경물로 연출한다.

⑫ 전체적인 식재가 끝난 후 식물의 잎에 묻어 있는 흙을 닦아준다.

⑬ 물을 전체 용기의 1/3 정도 되게 부어준다.

⑭ 잎 전체에 스프레이를 해주면 식물의 생동감을 살리고 생육에도 도움이 된다.

> **Note • 주의할 점**
>
> - 하이드로볼은 물을 흡수하고 있는 성질이 있다. 뿌리가 하이드로볼에 부착되어 생육을 하기 때문에 물주기를 할 때는 일반 배양토에 심어진 식물보다 훨씬 적게 준다.
> - 평소에는 용기의 1/3 정도 주고 겨울철은 바닥에 고인 물이 없어도 잘 자라므로 물을 주지 않아도 된다.

(4) 식물 관리 요령

드라세나 마지나타(용설란과)

- 관상 부위: 긴 잎과 갈라져 있는 가지
- 특징: 대체적으로 생육이 강한 편이나 너무 물을 자주 주어 과습되면 뿌리가 상하여 증산작용이 제대로 되지 않아 잎 끝이 말라간다. 공중습도가 다습한 환경을 좋아하는 식물이다.

안스리움(천남성과)

- 특징: 빨간색의 꽃의 모양은 정형화된 조화처럼 생겼고 윤기가 나며 개화 기간이 매우 길다. 여기에서 꽃이라고 부르는 것은 사실은 불염포라는 부분으로 그 포가 붉은색이나 분홍색, 흰색 등으로 채색되어 마치 꽃잎처럼 보이는 것을 말한다. 실제의 꽃은 중앙에 돌출된 원통상의 것으로 여기에 많은 꽃이 붙어 있다. 습기가 많고 따뜻한 곳에서 잘 자란다. 수태에 싸서 식재해도 잘 자라며 군식으로 식재하여 감상한다. 겨울에도 18℃ 이상의 온도만 유지하면 꽃을 감상할 수가 있다.

아이비(두릅나무과)

- 관상: 꽃, 잎
- 특징: 정원용 덩굴식물이나 지피용으로 잘 알려져 있으며 잎 형태도 다양하다. 서늘한 곳을 좋아하므로 겨울철 실내식물로 잘 어울린다.
- 관리: 적정 온도는 15~20℃이다. 내한력이 강하며 온도가 0℃ 이상이면 고사하는 일이 없다. 건조에 약하므로 매일 듬뿍 물을 준다.

화이트스타

- 관상 부위: 순백색 잎
- 특징: 휘토니아 원예종인 화이트스타는 자생지가 열대지방인 페루로 음지성 식물이며 직사광은 피하고 실내의 밝은 곳에서 기른다.
- 관리: 물을 너무 많이 주면 줄기가 물러지므로 화분 위의 흙을 만져 완전히 마른 다음에 물을 주어야 한다. 습도를 좋아하므로 공중 습도를 높이기 위해 잎에는 수분을 분무해준다. 추위에 아주 약하므로 겨울 월동 온도는 13℃ 이상으로 관리해야 한다.

● 수경재배 2

드라세나 마지나타, 안스리움, 아이비, 화이트스타 등을 이용한 수경재배

드라세나 마지나타, 안스리움 등을 이용한 수경재배

드라세나 마지나타, 마삭줄, 안스리움 등을 이용한 수경재베

06 수경재배 3 – 조개껍질정원

(1) 식물 구성

파피루스   레인보우   싱고니움   물배추   생이가래   워터코인

(2) 재료 구성

수반 등

맥반석   하이드로볼   마사   소라껍질

(3) 만들기

① 수반에 맥반석을 넣는다. (맥반석은 물을 정화하는 효과가 있다.)
② 하이드로볼을 넣는다. (입자가 커서 통기성이 탁월하다.)

③ 마사를 넣는다. (식물을 지탱해주는 역할을 한다.)

④ 파피루스의 분을 빼고 잔뿌리는 가위로 잘라 뿌리분을 정리해다.

⑤ 파피루스의 식재 위치를 보고 배치 후 식재한다.

⑥ 드라세나 레인보우의 분을 빼고 잔뿌리는 가위로 잘라 뿌리분을 정리해준 다음 식재한다.

⑦ 식물을 식재하면서 필요한 마사를 적당히 채운다.

⑧ 싱고니움의 분을 빼고 식재한다.

⑨ 식물의 식재가 끝나면 분이 보이지 않도록 마사를 채우고 위에 소라껍질로 장식한다.

⑩ 원형 수반에 물을 채운다.

⑪⑫ 물을 채운 원형 수반에 생이가래와 물배추를 띄운다.

⑬ 워터코인을 소라껍질에 식재한 후에 적당한 장소에 배치한다.

⑭ 조개껍질 물 정원 만들기 완성된 모습

(4) 식물 관리 요령

파피루스
- 관상 포인트: 무리 지어 자라며 줄기는 마디가 없고 줄기가 갈라지는 곳에서 갈색의 작은 이삭이 달린다.
- 특징: 수생식물로 늪지대나 물 속에서 생육하는 식물이다.

싱고니움
- 관상 포인트: 어려서는 타원형의 잎 모양이 홑잎으로 자라다가 잎 가장자리가 3갈래로 갈라진다. 잎의 노란색, 흰색, 은색의 반점이 포인트
- 특징: 줄기 마디에서 기근이 내린다. 물을 좋아하여 물가 식재나 수경 소재로 많이 쓰인다. 암모니아를 제거하는 능력이 뛰어나 전자기기가 많은 사무실에 놓아두면 좋다.

워터코인
- 관상 포인트: 작고 동글동글한 잎
- 특징: 재배와 번식력이 뛰어난 수생식물로 물 속에서 자란다. 수경 작품 만들 때 디스플레이하면 무척 아름다워서 사랑받는 식물이다.

07 수경재배 4 - 아트소일

(1) 식물 구성

호야   더피

(2) 재료 구성

유리 수반   아트소일   맥반석

(3) 만들기

① 유리 수반에 맥반석을 넣는다.

② 아트소일을 채운다.

③④ 더피와 호야의 분을 뽑는다.

⑤⑥ 더피와 호야의 분을 뽑은 다음 뿌리에 묻은 흙을 깨끗이 씻는다.

⑦ 더피를 아트소일에 조심스레 심는다.

⑧ 더피와 어울리도록 호야를 적절한 장소에 배치한 후 식재한다.

⑨ 식재가 끝났으면 아트소일로 채워준다. 아트소일은 기존의 토양과 기능을 함께 하는 소재로 식물이 필요로 하는 수분과 영양을 젤의 형태로 함유하고 있다.

(4) 식물 관리 요령

더피

- 관상 부위: 고사리과 식물로 마주 보고 난 잎이 동글동글하여 아름다우며, 잎이 줄기에 깃털 모양으로 붙어 있다.
- 특징: 반음지 식물로 직사광선은 피해야 하며 건조한 실내에서는 잎에 자주 분무해주는 것이 좋다. 수분이 부족하게 되면 바로 잎 끝이 상한다.

호야

- 관상 부위: 잎이 두툼하고 타원형으로 윤기가 난다. 5월에 피는 별 모양의 꽃은 둥글게 피며 향기가 난다.
- 특징: 반그늘에서 잘 자라는 식물로 햇빛이 잘 드는 창가나 간접 광이 밝은 곳에서 기르면 좋다.

수경재배용 아트소일을 이용하여 깔끔한 주방 분위기를 연출

수경재배용 아트소일을 이용하여 둥근 테이블에 포인트를 줌

● 수경재배 4

물 대신 아트소일을 이용하여 만든 작품(접란, 아이비)

08 미니연못정원

(1) 식물 구성

시페루스 물카라 부레옥잠 물배추

(2) 재료 구성

물확 등

맥반석 생명토(진흙) 숯

(3) 만들기

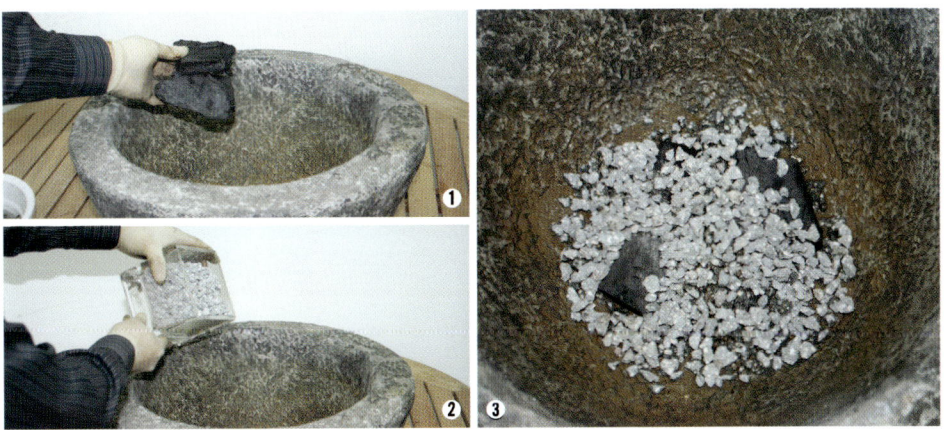

①~③ 물확을 깨끗이 씻고 뿌리 썩음 방지와 공기정화 능력이 있는 숯과 맥반석을 넣는다. 숯이 물 위로 뜰 수 있으므로 숯 위에 맥반석을 넣어준다.

④ 물카라와 시페루스를 화분에서 빼내어 뿌리분의 흙을 털어내고 물확의 정면 방향을 정한 다음 물카라의 흰 꽃잎을 정면으로 보게 식재하고 시페루스도 앞쪽을 보게 배치한다.

⑤ 황토 흙을 물로 반죽하여 걸죽하게 만든 다음 물카라의 뿌리와 시페루스의 뿌리에 반죽한 흙(진흙)을 넣어 주며 심는다.

⑥ 큰 식물들을 심고 나면 준비된 부레옥잠과 물배추를 띄워준다.

⑦ 금붕어를 키우거나 안개모터를 넣어 아름답게 연출한다.

Note • 주의할 점

- 처음 만들 때 물카라와 시페루스의 뿌리분의 흙으로 용기 속의 물이 지저분해도 하루 정도 지나면 부유물이 가라앉아 물이 깨끗해진다.

- 부레옥잠은 번식력이 강하기 때문에 물확 안에 너무 많은 양을 넣으면 수생식물이 살 공간이 없어지므로 공간을 조금 비워두는 것이 좋다.

(4) 식물 관리 요령

시메루스(사초과)

- 관상 부위: 사방형 줄기
- 특징: 습지나 수중에서 자라는 다년생 여러해살이풀로 무지 지어 난다. 건조에

약하고 높은 습도를 요구한다. 줄기는 세모지거나 둥근 것이 특징이다.

물카라(토란과)
- 개화: 순백색의 흰색 꽃이 25㎝ 정도 높이로 핀다.
- 관상 부위: 흰색 꽃과 넓은 잎, 굵은 줄기
- 특징: 양지식물이므로 종일 빛이 잘 드는 곳에 둔다. 온도가 너무 높으면 뿌리가 썩을 수 있지만, 수온이 10℃ 이하로 떨어지면 따뜻한 실내로 옮겨 기르는 게 좋다.

부레옥잠(물옥잠과)
- 개화: 꽃은 8~9월에 피고 연한 보랏빛이다. 밑부분은 통으로 되며, 윗부분이 깔때기처럼 퍼진다. 겨울철은 5℃ 이상을 유지해야 한다.
- 관상 부위: 뿌리, 잎
- 특성: 연못에서 물 위에 떠다니며 자란다. 밑에 수염뿌리처럼 생긴 잔뿌리는 수분과 양분을 빨아들이고 몸을 지탱하는 구실을 한다. 달걀 모양의 잎은 원형으로 여러 장 돋아나며, 잎의 크기는 4~10㎝로 밝은 녹색에 털이 없고 윤기가 있다. 잎자루는 공 모양으로 부풀어 있으며, 그 안에 공기가 들어 있어 표면에 떠 있을 수 있게 한다.

물배추(토란과)
- 개화: 5~7월경이 흰색 꽃이 핀다.
- 관상 부위: 잎
- 특징: 열대 지방이 원산이라 찬 온도에는 매우 민감하므로 주의한다. 뿌리 끝 부분만 살짝 흙 속에 묻고 잎은 수면에 띄우거나 묻지 않고 수면 위에 띄워 키울 수도 있다. 작은 배추 모양이며, 관상용으로 들여와 연못 등에 물속 관상초로 이용되는 귀화식물이다.

● 미니연못정원

야생화인 세덤, 분홍바늘꽃 등으로 꾸민 미니연못정원

물배추, 철쭉, 야생화 등으로 꾸민 미니연못정원

09 난이끼볼

(1) 식물 구성

핑크호접란

(2) 재료 구성

청 이끼

배양토

생명토

낚싯줄

수반

옥자갈은 이미지 배치상 위쪽 줄 세 번째에 위치

(3) 만들기

① 생명토를 준비한다. 생명토는 발근 촉진제로 뿌리 부착을 용이하게 한다.

② 이끼볼 만들 식물 뿌리의 바크를 털어 주고 가지를 정리한다.

③ 생명토를 반죽하여 동그랗게 만든다.

④⑤ 둥글게 만든 생명토로 난 뿌리 주변을 감싼다.

⑥ 볼의 모양이 동그랗게 만들어져야 보기 좋다.

⑦ 물에 적신 청 이끼를 생명토 위에 붙인다.

⑧ 청 이끼가 흡착될 수 있게 낚싯줄로 단단히 묶어준다.

⑨ 각각 한 포기씩 완성하여 수반에 둥글게 배치한다.

⑩ 사이사이 옥자갈을 깔아준다. 옥자갈을 깔고 만든 난 이끼볼을 올려준다. 청 이끼는 생명토의 수분 손실을 방지하고 미관상 아름다운 연출을 가능하게 한다.

> *Note* • 주의할 점
> - 수분 손실이 많기 때문에 하루에 한 번씩 스프레이로 뿌려준다.
> - 생명토가 없으면 배양토나 이끼만으로 작품을 만들어도 된다.

(4) 식물 관리 요령

핑크호접란(난과)

- 개화: 서양란
- 관상 부위: 꽃
- 특징: 추위에 약하여 조금이라도 얼면 바로 죽어버린다. 베란다에 두면 동해를 받아 꽃을 피우지 못하므로 실내로 들여놓아야 꽃이 핀다. 착생식물이므로 습도에 유의하고 스프레이를 자주 해주며 따뜻하게 관리한다.

● 난이끼볼

호접란, 이끼를
활용하여 만든
난이끼볼

10 테라리움

(1) 식물 구성

마삭줄　　　아디안텀　　　테이블야자　　　핑크스타

(2) 재료 구성

유리 용기, 모종삽, 모종송곳, 붓, 색 모래 등

맥반석　　　배양토

숯　　　청 이끼

(3) 만들기

① 유리 용기에 식물 부패를 방지하는 숯과 맥반석을 넣어주어 배수층을 만들어준다.

② 종이컵을 이용하여 준비된 색 모래를 가지고 색상과 모양을 구상하여 넣어준다.

③~⑤ 사진과 같이 색 모래의 색상과 유리 용기를 좌·우를 봐가면서 곡선으로 넣어주어야 자연스럽게 연출할 수 있다.

⑥ 붓을 이용하여 색 모래를 색상별로 정리한다.

⑦ 물에 적신 청 이끼나 수태를 이용하여 색 모래 위를 덮어준다. (마른 청 이끼는 잘 붙지 않고 완성된 후 물을 주었을 때 높이가 달라질 수 있기 때문에 물에 적신 청 이끼를 사용하여야 한다.)

⑧ 물에 적신 청 이끼는 유리 용기에 잘 붙기 때문에 조심스럽게 연출하고 가운데 배양토를 넣는다.

⑨ 식물을 포트에서 꺼내어 뿌리분의 흙을 털어준다. 유리 용기보다 다소 식물의 뿌리분이 크면 분을 나누어 사용한다.

⑩ 중심 식물인 테이블야자를 배치하고 아디안텀을 잎 모양의 방향을 생각하며 배치하고 심어준다. 핑크스타는 아디안텀 앞쪽으로 식재해주며, 마삭줄은 넝쿨식물이기 때문에 줄기의 방향과 모양을 생각하면서 배치하는 것이 자연스럽다.

⑪ 식물 심기가 끝난 후 물에 적신 청 이끼를 피복해준다. 청 이끼는 식물의 수분을 유지시키며 미관상 아름답게 보인다.

⑫ 미니 모종삽으로 손이 잘 닿지 않는 곳까지 꼼꼼히 정리를 해주고 백자갈과 오리를 소품으로 넣고 재미있게 연출한다.

⑬ 식물 잎에 묻어 있는 흙을 붓으로 털어준다.

⑭ 물을 용기의 1/3 정도 뿌려준다.

(4) 식물 관리 요령

테이블야자(야자나무과)
- 관상 부위: 잎
- 관리: 반음지식물로 따가운 직사광은 피하고 실내에서는 가능한 밝은 곳에서 기르는 것이 적당하고, 물은 성장기인 5~9월에는 주 2회 정도가 적당하며, 겨울에는 5~7일에 한 번씩 준다. 한 번 줄 때 화분 바닥에 물이 빠질 정도로 흠뻑 주는 것이 좋고, 공중습도가 다습한 것을 좋아하며, 건조한 실내에는 잎에 자주 분무해 주면된다. 잎 끝이 마르기 시작하면 실내가 건조하기 때문에 수시로 분무해준다.

핑크스타
- 관상 부위: 핑크색의 잎
- 특징: 핑크색의 잎은 관엽식물이지만 색깔이 화려하여 꽃 대용으로 많이 이용된다. 화이트 스타와 마찬가지로 휘토니아 원예종인 열대식물이다.
- 관리: 직사광선이 강한 곳은 피하고 반그늘에서 키운다. 물을 너무 많이 주면 줄기가 물러지므로 화분 위의 흙을 만져 완선히 마른 다음에 물을 주어야 한다. 높은 습도를 요구하며 추위에 약하므로 온도가 내려가면 따뜻한 곳으로 옮겨서 관리한다.

아디안텀(고사리과)
- 관상 부위: 잎
- 특징: 고사리과의 여러해살이풀로 뿌리줄기는 짧게 옆으로 뻗으며 비늘조각으로 덮이고 끝 부분에서 잎이 뭉쳐나고 잎은 부드러우며 광택이 있다. 직사광선에 약하고, 쉽게 건조해진다. 팽압을 회복하기 위해서는 물 속에 담가 둔 다음 분무한다.

마삭줄(협죽도과)

- 개화: 꽃은 5~6월에 피고, 잎은 흰색에서 노란색으로 변한다.
- 관상 부위: 꽃, 열매
- 특징: 잘 자라면 길이가 5m 정도까지 뻗는다. 잎은 마주나고 타원형 또는 달걀 모양이며 표면은 짙은 녹색이고 윤기가 있다.
- 관리: 추위에 강하여 겨울철에도 잘 죽지 않는다. 진홍색의 선명한 단풍을 즐길 수 있으며, 꽃을 많이 피우려면 겨울 동안 화분의 흙이 얼지 않도록 3℃ 전후의 저온 상태에서 휴면시킨다.

● 테라리움

테이블야자와 아이비, 색모래 등으로 꾸민 테라리움

제4장 실내정원 만들기 **461**

11 기왓장을 이용한 야생화정원

(1) 식물 구성

수선화   빈카마이너   무늬조팝   황금개미자리   청하국

(2) 재료 구성

배양토   마사   숯   청 이끼   생명토   기왓장

(3) 만들기

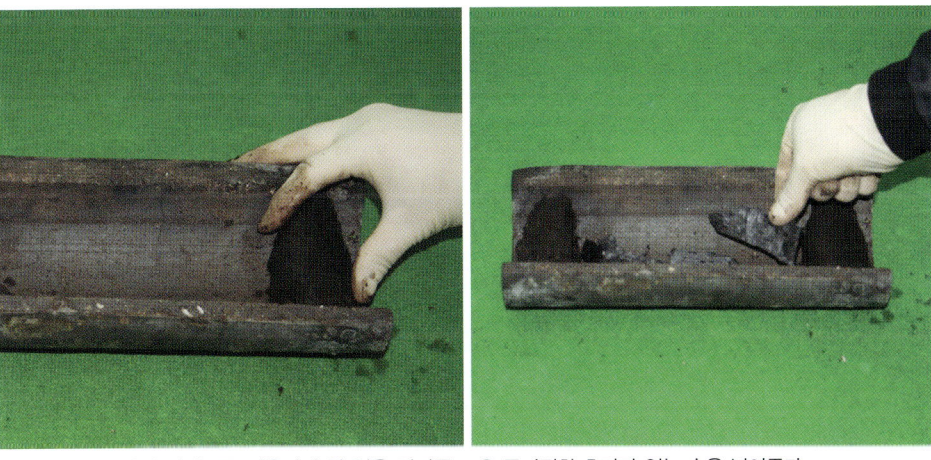

① 기왓장 양 옆에 생명토를 이용하여 양 옆을 막아준다. (생명토는 식물에 필요한 영양분이 풍부하고 뿌리 흡착이 잘되는 성질이 있다.)

② 공기정화 효과가 있는 숯을 넣어준다.

③ 배양토를 기왓장의 반 정도의 높이로 채워준다.
④ 미니 꽃삽으로 배양토를 평평하게 만들어 준다.
⑤ 주지 식물인 무늬조팝을 왼쪽에 배치하고 식재한다.

⑥ 부주지 식물인 수선화를 오른쪽에 배치하고 식재한다.
⑦ 청하국은 수선화 앞면에 배치하고 식재한다.

⑧ 황금개미자리를 중앙에 식재하며, 면을 채워주는 역할을 한다.

⑨ 넝쿨식물인 빈카마이너의 선을 살려 식재한다.

⑩ 미니 모종삽을 이용하여 전체 식물들을 꼼꼼히 식재한다.

⑪ 전체적인 모양의 배치를 보고, 숯을 장식품으로 연출하여 준다.

⑫ 물에 적신 청 이끼로 피복해준다.

⑬ 마사토를 이용하여 길 연출을 하여 아기자기하게 꾸며준다.

⑭ 물을 듬뿍 주며 햇볕이 잘 드는 곳에서 키운다.

> **Note • 주의할 점**
>
> – 배양토의 높이는 항상 기왓장보다 5cm 정도 낮게 꾸며준다.
> – 청 이끼로 피복하는 것보다 자연스러운 연출을 위하여 마사 또는 백자갈을 이용하여 연출해도 아름답다.
> – 기왓장의 높이가 낮기 때문에 물 주기를 자주 하나, 한 번 관수할 때 듬뿍 주는 것이 식물 생육에 도움이 된다.

(4) 식물 관리 요령

수선화(외떡잎식물 백합목 수선화과)

- 개화: 12~5월
- 관상 부위: 꽃
- 특징: 반그늘이나 약한 광선을 좋아한다. 섭씨 5~20도에서 생육되고 노란 꽃이 피며 비교적 추위에 강하다.

빈카마이너(협죽도과)

- 개화: 4~6월
- 관상 부위: 꽃, 잎
- 특징: 상록 덩굴성 숙근초로 줄기는 포복하며 키 15~20cm 정도 자란다. 꽃은 3~6월에 보라색으로 피며 반그늘, 다습한 곳을 좋아한다. 내한성은 약한 편으로 -4℃ 이하로 내려가지 않는 실내에서 월동하여야 한다. 남부 지역 지피 소재용, 실내 조경용으로 사용한다.

무늬조팝(장미과)

- 개화: 봄(4~5월)
- 관상 부위: 꽃

- 특징: 붉은색 또는 흰색의 화려한 꽃이 피는 분화로 대체로 기르기 쉬운 품종이다. 겨울철 월동 온도는 영하 15℃ 내외이며 여름철엔 반그늘에서 기르는 것이 좋다.

청하국(국화과)
- 개화: 실내에서는 온도만 맞으면 계절을 가리지 않고 줄곧 꽃을 피운다.
- 관상 부위: 잎과 꽃
- 특성: 추위나 더위에도 강한 식물로 오래도록 피고지고 한다. 꽃이 시들면 잘라주는 것이 양분의 손실이나 관상에도 좋다.
- 관리: 물은 화분의 흙이 마르지 않도록 관리하면 된다. 사계절 꽃을 감상하려면 지속적인 떡잎 제거가 필요하다. 하늘색 꽃이 계속 피며 잎에는 백반점이 있어 잎과 꽃 모두 관상 가치가 높다.

황금개미자리(석죽과)
- 개화: 흰색 꽃이 6~8월에 잎겨드랑이에 1개씩 달리며 핀다.
- 관상 부위: 잎
- 특성: 높이가 5~20㎝ 정도로 자라며 개미나물이라고도 한다. 길가나 정원의 응달 또는 양달에서 잘 자란다. 밑에서 많은 가지가 갈라져 여러 대가 한 포기를 이룬다. 윗부분에만 짧은 선모가 나며 다른 곳에는 털이 없다.

● 기왓장을 이용한 야생화정원

황금개미자리, 마삭줄, 옥잠화 등을 이용한 야생화정원

둥글레, 무스카리 등을 이용한 야생화정원

12 풍란을 이용한 석부작

(1) 식물 구성

소엽풍란

수선화

(2) 재료 구성

청 이끼

마사토

자연석

화기

낚싯줄

(3) 만들기

① 화기에 깨끗이 씻은 마사토를 부어준다.

② 자연석의 모양을 배치해준다.

③ 소엽풍란에 붙어있는 수태를 털어주고 뿌리를 정리 해준다.

④ 뿌리가 정리된 소엽풍란을 자연석에 배치해 본다.

⑤ 자연석 틈사이에 풍란을 심어 자연스럽게 연출하여 수태로 빈 공간을 채워준다.

⑥ 수태로 채워준 풍란을 낚싯줄로 단단히 엮어준다.

⑦ 자연석과 풍란의 위치와 모양을 배치하여 본다.

⑧ 배치가 끝난 자연석과 풍란 아래를 이끼로 피복한다.

⑨ 돌 주변으로 자연스럽게 이끼를 붙이고 한 쪽 구석에 수선화를 심어서 운치 있게 배치한다.

⑩ 물을 화기에 부어준다.

(4) 식물 관리 요령

소엽풍란(난과)
- 개화: 6~7월경에 순백색으로 피고 향기가 매우 좋다.
- 관상 부위: 꽃
- 특징: 나뭇가지나 돌에 부착되어 자라는 상록성의 착생란이다.

수선화
- 개화: 12~5월
- 관상 부위: 꽃
- 특성: 반그늘이나 약한 광선을 좋아한다. 섭씨 5~20도에서 생육되고 노란 꽃이 피며 비교적 추위에 강하다.

● 풍란을 이용한 석부작

풍란, 스파티필름, 세플레라, 칼랑코에, 핑크하트, 황금사철 등으로 꾸민 석부작

황금죽, 알로카시아, 풍란, 미니사철 등을 이용하여 만든 석부작(거실)

13
조화를 이용한 액자

(1) 식물 구성

난 조화

색보리

(2) 재료 구성

액자

글루건

(3) 만들기

① 적당한 크기의 액자를 고른다.

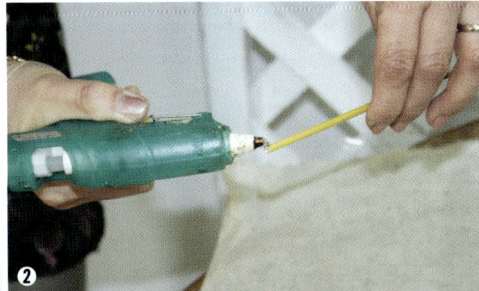

②~③ 염색한 보리를 줄기 부분만 액자 크기로 자르고 끝 부분에 글루건을 녹여서 보리를 붙인다. 보리 줄기를 일정한 간격으로 촘촘히 붙이는데 이렇게 하여 바탕을 만든다.

④ 보리 바탕 완성한 모습(길이가 적당한지 보고 전체적인 모양을 본다.)

⑤ 조화로 만든 난을 액자에 조화롭게 배치한 후 모양을 보면서 글루건으로 붙여준다.

⑥ 난의 잎과 줄기를 조화롭게 배치하면서 붙여 나간다. 조화는 자유자재로 움직일 수 있기 때문에 철사로 움직여서 모양을 만들어 붙여준다.

⑦ 전체적인 모양을 보고 난의 잎이나 꽃의 모양을 바로잡아 준다.

⑧ 보리의 머리 부분을 줄기로 만든 보리 바탕 위에 적당히 배치하여 글루건으로 붙인다.

⑨ 전체적인 배치를 보면서 마감한다.

Note • '글루건' 주의할 점

연필심 모양의 고체로 된 본드를 전기의 열을 가하면 녹아 물체를 접착되게 한다. 글루건은 단기간에 열이 전달되어 뜨거워지므로 몸에 닿으면 화상을 입을 수 있으니 반드시 목장갑을 착용하여 화상에 주의하여야 한다. 다른 재료의 다양한 조화 소재를 이용하면 다채로운 모양의 액자를 연출할 수 있다.

● 조화를 이용한 액자

제4장 실내정원 만들기 **477**

얼굴이 큰 장미를 포인트로
선을 살린 실습작품

곱슬버들 가지를 이용한
실습작품

● 조화를 이용한 액자

삼시목과 난을 이용하여 세련미를 연출한 작품

14 선인장 정원

(1) 식물 구성

언성   백도선   비모란   부용   정야   염자

(2) 재료 구성

유리 용기   하이드로볼   맥반석

미사   옥사살   색자갈들

(3) 만들기

①~② 유리 용기 바닥에 맥반석을 깐 위에 배수층을 위해 하이드로볼을 깔아준다.

③~④ 유리 용기 겉에 매직으로 원하는 그림을 그려 넣는다.

⑤ 하늘색과 파랑색 자갈을 유리벽의 그림을 보면서 조심스럽게 넣는다.

⑥ 물고기는 주황색과 핑크색 자갈로 구분하여 넣는다.

⑦ 반대편도 모양을 보면서 색자갈을 넣는다.

⑧ 색자갈을 넣은 측면 모습

⑨ 색자갈을 유리 용기 외곽으로 다 넣은 다음 물에 씻은 마사를 색자갈 위에 넣는다.

⑩ 마사를 넣은 모습

⑪ 먼저 부용의 뿌리에 붙어있는 많은 흙을 적당히 털어 낸다.

⑫ 부용의 위치를 고려하여 식재한다.

⑬ 염자 뿌리의 흙을 적당히 털어 낸다.

⑭ 전체 그림을 생각하고 염자를 식재한다.

⑮ 백도선을 같은 방법으로 식재한다.

⑯ 정야를 같은 방법으로 식재한다.

⑰ 언성을 같은 방법으로 식재한다.

⑱ 비모란과 돌을 이용하여 포인트를 준다.

⑲ 옥자갈을 이용하여 깔끔하게 마무리한다.

(4) 식물 관리 요령

선인장 일반 관리 요령

선인장 성장에서 필수적인 조건은 햇볕, 물, 온도라고 할 수 있다. 이 중 일조량(햇볕)은 4시간 이상의 조건이 필요하며, 온도는 밤(10시 정도)과 낮(35℃ 정도)의 큰 일교차를 필요로 한다. 이때 하루 중 15℃ 이상 일교차가 4시간 이상 유지되는 것이 좋다.

관수(물 주기)의 기본 요령은 관수를 하고 나서 2~3일 정도 경과한 후 배양토가 건조될 정도의 양을 주되, 관수 주기는 배양토가 완전히 마른 후 2~3일 정도가 경과한 시점이 적당하다. 하지만 일조량이나 온도 등의 변화에 따라서 관수 시기가 달라질 수 있음을 잊지 말아야 한다. 아울러 일조량이 부족한 경우(장마철 등)에 웃자람을 보일 수 있으므로 이 또한 관수 시기를 고려하는 것이 필요하다.

선인장은 물을 자주 준다고 잘 자라는 식물이 아니다. 오히려 물을 자주 주게 되면 과습에 따른 생육장해를 유발시킬 뿐이다. 따라서 선인장은 서두르지 않고 차분한 마음으로 키워 나가야 한다.

선인장은 고온다습에 취약하므로 고온다습한 여름철엔 배양토의 과습을 경계해야 하며, 겨울철엔 저온에 따른 냉해를 입지 않도록 5도 이상으로 온도를 유지하도록 신경을 써야 한다. 그뿐만 아니라, 관리가 용이하지 않은 무더운 여름철이나 겨울철엔 단수를 하여 휴면을 유도하는 것이 바람직하다. 다만, 장기간 단수로 탈수가 염려될 경우엔, 맑은 날 오전 시간을 택하여 화분 바닥을 가볍게 저면 관수하거나 몸체에 가볍게 분무해 주도록 한다.

선인장 분갈이는 1~2년을 주기로 실행하되, 배양토의 양분이 고갈된 경우나 뿌리가 심하게 밀생된 경우 등 성장상태를 직접 관찰하여 성장기(봄·가을)에 하도록 한다. 화분을 바꿀 경우 화분은 외관보다 물 빠짐이 원활한 구조인가를 따져 보는 것이 우선이다. 배양토의 선택 기준은 무엇보다 통기성과 보습성이 다 같이 충족돼야 한다. 따라서 한두 가지 재료로만 구성된 배양토보다는 세 가지 이상의 재료로 복합 구성된 배양토가 더 알맞다는 것을 잊지 말아야 한다.

휴면기(여름·겨울)에는 휴면을 전후로 병해충 방지를 위해 살균제(예:다이센엠 45)와 살충제(예:수프라사이드) 1,000배 액을 희석하여 관수하는 것이 바람직하다.
아울러 선인장의 아름다운 모습을 유지하기 위해서는 곰팡이 같은 유해 미생물이 활동, 번식하지 못하도록 늘 환기에 신경을 써주는 것이 좋다.

● 선인장 정원

기둥선인장, 알로에 등으로 꾸민 선인장 정원

물 관리가 필요 없는 선인장 정원(응접실)

사자금, 산세비에리아, 알로에, 둥근 선인장(옥옹), 다육식물들로 꾸민 정원

15 선인장 액자

(1) 식물 구성

아악무, 용월, 카라솔, 검을여 등

비모란　　부용　　정야

(2) 재료 구성

액자, 방수천, 수반, 컬러소일(컬러 돌), 접착제 등

배양토　　청 이끼

(3) 만들기

① 액자를 원하는 크기로 제작한다. (기성품 액자를 준비해도 된다.) ② 액자 바닥에 방수천을 붙인다. (방수천이 없으면 비닐을 붙여도 좋다.)

③ 액자 바닥에 배경 그림을 그린다.

④~⑤ 그림 위에 접착제를 바르고 컬러소일을 붙인다. 이때 돌 알갱이가 흘러내리지 않도록 붙인 후 그 위에 다시 스프레이 본드를 한번 더 뿌려준다.

> **Note • 주의할 점**
>
> 액자 바탕의 밑그림을 그리고 접착제로 컬러소일을 꼼꼼히 붙인다.
>
> 접착제로 붙인 컬러소일이 완전히 붙기까지 반나절 정도의 시간이 소요되므로 완전히 굳은 후 다음 단계로 진행한다.

⑥ 액자의 컬러소일이 완전히 굳은 후의 사진

⑦ 액자가 만들어졌으면 식물과 배양토, 청 이끼 등을 준비한다.

제4장 실내정원 만들기 **489**

⑧ 액자의 아래 홈 속에 배양토를 채운다.

⑨~⑩ 선인장들을 미리 배치해보고 제일 키 큰 식물부터 배양토에 식재하고 청 이끼로 마무리 한다. (이때 배양토에 식재를 모두 한 다음에 청 이끼를 붙이면 흙이 떨어지기 쉬우므로 식물 한 포기씩 식재 때마다 청 이끼로 마무리하고 난 다음 식물을 심는다.)

⑪ 비모란을 분을 털고 적당한 곳에 식재한다.

⑫ 식재 배치를 다 했으면 미니 꽃삽으로 배양토가 부족한 곳을 꼼꼼하게 채운다.

⑬ 흙이 보이지 않도록 이끼를 나무 젓가락이나 핀셋을 사용하여 전체적으로 고르게 덮어 준다.

⑭ 식재가 모두 끝났으면 액자 주변의 불순물을 깨끗이 털고 청소한다.

⑮ 액자 완성 사진. 완성된 액자는 이젤에 세워서 배치한다.

● 선인장 액자

울진엑스포공원 내 원예치료관 (둥치가 둥글고 커다란 도꾸리란, 애란, 비모란)

미니호접란을 포인트로 하여 만든 액자 정원 (울진엑스포 내 원예치료관)

용어해설

가지 그루터기: 가지를 제거한 후에 가지 깃 위에 남아 있는 가지를 말함

가지 깃: 가지의 밑부분을 둘러싸면서 부풀어 오른 부분을 말함

경관: ① 경치 ② 특색 있는 풍경 형태를 가진 일정한 지역

경엽: 식물체의 잎과 줄기

경운: 땅을 갈아 작물이 자라기 좋게 해주는 작업

경합: 생물 간에 일어나는 영양소 · 산소 · 수분 · 광선 또는 공간 등의 경쟁

공극: ① 토양용적 중 고형입자나 액체가 차지하고 있지 않은 부분 ② 식물 잎의 기공과 공변세포: 사이의 작은 공간

관목: 높이가 2m 이내이고 주줄기가 분명하지 않으며 밑동이나 땅속 부분에서부터 줄기가 갈라져 나는 나무

광합성: 녹색식물이 빛 에너지를 이용해 이산화탄소와 물로부터 유기물을 합성하는 작용

교차지: 다른 가지와 교차되어 있는 가지

군식: 모아심기

기비: 작물을 파종·이앙 및 이식하기 전에 사용하는 비료

꽃눈: 자라서 꽃이 될 눈으로 잎눈보다 짧고 통통함

낙엽수: 잎의 수명이 1년이 채 안 되어 잎을 가지지 않는 계절이 있는 수목이다.

내한성: 생물이 추위(저온)에 견디며 생존할 수 있는 성질
냉해: 식물의 생육기간 중 주로 봄과 가을에 낮은 온도에서 나타나는 저온 피해
노거수(老巨樹): 나무의 수령이 오래된 당산목, 풍치목, 정자목 등의 나무

단순비료(단비): 질소, 인산, 칼륨 중 한 가지 성분만 가지고 있는 비료
답압(踏壓): 인간이나 장비 등에 의한 토양 고결(固結) 현상
대목: 접목 시 접수를 붙이는 쪽의 나무
대부현상: 접목을 했을 때 대목 부위가 접수 부위보다 가늘어지는 현상
대생지: 마디마다 두 개씩 마주 붙어서 나는 가지
대승(臺勝)현상: 접목을 했을 때 접수 부위가 대목 부위보다 가늘어지는 현상
대취: 잔디 토양 중에 잎, 줄기 및 뿌리 등의 조직이 노화되면서 아직 분해가 되지 않아 쌓여 있는 유기물층
대화현상: 줄기의 일부가 이상적으로 편평하게 된 기형
도복: 수직된 위치 또는 처음 위치에서 엎어지는 것과 같은 식물의 탄력(彈力)이 없는 변형. 작물이 땅 표면 쪽으로 쓰러지는 것
도장지(徒長枝): 다른 가지에 비해 힘이 강하여 위를 향하여 길게 자란 가지
동해: 한겨울 빙점 이하에서 나타나는 식물의 피해

로제트형: 짧은 줄기의 끝에서부터 사방으로 나는 잎들을 말하며, 민들레 등이 대표적임

마디: 줄기에서 가지가 붙어 있는 곳 또는 한 가지가 다른 가지와 붙어 있는 곳
마이크로미터: μm, 미터의 백만분의 일
만경식물: 덩굴성 식물
맹아: 부정기적인 눈
맹아지: 정상적인 눈에서 발달한 가지가 아닌, 잠아 혹은 부정아에서 발달한 움가지
멀칭(mulching): 토양의 표면을 어떤 물질로 덮는 것을 말하며, 잡초의 발생을 억제하고 미관을 향상시키는 기능을 함

무기양분: 필수원소 중 탄소와 산소는 공기 중의 이산화탄소로부터, 수소는 물로부터 공급받는다. 그 밖의 원소는 토양으로부터 공급받으며, 이러한 원소를 무기양분이라고 함

무기질 비료: 비료 성분이 무기화합물의 형태로 함유되어 있는 비료를 말하며, 대부분 화학적 공정에 의해 제조된 화학비료

미생물살충제: 해충에 기생하여 이를 사멸시키는 세균이나 바이러스 등 천적 미생물을 해충 방제 목적으로 제제화한 것

박피(剝皮): 수피를 제거하는 것

발아: 씨눈으로부터 싹이 트는 것. 씨앗이나 포자가 활동을 시작하여 새 식물체가 껍질을 찢고 나오는 현상

방풍: 강한 바람에 의한 농작물의 피해를 막기 위한 조치

보비력(保肥力): 땅이 비료 성분을 오래 지니는 정도

보수력: 토양은 흡착력 또는 모세관장력 등의 흡인력으로 수분을 보관할 수 있는데, 이 흡인력에 따른 토양 수분 함량을 중량백분율 또는 용량백분율 등으로 표시한 것으로서, 수분장력에 따라 그 값이 다름

복합비료(복비): 두 가지 성분 이상을 가지고 있는 비료

부정아: 보통 싹이 나지 않는 곳에서 나는 눈

부주지: 주지에서 분지된 두 번째로 굵은 가지

비료: 식물에 영양을 주거나 식물의 재배를 돕기 위하여 토양이나 식물에 공급되는 물질

비전염성 병: 극단적인 온도, 부적합한 생육환경과 같은 비생물적 요인에 의하여 일어나는 병

상록수: 계절과 관계없이 잎의 색이 항상 푸른나무

상열(Frost crack, 霜裂): 겨울철 수간이 동결하는 과정에서 바깥쪽의 변재 부위가 안쪽에 단열되어 있는 심재 부위보다 더 심하게 수축하여 두 부위 간 수축 불균형으로 생기는 장력 때문에 종축 방향으로 갈라지는 현상

상향지: 나무의 가지가 위를 향하여 곧게 자란 가지

생석회: 탄산석회(석회석)를 소성하여 만든 석회질 비료(CaO)

생육한계온도: 식물의 생육을 제한하는 임계온도
생태: 유기체가 생존을 유지해가는 데 영향을 미치는 환경
서릿발: 초겨울 혹은 이른 봄에 습기가 많은 땅에 서리가 내리면서 표면의 흙이 위로 솟아오르는 현상
세근: 작은 뿌리. 뿌리에서 갈라진 가는 가지뿌리
세포막: 세포와 세포 외부를 경계 짓는 막으로 세포 내의 물질들을 보호하고 세포 간 물질이동을 조절함
세포벽: 세포를 외부로부터 보호하고 세포의 모양을 유지하도록 하는 벽
소석회: 생석회(CaO)가 물과 반응·소화되어 생긴 수산화물[Ca(OH)$_2$]로 가수석회 또는 수산화석회라고도 함
속효성: 물에 잘 녹아 작물이 쉽게 흡수할 수 있는 양분의 형태로 가용화되기 쉬운 성질
수간: 나무줄기. 지엽(枝葉)을 제외한 밑동에서 위까지의 부분
수관: 나무의 가지와 잎이 달려 있는 부분
수관폭: 수관의 직경
수피: 나무줄기의 코르크 형성층보다 바깥 조직을 말함
수형: 수목의 뿌리·줄기·가시·잎 등이 종합적으로 나타내는 외형
시비: 수목의 생장을 촉진하기 위해 비료 성분을 공급하는 것
식재: 식물을 심어 재배함 또는 나무를 심어 가꾸는 일. 재식
신초지: 겨울눈이 그해에 가지로 자란 것
심토(心土): 경운된 부분을 작토(作土)라 하는데, 그 밑에 있는 토층

양이온 치환 용량: 토양교질 표면의 이온 확산층에 흡착되어 있는 양이온과 용액 중의 유리 양이온들 간의 자리바꿈이 생기는 현상
어박(魚粕): 동물성 유기질 비료의 일종. 어류의 찌꺼기를 자숙, 압착, 건조, 분쇄하여 만듦
역지(逆枝): 수관 안으로 향하여 자라는 가지
엽록소: 광합성을 하는 생물에 있는 녹색 색소. 클로로필이라고도 함
엽록체: 녹색식물 잎의 세포에 들어있는 세포소기관으로, 광합성이 이루어지는 장소

엽면 시비: 식물의 뿌리가 정상적으로 비료 흡수를 못 할 때 질소 또는 미량원소의 액비를 식물의 잎 표면에 직접 살포하는 것

엽소: 고온에 의해 잎의 가장자리부터 갈색으로 마르는 현상

옹두리: 나뭇가지가 부러지거나 상한 자리에 결이 맺혀 혹처럼 불퉁해진 것

용탈(溶脫): 토양 중의 어떤 성분이 물에 녹아, 물의 하강운동에 따라서 하층으로 이동하는 것

원형질막: 세포의 원형질을 싸고 있는 막으로, 동물 세포에서는 이 막이 직접 외계에 접하고 있으나, 식물 세포에서는 그 막의 외측에 세포벽이 있음

유관속: 식물체에 필요한 물과 양분의 이동통로로 뿌리, 줄기, 잎맥으로 연결되어 있음

유기질 비료: 생물체의 찌꺼기, 즉 유기물을 발효시켜서 만든 비료

유박(油粕): 깻묵, 참깨, 들깨 등의 기름작물에서 기름을 짜고 남은 찌꺼기

유상조직: 식물체가 상처를 입었을 때 생기는 유합조직

윤생지: 돌아가면서 난 곁가지

입단(粒團): 자연적으로 생성된 토양 구조 단위. 크기는 10mm 이하 입단화. 토양입자(모래, 미사, 점토)가 분비물 및 미생물 활동으로 자연적으로 결합하는 현상

잎눈: 자라서 잎이나 가지가 될 눈

잠아(潛芽): 줄기 밑에서 드러나지 않는 눈으로 발달하지 않고 그냥 있다가 근처의 가지나 줄기가 절단되면 발달됨

적심(摘心): 생육 중인 작물의 줄기 또는 가지의 선단, 즉 생장점을 전제하는 것

적아(摘芽): 겨울을 지난 눈에서 잎이나 줄기가 나오려 할 때 필요하지 않은 눈을 따주는 것

전류: 식물체의 한 부분에서 만들어진 물질이 체관을 통해 다른 부위로 이동하는 것

전정: 목적에 맞는 수형 유지, 건전한 생육 도모, 개화결실 촉진 등을 위하여 수목의 일부를 잘라주는 것

전착제: 제초제를 희석할 때 약액이 엽면에 넓게 퍼져 부착하게 하고, 체내에 잘 침투하도록 사용하는 보조제

전해질: 어떤 물질과 융합하거나 용액에 녹을 때 이온으로 분해되는 물질로서 전기를 전달할 수 있는 능력

절간: 마디와 마디 사이

점각: 점으로 된 무늬

정아: 가지 끝에서 나는 눈

정아우세(頂芽優勢) 현상: 정아에서 생성된 옥신이 정아의 생장은 촉진하나 아래로 확산하여 측아의 발달을 억제하는 현상

조형: 자연의 힘이나 인공의 힘을 이용해 구체적인 형태를 만드는 일

조효소: 효소분자보다 훨씬 작은 유기화합물이며 효소에 활성을 부여하는 기능이 있음

주지(主枝): 주간으로 분지된 가장 굵은 가지

주형: 수직형의 줄기생장만 하는 것

중복지: 줄기나 가지의 분지점에서 2개의 가지가 나와 있는 것

증산: 식물체 내(주로 잎)에서 수분이 증발하는 것

지피융기선(枝皮隆起線): 줄기와 가지가 갈라지는 곳에 수피가 솟아오른 부분

지하경: 옆으로 포복하는 줄기가 있지만 지상부가 아닌 지하부로만 퍼져 가는 줄기가 있는 것

지하고: 가지가 없는 줄기부분의 높이

지효성: 약제 및 비료의 효과가 늦은 성질

차폐: 공간의 어느 영역에 대해 외부로부터 차단하는 것

추비(追肥): 작물의 생육 도중에 주는 비료

측아(側芽): 가지의 옆에 달리는 눈

측지: 옆으로 뻗어 나온 가지의 곁가지

침엽수: 식물분류학상 겉씨식물 중에서 구과식물(毬果植物)에 속하는 수목. 잎이 대개 바늘같이 뾰족하지만 나한송과 같이 잎이 넓은 것도 있음

킬레이트(Chelate): 수소결합, 배위결합 등에 의해 금속 원자를 게가 양쪽 집게발로 잡은 것과 같은 모양으로 결합하는 화학구조를 갖는 화합물. 금속 이온의 이온으로서의 작용을 억제하는 성질을 이용하여 세척제, 안정제, 청관제, 경수연화제 등으로 이용됨

타감작용: 식물이 화학물질을 배출하여 자신은 아무런 영향을 받지 않으나, 다른 인접 식물에게는 해를 끼치는 작용

토성: 토양 알갱이의 크기에 따라 점토, 미사(微砂), 모래 등의 세 가지로 나누고 이들의 함량 비율에 따라 토성이 정해지는데 사토, 사양토, 식토 등 12개 토성으로 구분됨

토피어리(Topiary): 조경수목을 전정하여 기하학적 형태나 동물 모양 등 원하는 형태로 수목을 만드는 것

통기성: ① 흙 속에서 발생하는 CO_2와 공기 중의 O_2가 교환되는 정도. 통기가 불량한 경우 근모의 발달이 나빠 양분 및 수분 흡수가 떨어지는 등 생육이 불량해짐 ② 직물의 양측에 공기의 압력 차가 있을 때, 기공을 통해 공기가 통과하는 것

팽압(膨壓): ① 식물 세포 내의 액체가 바깥쪽으로 팽창하는 힘, 압력 ② 세포의 내압과 외압의 차이에 의해 세포벽에 발생하는 압력

평행지: 위아래로 나란히 자란 가지

포복경(匍匐莖): 수직 방향뿐 아니라 지상부로 포복하는 줄기를 통해서 생육하는 것

표토: 지표면을 이루는 토양

피소(皮素): 수피가 여름철 햇빛과 열에 의해 타서 형성층 조직이 죽어 벗겨지고, 그 속의 목부조직이 노출되는 현상

하향지: 아래 방향으로 자란 가지

핵산: 모든 생물의 세포 속에 들어 있는 고분자 유기물의 한 종류

핵 염색체: 세포분열 시 핵 속에 나타나는 긴 막대 모양의 구조물로, 유전물질을 담고 있음

호흡: 산소를 들이마시고 이산화탄소를 내보내는 가스 교환을 통하여 생물들이 유기물을 분해하여 생활에 필요한 에너지를 만드는 작용

활엽수: 평평하고 넓은 잎이 달리는 나무의 총칭으로, 분류상은 속씨식물 중에서 쌍떡잎 식물류에 속하는 나무

활착: 삽목·접목·이식 등을 한 식물이 서로 붙거나 뿌리를 내려 삶. 옮겨 심은 모나 나무가 생존하는 상태

효소: 살아 있는 세포에 의해 만들어지는 단백질 분자로 생화학 반응의 촉매 작용을 함

휴면: 성숙한 종자 또는 식물체에 적당한 환경 조건을 주어도 일정 기간 발아·발육·성장이 일시적으로 정지해 있는 상태